ARMIN MUELLER-STAHL
Im Herzen Gaukler

ARMIN MUELLER-STAHL
IM HERZEN GAUKLER

Ein Leben vor der Kamera

aufgeschrieben von
F.-B. HABEL

neues leben

Inhalt

7 | Geleitwort
von Armin Mueller-Stahl

9 | Ein Leben vor der Kamera
Die Filme

267 | Der Gaukler kann fliegen
Biografisches

281 | Quellen | Literatur

282 | Filmindex

Geleitwort *von Armin Mueller-Stahl*

Die Lektüre dieses Buchs hat mich gefreut, erstaunt – und beinahe etwas beschämt. Ein ganzer Band nur über meine Filme – ist das denn nötig? Und interessiert das die Leute überhaupt?

Ich hatte ganz vergessen, dass ich an so vielen Filmen mitgewirkt habe. Einige Streifen aus meiner frühen Zeit als Schauspieler wären mir gar nicht mehr in den Sinn gekommen, wenn nicht Frank-Burkhard Habel mit beeindruckender Fleißarbeit zusammengetragen hätte, was meinem Gedächtnis entfallen war. Letztlich ist das der Grund, warum wir Bücher lesen und schreiben – um die Dinge nicht zu vergessen.

Das Buch hat bei mir viele Erinnerungen geweckt, an alte Freunde und Mitstreiter, an Gespräche, Drehs und Orte im In- und Ausland, aber auch an Zuschauer und Fans, die mich über einen langen Zeitraum begleitet haben. Ich hoffe nun, dass Ihnen wie mir bei der Lektüre wieder einfällt, welche Filme damals etwas in Ihnen auslösten, welche Sie mochten oder auch nicht. Oder dass Sie womöglich Lust bekommen, den ein oder anderen Streifen zum ersten oder wiederholten Male anzusehen. Nicht alles, was wir damals gemacht haben, war schlecht. Das ein oder andere sollte der Nachwelt erhalten bleiben.

EIN LEBEN VOR DER KAMERA | *Die Filme*

Die Kino- und Fernsehfilme, Serien und Fernsehspiele werden in den Jahren der Kino- und Fernsehpremieren angegeben, soweit sie in Erfahrung gebracht werden konnten, auch wenn das Produktionsjahr ein oder mehrere Jahre zurücklag. Innerhalb der Jahre sind die Titel alphabetisch angeordnet.

1955

Winston Churchill tritt im Alter von 80 Jahren als Premierminister zurück. – Die Sowjetunion erklärt den Kriegszustand mit Deutschland für beendet. – In Zwickau läuft der P 70 vom Band, der erste duroplastbeschichtete PKW der Welt und Vorläufer des Trabant. – Täve Schur gewinnt zum ersten Mal die Friedensfahrt. – Das *Mosaik*, das erste Comic-Magazin der DDR, erscheint im Dezember.

Armin Mueller-Stahl hat an der Volksbühne unter anderem Premiere mit »Turandot« von Schiller nach Gozzi und »Bonaparte in Jaffa«, von Arnold Zweig.

Die Deutsche Staatsoper Unter den Linden wird nach Kriegszerstörungen und Wiederaufbau neueröffnet. Mueller-Stahl trägt zur feierlichen Eröffnung eine Ballade vor, bei der er vor Aufregung Teile des Textes vergisst und spontan selbst dichtet, was vom Publikum nicht bemerkt wird.

Ein fremdes Kind | TV

TEXT: *nach dem Lustspiel von Wassili Schkwarkin*
REGIE: *Robert Trösch*
MITWIRKENDE: *Harry Hindemith, Steffie Spira, Heinz Frölich, Elfie Garden, Edwin Marian*

Am 30. Januar 1955 erschien Armin Mueller-Stahl erstmals auf dem Fernsehbildschirm, drei Jahre nach Sendebeginn.

Er spielt den Studenten Kostja in dem 1933 entstandenen Lustspiel des sowjetischen Autors Schkwarkin in einer

Inszenierung der Berliner Volksbühne, die fürs Fernsehen der DDR (damals befand sich das »Fernsehzentrum Berlin« noch im Testbetrieb) übernommen wurde. Wegen einer Programmänderung konnte der ursprüngliche Sendetermin am 3. Dezember 1954 nicht eingehalten werden.

Im Mittelpunkt der Handlung steht die Schauspielstudentin Manja (gespielt von Elfie Garden), die die Rolle einer werdenden Mutter einstudiert. »Der geschickte Autor will es nun, dass ihr großer Monolog belauscht wird, es spricht sich herum, und Manja fühlt sich mit einem Mal mitten in ihre Rolle hineinversetzt. Vom Freund verlassen, von den Eltern unverstanden – doch warum sollte sie verzagen? Sie glaubt an den neuen Menschen. Mit Humor wird die Frage nach der neuen Moral gestellt; mit Humor wird sie beantwortet. Mit einem Lachen auf den Lippen überwindet die Jugend des Sowjetlandes alle Schranken«, hieß es in der Zeitschrift *Unser Rundfunk* Nr. 50/1954.

1956

Auf dem XX. Parteitag der KPdSU hält Parteichef Nikita Chruschtschow eine Geheimrede, in der er mit dem stalinistischen Personenkult abrechnet. – Der ungarische Ministerpräsident Imre Nagy erklärt den Austritt seines Landes aus dem Warschauer Pakt. Daraufhin besetzt die sowjetische Armee Ungarn und schlägt einen Volksaufstand nieder. – An den Olympischen Winterspielen in Cortina d'Ampezzo nimmt eine gesamtdeutsche Mannschaft teil, wobei der DDR-Skispringer Harry Glaß als Erster eine Medaille gewinnt, Bronze. – Die Nationale Volksarmee

(NVA) wird gegründet. Die Bundeswehr existiert bereits. – Der erste Selbstbedienungsladen der DDR wird in Halle eröffnet.

Armin Mueller-Stahl kann an der Volksbühne die Premieren der Stücke »Die erste Reiterarmee« von Wsewolod Witaljewitsch Wischnewski, »Die Ratten« von Gerhart Hauptmann und »Die heilige Johanna« von George Bernard Shaw feiern.

Heimliche Ehen | *Kino*

SZENARIUM: *Gustav von Wangenheim*
REGIE: *Gustav von Wangenheim*
MITWIRKENDE: *Margret Stange, Eduard von Winterstein, Franz Kutschera, Theo Shall, Paul Heidemann, Marga Legal*

Es war längst Zeit, dass der gutaussehende Mittzwanziger Armin Mueller-Stahl die Leinwand eroberte. Seine DEFA-Premiere 1956, hieß »Heimliche Ehen«, gedreht ein Jahr zuvor, und war ein Lustspiel über Intrigen zweier Berliner Architekten-Kollektive im Wettbewerb um den Aufbau eines Dorfes. Mueller-Stahl spielte mit Norbert nur eine mittelgroße Rolle, aber immerhin unter der Regie von Gustav von Wangenheim, der als Schauspieler in der Stummfilmzeit (»Nosferatu«, 1922) legendär geworden war und den Mueller-Stahl als »quirligen Kopf« charakterisierte.

Auch dass er mit dem verehrten Eduard von Winterstein, Wangenheims Vater, spielen konnte, reizte ihn. Sie hatten bereits in der Eröffnungsvorstellung der Volksbühne, Armin Mueller-Stahls Stammhaus, 1954 in »Wilhelm Tell« gemeinsam auf der Bühne gestanden, als Winterstein den Attinghausen gab. Noch bis ins 90. Lebensjahr war Winterstein in seiner Paraderolle als »Nathan der Weise« auf der Bühne des Deutschen Theaters zu sehen.

Doch trotz namhafter Besetzung zündete das dünnblütige Lustspiel, bei dem Mueller-Stahls Konterfei auf den Plakaten zu sehen war, nicht. Der Spötter Theodor Christoph schrieb in der *Weltbühne:* »Die Architekten im Film lachen weit mehr als die Leute im Kino; leider war nicht zu merken, worüber sie lachen. (...) ›Heimliche Ehen‹ ist eine Komödie ohne Humor, eine langweilige, wortreiche Geschichte, mühsam erzählt. Eugen Klagemann hat sie fotografiert – aber was hatte er da schon zu fotografieren!« Er habe sich bei der Premiere geschämt, erzählte Armin Mueller-Stahl, und hatte Scheu, erneut in einem Film mitzuwirken.

Der Querkopf | *Kino-Vorfilm*

TEXT: *nach Motiven eines Lustspiels von Hans-Otto Kilz*
REGIE: *Kurt Jung-Alsen*
MITWIRKENDE: *Albert Garbe, Barbara Berg, Regine Lutz*

Zum Geist der Zeit gehörte, dass Fragen der Produktion, möglichst angesiedelt im Arbeitermilieu, behandelt werden sollten. Das Publikum sah derartige Streifen gerade dann gern, wenn die Handlung humorvoll bis satirisch dargestellt wurde. Dafür existierte bis in die sechziger Jahre hinein die DEFA-Reihe »Das Stacheltier«, in der auch dieser etwa eine Viertelstunde lange Streifen entstand.

Auseinandersetzungen zwischen dem Dreher Kulicke und Meister Fuchs (Gerhard Bienert) um Rationalisierungsmaßnahmen und die Ausbildung weiblicher Lehrlinge bildeten den Konflikt. Im Laufe der Handlung verlieben sich Lehrling Margot (gespielt von Brechts Tochter Barbara Berg) und Kulickes Sohn ineinander. Letzteren verkörpert der junge Schlaks Armin Mueller-Stahl.

Das Filmplädoyer für Gleichstellung am Arbeitsplatz wurde noch im Dezember 1955 gedreht und startete im September 1956 als Vorfilm in den Kinos der DDR.

Kulicke spielte Albert Garbe, mit dem Mueller-Stahl im Theater am Schiffbauerdamm und an der Volksbühne oft auf der Bühne stand. In den fünfziger Jahren bis in die sechziger hinein zählte Garbe zur ersten Riege der DDR-Schauspieler. Armin Mueller-Stahl erinnert sich: »Vorbeimarsch am Politbüro am Marx-Engels-Platz am 1. Mai. Ulbricht in der Mitte, er winkte mit weißem Hut: ›Wir begrüßen die werktätigen Schauspieler der Volksbühne, in der Mitte Nationalpreisträger Albert Garbe‹, schallte es über den ganzen Platz. Wir winkten zurück.«[1]

1957

Mit Jahresbeginn wird das bisher von einer französischen Militärbehörde verwaltete Saarland nach dem Saar-Vertrag mit Frankreich in die BRD eingegliedert. – Die Europäische Wirtschaftsgemeinschaft (EWG) wird gegründet und ist ein Vorläufer der heutigen EU. – Die Sowjetunion bringt den Sputnik als ersten künstlichen Satelliten in eine Erdumlaufbahn. – Erich Mielke wird im November Minister für Staatssicherheit der DDR und bleibt es bis 1989.

An der Volksbühne spielt Armin Mueller-Stahl unter anderem den Hauslehrer Weinhold in »Die Weber« von Gerhart Hauptmann.

1958

In Brüssel wird die erste Weltausstellung seit dem Zweiten Weltkrieg eröffnet. – Der Bundestag beschließt mehrheitlich die atomare Aufrüstung der Bundeswehr im Rahmen der NATO, für den Fall, dass es nicht zu einer Abrüstungsvereinbarung kommt. – Der DDR-Kulturminister Johannes R. Becher stirbt. Sein Nachfolger wird Alexander Abusch.

Begegnung in Prag | TV

SZENARIUM: *Karl-Heinz Rahn*
REGIE: *Jiří Jahn*
MITWIRKENDE: *Herbert Malsbender, Erhard Burkhardt, Irmgard Somnitz*

»Begegnung in Prag« wurde für das Kinderfernsehen inszeniert. Die Handlung führt zurück ins von den Nazis besetzte Prag und erzählt von einer Kinderfreundschaft im Hause eines Musikprofessors unter schlimmen gesellschaftlichen Bedingungen. Jan wird von der Gestapo gesucht, und Hans aus Berlin glaubt anfangs an den »Endsieg«. Doch bald ändert sich seine Meinung. Beide Kinder überleben und treffen sich als Erwachsene wieder. Armin Mueller-Stahl spielt Hans, der inzwischen ein erfolgreicher Geiger geworden ist. Das gab ihm Gelegenheit, sich vor der Kamera als Geigenvirtuose zu beweisen. Die Fernsehinszenierung wurde 1959 wiederholt.

Rose Bernd | TV

TEXT: *nach einem Stück von Gerhart Hauptmann*
BILDREGIE: *Ilse Barwich*
REGIE: *Paul Lewitt (Inszenierung)*
MITWIRKENDE: *Ruth-Maria Kubitschek, Otto Dierichs, Wilhelm Koch-Hooge, Helmut Müller-Lankow, Micaëla Kreißler*

Hauptmanns Bühnenstück war kurz zuvor mit Maria Schell und Hannes Messemer von der Münchner Bavaria verfilmt worden. Regie führte in dem Spielfilm Wolfgang Staudte, mit dem Mueller-Stahl erst 1983 bei einem »Tatort« zusammenarbeiten sollte. Im Fernsehspiel des DFF spielt Ruth-Maria Kubitschek die Titelrolle. Armin Mueller-Stahl gibt Roses Verlobten August Keil, der zu schwach ist, um ihr in auswegloser Situation zu helfen.

Der tolle Tag oder Die Hochzeit des Figaro | TV

TEXT: *nach einem Bühnenstück von Beaumarchais*
BILDREGIE: *Wolfgang Nagel*
REGIE: *Kurt Jung-Alsen (Inszenierung)*
MITWIRKENDE: *Franz Kutschera, Rolf Ludwig, Ingrid Rentsch, Steffie Spira*

Am Neujahrstag 1958 zeigte der DFF eine Inszenierung der Volksbühne in einer Direktübertragung. Mueller-Stahl spielte unter der Regie von Kurt Jung-Alsen, für den er mehrfach vor der Kamera stand, Cherubin, den Pagen des Grafen Almaviva. Musikalisch griff man nicht auf die bekannten Vorlagen von Mozart oder Rossini zurück. Der Komponist Leo Spies schrieb eine neue Bühnenmusik.

Ganz glücklich war Armin Mueller-Stahl bei der Zusammenarbeit mit dem Regisseur nicht: »Zu jener Zeit arbeitete ich auch mit einem Regisseur, Kurt Jung-Alsen, der immer ›Mueller‹ zu mir sagte, wenn ihm nicht gefiel, was ich machte, und ›Stahl‹, wenn er mit mir zufrieden war. Da habe ich oft gehört: ›Sehr gut, sehr gut, Mueller, lassen wir weg, was wir weglassen, kann nicht durchfallen.‹ Oh, hat mich das damals gefuchst! Schließlich hatte ich dafür gearbeitet. Und ich wollte doch so gern zeigen, was ich kann. Als junger Mann war das für mich sehr, sehr schmerzhaft.«[6]

1959

Die sowjetische Sonde Lunik 2 landet auf dem Mond. – Die erste Genfer Vier-Mächte-Konferenz wird ohne greifbare Ergebnisse zur Lösung der Berlin-Krise vertagt. – Der sowjetische Parteichef Nikita Chruschtschow zieht das Berlin-Ultimatum zurück, mit dem er die Alliierten zum Abzug aus Westberlin zwingen wollte. – Der DDR-Ministerrat beschließt die Bildung von Privatbetrieben mit staatlicher Beteiligung. – Mit einem Volkskammerbeschluss im Juni beginnt die Bildung Landwirtschaftlicher Produktionsgenossenschaften (LPG), die teilweise auch unter Zwang durchgeführt wird. – Zum zehnjährigen Bestehen der DDR wird das Emblem mit Hammer, Zirkel und Ährenkranz in die Nationalflagge der DDR (bisher wie in der BRD in Schwarz-Rot-Gold) aufgenommen. – Im Kinderfernsehen des DFF wird der Abendgruß im November erstmals mit dem vom Trickfilmer Gerhard Behrendt geschaffenen Sandmännchen umrahmt.

Armin Mueller-Stahl spielt in diesem Jahr an der Volksbühne unter anderem einen Unteroffizier mit unflätigem Benehmen in dem brisanten Gegenwartsstück »Begegnung 57« des Nachwuchsautors Herbert Keller unter der Regie seines Bruders Hagen Mueller-Stahl. Ebenfalls unter dessen Regie spielt er im Theater im III. Stock den Jo Mulligan in »Abschied 4 Uhr früh« von Seán O'Casey.

Ende der fünfziger Jahre wurde die warme, ausdrucksstarke Stimme von Armin Mueller-Stahl im DEFA-Studio für Synchronisation entdeckt, und der Schauspieler lieh sie für viele Jahre ausländischen Kollegen. Nicht alle Rollen konnten in Erfahrung gebracht werden, die Mueller-Stahl hier jeweils übernahm.

Unter den Filmen, die 1959 für den Progress-Filmverleih synchronisiert wurden, sprach er in »Träume in der Schublade« (I Sogni nel Cassetto/Rien que nos deux, Italien/Frankreich, 1956, Regie Renato Castellani), einem Film über den Alltag einer Studentenliebe in Pavia, und »Attentat« (Zamach, Polen 1959, Regie Jerzy Passendorfer) über den Widerstand polnischer Studenten gegen die deutsche Besatzung 1944. In »Liebe und Examensnöte« (Oni wstretilis w puti, SU 1957, Regie Tatjana Lukaschewitsch) über die Liebe einer Studentin und eines jungen Arbeiters gab Mueller-Stahl Wiktor Awdjuschko die Stimme, einem Schauspieler, der 1962 in »Nackt unter Wölfen« und 1972 in Kurt Maetzigs Film »Januskopf« sein Partner sein sollte. Die Regisseurin Tatjana Lukaschewitsch, die ihren Beruf seit 1934 ausübte, gilt weltweit als eine der ersten Frauen im Regiestuhl. Nicht zum letzten Mal lieh Armin Mueller-Stahl in »Das Mädchen mit der Gitarre« (Djewuschka s gitaroj, SU 1958, Regie Alexander Fainzimmer) dem Russen Wladimir Gussew seine Stimme in einer musikalischen

Komödie vor dem Hintergrund der Weltfestspiele der Jugend und Studenten, die 1958 in Moskau stattfanden. Schließlich sprach er auch für Anatoli Kokorin als Leutnant Rudenko in dem U-Boot-Film »Blaue Pfeile« (Golubaja Strela, SU 1958, Regie Leonid Estrin).

Beton | TV

SZENARIUM: *Werner Dworski*
REGIE: *Fred Mahr*
MITWIRKENDE: *Ruth-Maria Kubitschek, Johannes Maus, Maika Joseph, Heinz-Dieter Knaup, Erika Stiska*

Das Fernsehspiel stand im Zeichen des »Bitterfelder Weges« (nach einer Kulturkonferenz von 1959 benannt). Dessen Ziel war es, die Arbeiterklasse stärker an die Kunst heranzuführen, Arbeiter und Bauern zu befähigen, selbst schöpferisch tätig zu werden. In diesem Sinne schrieb der Autor Werner Dworski, auf eigene Erfahrungen zurückgreifend, dieses Produktionsstück aus dem Lausitzer Braunkohle- und Kraftwerkszentrum »Schwarze Pumpe«. Im Mittelpunkt steht eine Bauleiterin (Ruth-Maria Kubitschek), die sich beim Straßenbau mit Montagebrigaden der Brikettfabriken arrangieren muss, um deren Kampf im Wettbewerb um die Planerfüllung nicht zu gefährden. Armin Mueller-Stahl spielt die männliche Hauptrolle.

Für das normale Publikum hatten Themen aus den Produktionsprozessen keinen Reiz, aber mit beliebten Schauspielern besetzt wurden derartige Fernsehspiele doch gern gesehen.

Ich selbst und kein Engel | TV

TEXT: *nach einem Stück von Thomas Harlan*
BILDREGIE: *Ruth Heucke-Langenscheidt*
REGIE: *Konrad Swinarski (Inszenierung)*
MITWIRKENDE: *Cipe Lincovsky, Horst Keitel, Renate Rennhack, Manfred Krug*

Die Aufführung dieser Inszenierung durch eine Gruppe »Junges Ensemble«, gegründet von Thomas Harlan und Klaus Kinski, war ein brisantes Vorhaben. Berlin war zwar politisch, aber noch nicht durch eine Mauer geteilt. Dadurch wurde es möglich, dass Ostberliner Schauspieler an der Produktion in der neu errichteten Westberliner Kongresshalle im Tiergarten (der kühnen Architektur wegen als »Hutschachtel« verspottet) mitarbeiten konnten. Thomas Harlan, der Autor des Stückes, war ein Sohn des früheren Nazi-Regisseurs Veit Harlan, der inhaltlich perfide, aber handwerklich gute Filme wie »Jud Süß« und »Kolberg« zu verantworten hatte. Der Sohn, der in Frankreich lebte, versuchte jedoch, sich mit der Schuld des Vaters und der Deutschen im Allgemeinen auseinanderzusetzen. So schrieb er diese »Chronik aus dem Warschauer Ghetto«.

»Das Spezifische der Darstellung der Ereignisse im Vorfeld des Aufstands im Warschauer Ghetto 1943 bestand hier darin, dass die faschistischen Täter nur Randfiguren des Geschehens waren. Es wird vielmehr geschildert, welche Konflikte es im Vorfeld des Warschauer Aufstands von 1943 gab, die sich zwischen dem Judenrat und den kommunistischen und zionistisch-jüdischen Kampforganisationen auftaten. Thomas Harlan hatte in Vorbereitung der Erarbeitung dieses Theaterstücks viele

Materialien nach Recherchen in Israel zusammengetragen.«[3]

Die jüdische Schauspielerin Cipe Lincovsky aus Argentinien übernahm die Hauptrolle. Regisseur war der polnische Brecht-Schüler Konrad Swinarski. Armin Mueller-Stahl erzählte: »Leider erlitt Konrad Swinarski – ein wunderbarer Regisseur – während einer Probe in der Kongresshalle einen Nervenzusammenbruch. Nach einigen Tagen Pause übernahm ein Herr Müller. Dieser neue Regisseur war spannend. Wie Müller in das Stück eingriff, wie er mit uns arbeitete, beeindruckte mich. Er fiel mir durch seine Anweisungen auf, das war interessant, ganz etwas anderes als das übliche Brechtsche Regietheater. Mir gefiel das, und ich gefiel ihm wohl auch.«[1]

Müller lud Mueller-Stahl nach Hause an den Lietzensee ein, wo der junge Schauspieler überwältigt war, weil ihm seine Lieblingsschauspielerin aus frühester Jugend die Tür öffnete – Kristina Söderbaum! Sie war mit »Herrn Müller« verheiratet, denn er war kein anderer als Veit Harlan, der unter Pseudonymen inszenierte, weil er bei fortschrittlich gesonnenen Mitarbeitern und gar Juden »nicht anecken wollte«, wie Armin Mueller-Stahl schrieb. Hier arbeitete er nun an einem Stück des eigenen Sohnes. Ab und an filmte Harlan noch und bot Mueller-Stahl eine Rolle im nächsten Film an. Der hütete sich allerdings, ein solches Angebot anzunehmen.

Thomas Harlan wiederum, der öffentlich beklagte, dass viele Verbrecher der Nazizeit in der BRD öffentliche Positionen einnahmen, wurde als Autor des Stücks mit Verleumdungsklagen und Attentatsdrohungen übersät. Bei einer Theatervorstellung führt sein Aufruf an die Besucher, eine Petition an den Bundestag zu unterstützen, damit die westdeutsche Justiz endlich gegen bislang unbehelligte NS-Täter vorgeht, zu Tumulten.

Das DDR-Fernsehen übertrug das politisch wichtige Stück, das 1961 auch im Henschelverlag in Buchform erschien.

Der Marquis von Keith | TV

TEXT: *nach einem Stück von Frank Wedekind*
REGIE: *Fred Mahr*
MITWIRKENDE: *Alexander Hegarth, Herbert Grünbaum, Annegret Golding, Marion van de Kamp, Gerd Biewer, Egon Wander*

Im Mittelpunkt des 1901 uraufgeführten Stückes steht ein zynischer Lebemann (Alexander Hegarth), der zum erfolgreichen Hochstapler wird, ehe er scheitert. Armin Mueller-Stahl spielt eine Nebenfigur, den Literaten Sommersberg. Die Inszenierung kam beim DFF im Juli 1959 auf den Bildschirm.

Wenn die Nacht kein Ende nimmt | TV

SZENARIUM: *Karl Georg Külb*
REGIE: *Wilhelm Gröhl*
MITWIRKENDE: *Christel Bodenstein, Manfred Krug, Edwin Marian, Heinz-Dieter Knaup, Gerhard Rachold*

Das kolportagehafte Buch stammte von dem bundesdeutschen Autor Karl Georg Külb (der zur gleichen Zeit an dem westdeutschen Musikfilm »Peter und Conny machen Musik« arbeitete und der bis 1964 noch mehrfach für den Deutschen Fernsehfunk Szenarien lieferte). Er erzählt von moralischer Verkommenheit und Verbrechen anhand des Schicksals eines jungen Mädchens (Christel Bodenstein), das auf der Suche nach einem erfüllten Leben dessen Abgründe kennenlernt. Ein Zuhälter (Manfred Krug) verführt sie und bringt sie in ein Bordell. Dort kann sie fliehen, arbeitet als Kindermädchen und verliebt sich in den Sohn des Hauses (Mueller-Stahl), aber es gibt kein Happy End. Das Fernsehspiel mit Filmteilen war erst ab 18 Jahren freigegeben.

Bei den Dreharbeiten verliebten sich Armin Mueller-Stahl und Christel Bodenstein ineinander und wurden für einige Zeit ein Paar, bis Bodenstein auf dem Moskauer Filmfestival Konrad Wolf kennenlernte.

Erstmals standen hier die Kumpel von der Schauspielschule, Manfred Krug und Mueller-Stahl, in großen Rollen vor der Kamera, wenn sie auch keine gemeinsame Szene hatten. Beide waren schon in einigen wenigen Rollen hervorgetreten, aber noch keine Stars. Armin Mueller-Stahl erinnerte sich an beider Verhältnis, als die Journalistin Rosemarie Rehahn von der *Wochenpost* in den neunziger Jahren meinte, er habe damals wie Krug sein wollen: »Ich wollte nie wie Krug sein. (...) Man verwechselte mich zwar häufig mit ihm, aber das heißt doch nicht, dass ich sein wollte, wie er? Ich war mit einem Achtel von ihm befreundet, mit dem vergnüglichen, dem unterhaltenden Teil in ihm, die anderen sieben Achtel waren für mich nicht Vor- sondern leuchtende Nachbilder, nämlich so, wie ich unbedingt nicht sein wollte.«[2]

Der Film, der im Februar 1959 Bildschirmpremiere hatte, wurde 1959 und 1960 noch je einmal wiederholt und ist inzwischen auf DVD erschienen.

1960

Zahlreiche afrikanische Staaten erlangen die Unabhängigkeit von ihren europäischen Kolonialmächten. – Frankreich wird vierte Atommacht. – John F. Kennedy wird neuer Präsident der USA. – Bei den Olympischen Winterspielen im US-amerikanischen Squaw Valley holen innerhalb einer gesamtdeutschen Mannschaft die DDR-Sportler Helga Haase (Eisschnelllauf) und Helmut Recknagel (Skispringen) Gold. – Im DFF beginnt die Sendereihe »Der schwarze Kanal« von und mit Karl-Eduard von Schnitzler als Antwort auf eine ähnlich gelagerte Sendereihe im Westfernsehen »Die rote Optik«. – Die Kollektivierung der Landwirtschaft in der DDR gilt als abgeschlossen.

Armin Mueller-Stahl übernimmt in diesem Jahr an der Volksbühne eine seiner schönsten und erfolgreichsten Theaterrollen, den Narren in Shakespeares Komödie »Was ihr wollt« mit vielen pantomimischen Elementen. Ebenfalls wirkt er in »Beaumarchais oder Die Geburt des Figaro« von Friedrich Wolf mit.

Flucht aus der Hölle | *TV + Kino*

1. *Das Verbrechen von Tebessa*
2. *Der Weg nach Tunis*
3. *Der Tod hat viele Hände*
4. *Die letzte Chance*

SZENARIUM: *Rolf Guddat, Gottfried Grohmann*
REGIE: *Hans-Erich Korbschmitt*

MITWIRKENDE: *Horst Weinheimer, Wolfgang Sasse, Erich Gerberding, Robert Trösch, Dietlind Stahl, Sylva Schüler, Martin Flörchinger, Gerd Biewer*

Der erste abenteuerliche Mehrteiler des DFF machte Armin Mueller-Stahl zum weithin bekannten Publikumsliebling. Der Film galt als das Gegenstück zu dem wenige Monate zuvor in der ARD ausgestrahlten Sechsteiler »So weit die Füße tragen«, in dem der frühere Nazi-Autor Josef Martin Bauer eine weitgehend erfundene, aber als authentisch ausgegebene Fluchtgeschichte eines deutschen Kriegsgefangenen aus einem sibirischen Lager in die Heimat erzählte.

Mueller-Stahl spielt Hans Röder, einen jungen westdeutschen Autoschlosser, der von der Fremdenlegion angeworben wird. Im Algerien-Krieg wird er Zeuge von Verbrechen der französischen Militärs, gerät in die Netze der Terrororganisation »Rote Hand«, der er unter großen Schwierigkeiten mit Hilfe der algerischen Befreiungsbewegung über Algier und Tanger entkommen kann. Er erweist sich als couragiert und geradlinig und flieht zurück in die BRD, wo er vom französischen Geheimdienst aufgespürt und Opfer von Anschlägen wird. Erst nach einer weiteren Flucht in die DDR findet er Ruhe.

Die Idee für die Story lieferte der frühere Brecht-Freund Arnolt Bronnen, der durch seine Haltung zwischen Zustimmung und Widerstand in der Nazi-Zeit in der Kritik stand. Er starb jedoch 1959, ehe er das Buch ausarbeiten konnte und wurde im Abspann nicht genannt.

Realisiert wurde der Vierteiler in Zusammenarbeit mit einer tunesischen Produktionsfirma. Interessant war, dass Armin Mueller-Stahls kleine Schwester Dietlind, die inzwischen ihr Schauspielstudium abgeschlossen hatte und das »Mueller« in ihrem Namen wegließ, eine mittelgroße Rolle als Widerstandskämpferin Djamila übernahm. Sie gehörte für Jahrzehnte zum Berliner Ensemble und trat ab und an in Fernsehrollen auf.

Armin Mueller-Stahl erzählt: »Den Röder wollte ich unbedingt spielen. Und den wollten viele Kollegen spielen, auch Manfred Krug. In der Rolle gab es eine Menge Stunts, die habe ich alle selber gemacht. Jedenfalls war ich plötzlich mit einem Schlag bekannt. Leute guckten mich an, wenn ich in der S-Bahn fuhr. Zunächst einmal dachte ich, ›Häh, ist alles in Ordnung mit meiner Kleidung ... ist irgendwas offen geblieben, dass die mich immer alle angucken?‹ Bis ich begriff, das hat mit der Rolle zu tun. Die hatten das alle gesehen.«[5]

Mueller-Stahl hatte teils überwältigende Kritiken. Das war auf sein intensives Spiel, das Kameramann Erwin Anders oft in Großaufnahmen zur Geltung brachte, zurückzuführen. Gabriele Michel hebt hervor: »Unvermittelt weich und freundlich wird die verzerrte Mimik, als der Verfolgte einem kleinen tunesischen Jungen begegnet, in dessen Hütte er sich ausruht. Allein mit den Augen, den Gesten, dem Lächeln schafft Roeder jetzt eine Atmosphäre von Vertrauen und Geborgenheit. Eine der Varianten des wortlosen, rein mimischen Spiels, das Mueller-Stahl immer besonders auszeichnen wird.«[6] Besonderes Gewicht hatte in der DDR die SED-Zeitung *Neues Deutschland*, in der Kritiker Heinz Hofmann schreibt: »Armin Müller-Stahl bestimmte als Hans Röder den hohen Maßstab der darstellerischen Qualität. Sein beredtes Gesicht ist dramatischer Mittelpunkt dieser sachlich berichtenden, nahezu dokumentarischen Geschichte.« Und sein Kollege Hans-Dieter Tok meint in der *Leipziger Volkszeitung*: »Armin Mueller-Stahl als Hans Röder zeigt eine großartige Leistung, die den jungen Künstler von der Berliner Volksbühne in die Spitzenreihe unserer Filmdarsteller reiht.«

Der Film, der im Fernsehen ein »Straßenfeger« war, wurde zu einer zweiteiligen Fassung für das Kino gekürzt und lief noch im selben Jahr in den Kinos der DDR an – in der Regel mit einer Pause zwischen beiden Teilen.

Fünf Patronenhülsen | Kino

SZENARIUM: *Walter Gorrish*
REGIE: *Frank Beyer*
MITWIRKENDE: *Ulrich Thein, Manfred Krug, Edwin Marian, Günter Naumann, Ernst-Georg Schwill*

Der Film, den Autor Walter Gorrish nach eigenen Erlebnissen im Spanienkrieg geschrieben hatte, war der erste künstlerische Höhepunkt in der Kinolaufbahn von Armin Mueller-Stahl. Im Kampf der internationalen Brigaden in Spanien 1936 schlägt sich eine kleine Gruppe von fünf Freiwilligen, die den Rückzug deckt, unter unglaublichen Schwierigkeiten zur eigenen Truppe durch. Ihr sterbender Kommissar (Erwin Geschonneck) beauftragte die Kameraden, einen geheimen Plan, versteckt in fünf leeren Patronenhülsen, durch die feindlichen Linien zu bringen.

Mueller-Stahl spielte mit dem Franzosen Pierre, der von großem Durst geplagt halb wahnsinnig wird, den Trupp verlässt und kurz darauf von Faschisten erschossen wird, eindrucksvoll einen gebrochenen Helden.

Regisseur Frank Beyer, der hier zum ersten Mal mit ihm zusammenarbeitete, meinte rückblickend: »Wichtig war, dass dieser Pierre angenehm wirkte. Man sollte ihn nicht als miesen Verräter ablehnen, sondern die Pein durch den Durst als Auslöser für seinen zerstörerischen Alleingang erkennen. Er sollte ein Außenseiter sein – aber sympathisch.«

Mit Günter Naumann und Manfred Krug in »Fünf Patronenhülsen«

Für Walter Gorrish, auch Autor des vier Jahre zuvor entstandenen Spanien-Films »Mich dürstet« (Regie Karl Paryla, Hauptrolle Edwin Marian), galt der Mangel an Trinkwasser als ein zentrales Thema. Im Balkangebirge wurden Landschaften gefunden, die denen in Spanien ähnelten. Für die Schauspieler war es trotz aller Hitze eine Herausforderung, den Durst glaubhaft zu spielen.

Armin Mueller-Stahl erzählte: »Uli Thein und ich sagten, wir müssen jetzt wirklich dursten. Die Lippen müssen gebrochen sein. Wir müssen so aussehen wie diese Leute, die dort in Spanien durchkommen wollen – in der Sonne langsam zusammenfallen wie Bratäpfel. Die Gesichter müssen so aussehen. Krug war das Gegenstück. Krug hatte sich mit einem Esel, glaube ich, Bierflaschen hoch transportieren lassen in die Berge *(nach Krugs*

Darstellung war es die bulgarische Limonade Metschka, fbh).
Und der guckte uns an, während wir wirklich dürsteten, soff der Bier und wollte klarmachen, dass er mehr trinken kann als schwitzen. Es war ganz klar, dass er sich dort eine ganz andere Methode ausgesucht hatte – nämlich die bequeme. Und wir fanden das auch irgendwo ganz lustig.

Dazwischen gab es ja Edwin Marian. Der lief rum und sammelte da alte Münzen. Zum Verdruss von Manfred Krug, der auch gerne alte Münzen sammeln wollte. Doch Marian hatte die Münzen schneller zusammen als Krug. Damit will ich sagen, es war privat immer auch ein gewisses Konkurrenzdenken, was aber nie unangenehm war in dieser Zeit. Irgendwann habe ich mich mit dem Krug unglaublich gestritten. Es ging nur darum, wer will am Ende siegen. Und an irgendeiner Stelle sagte dann Krug: ›Hör auf, wir sind beide zu gut.‹«[5]

Mit Ulrich Thein gab es noch eine besondere Geschichte um einen tierischen Lastenträger: »Dieser Esel wurde wirklich abscheulich gequält. Die kriegten früh morgens dort am Bergesbeginn das ganze Equipment auf die Schultern geladen. Damals waren das noch große Kameras und Beleuchtungskörper, Riesenscheinwerfer! Das kriegte dieser arme Esel alles aufgeladen, und er musste es den Berg hochschleppen. Und einmal ist dieser Esel zusammengebrochen. Da bekam Uli einen Tobsuchtsanfall. Der hat dem Eselführer seine ganze Gage in die Hand gedrückt und sagte: ›Hier haben Sie. Schnallen Sie die Lasten ab. Tragen sie es wie auch immer selbst rauf. Der Esel ist meiner.‹ Und hat den Esel gekauft, weil er ihm leidtat.«[5] Das Tier konnte Thein nach Überwindung von vielen bürokratischen Hürden nach Berlin mitnehmen.

Menschen von Budapest | TV

TEXT: *nach einem Schauspiel von Lajos Mesterházy*
BILDREGIE: *Horst Günter Flick*
REGIE: *Fritz Wisten (Inszenierung)*
MITWIRKENDE: *Marion van de Kamp, Wilfried Ortmann, Otto Tausig, Horst Schön, Hans-Joachim Martens, Hans-Joachim Hanisch, Maly Delschaft*

In dem propagandistischen Stück, das vom DFF in einer Inszenierung der Volksbühne übernommen wurde, trifft sich ein früheres Paar aus einem Freundeskreis von Lehramtsstudenten 1957 nach sechzehn Jahren, einer Zeit vielfältiger gesellschaftlicher Umbrüche, wieder und reflektiert das Geschehene. Armin Mueller-Stahl spielte – obwohl er privat die Niederschlagung des Ungarn-Aufstands missbilligte – den »aufrechten und unbeirrbaren Kommunisten« László, in einer Konfrontation mit Béla (Otto Tausig), der sich beim Umsturzversuch von 1956 für Veränderungen einsetzt und sogenannter Konterrevolutionär wird. »Du missbrauchst den Namen des Volkes. Du schändest den Sozialismus. Siehst du nicht, wer hinter dir steht?«, schleudert er ihm entgegen.

Der Raub der Sabinerinnen | TV

TEXT: *nach einem Schwank von Franz und Paul von Schönthan*
BILDREGIE: *Ernst Gladasch*
REGIE: *Hans-Joachim Martens (Inszenierung)*
MITWIRKENDE: *Wilhelm Gröhl, Peter Sturm, Ursula Am Ende, Ellinor Vogel, Marianne Wünscher, Helga Piur*

Das Stück, mittlerweile ein Klassiker der Schwank-Literatur, in dem der biedere Gymnasialprofessor Gollwitz sein historisierendes Stück einer Schmierentheatertruppe zur Aufführung überlässt, lebt stark von der Rolle des Theaterdirektors Striese, den viele große Komödianten verkörpert haben. In dieser Variante spielt ihn der aus der Lausitz stammende Wilhelm Gröhl, unter dessen Regie Armin Mueller-Stahl im Vorjahr in »Wenn die Nacht kein Ende nimmt« auftrat. Er selbst spielte Gollwitz' spießigtrockenen Schwiegersohn Dr. Neumeister. Der Schwank wurde im Dezember gesendet und im folgenden Sommer wiederholt.

1961

Der sowjetische Kosmonaut Juri Gagarin umkreist im April als erster Mensch die Erde. Schon Anfang August folgt German Titow, der die Erde in 25 Stunden 17 Mal umrundet. – Bereits zum dritten Mal gewinnt DDR-Skispringer Helmut Recknagel die Vierschanzentournee. – Am 13. August erfolgt der »Mauerbau«, die Befestigung der Staatsgrenze der DDR zu Westberlin und Westdeutschland. Kurz darauf wird der Ostteil Berlins zum 15. Bezirk der DDR erklärt. – Das Ampelmännchen der DDR wird eingeführt.

Im Jahr des Mauerbaus hatte Armin Mueller-Stahl viel zu tun. Bei Frank Beyer drehte er für die DEFA den Film »Königskinder«, der 1962 herauskam.

Als er im August einige freie Tage hatte, reiste er mit seinem Käfer ins Herz des Schwäbisch-Fränkischen Waldes, in die kleine Stadt Murrhardt, um Verwandte zu besuchen.

In »Königskinder«

Unterwegs hörte er im Radio von seltsamen Vorgängen in Berlin, die er nicht verstand. In Murrhardt angekommen, erreichte ihn ein Anruf seines Freundes Uli Thein, der vielsagend mitteilte, es sei jetzt »überraschend kalt in Berlin geworden«, und wenn er sich diesem Klima nicht aussetzen wolle, fände er Verständnis. Thein stellte ihm also anheim, im Westen zu bleiben.

Armin Mueller-Stahl erinnert sich: »Das war alles sehr schlimm für mich, denn ich bekam hier auch ein Angebot von Staudte. ›Flucht aus der Hölle‹ war gut in Erinnerung. Dadurch war ich relativ bekannt im Westen bei Leuten wie Staudte, die Ostfernsehen gesehen haben. Dann bekam ich auch vom Stuttgarter Theater ein Angebot. Geh ich nun zurück, oder geh ich nicht? Ich rang mit mir sehr – und ich dachte, ich möchte aber den Film, an dem ich hing, nicht im Stich lassen.

Ich bin dann zurückgefahren und kam zu dem doch sehr kämpferischen Frank Beyer. Der sagte, es ist gut, dass wir die Mauer bauen. Und da hätte ich den Frank ohrfeigen können. Es ging ja gar nicht um eine Politik. Es ging um das Gefühl der Freiheit und nichts weiter. Frank Beyer war ein total integrer Mann, aber er war gleichzeitig wirklich von der DDR überzeugt. Trotzdem sollte er bald Ärger mit Staat und Partei bekommen.«[5]

Armin Mueller-Stahl stürzte sich in die Arbeit und hatte bald das Gefühl, doch die richtige Wahl getroffen zu haben: »Dann vergaß ich meinen Plan, weggehen zu wollen. Nachdem die Mauer da war, hatte man den Eindruck, die DDR wird ein bißchen schöner. Die hübschen Mädchen, die vorher am Ku'damm flanierten, die waren plötzlich da. Also, wir hatten sozusagen alle Hände voll zu tun. Und das Leben war schön. Und man hatte auch das Gefühl, die Schaufenster werden etwas voller und bunter. Ich dachte, naja, wenn es uns gelingen sollte, das bessere System aufzubauen, dann will ich auch gerne dabei sein! Aber das verlor sich dann doch wieder ganz schnell.«[5]

Erst jetzt gab er seine Westberliner Wohnung in der Regensburger Straße auf und nahm seinen Hauptwohnsitz auf der östlichen Seite der Mauer.

Wahrscheinlich wegen der umfangreichen Dreharbeiten für die kommenden Filme sowie Verpflichtungen an der Volksbühne kamen 1961 keine Neuproduktionen mit Mueller-Stahl heraus. Allerdings konnte man ihn als Synchronsprecher hören. In dem sowjetischen Film »Ilse« (Ilse, 1959, Regie Rolands Kalnins), der vom Filmstudio Riga in lettischer Sprache gedreht wurde, ging es um die missbrauchte Liebe einer Komsomolzin, deren Geliebter zum Saboteur wird. Der Film »Mama ist dagegen« (Rangon alul, Ungarn 1960, Regie Frigyes Bán) behandelte auf heitere Weise einen Generationskonflikt. Armin Mueller-Stahl gab dem beliebten Nachwuchsschauspieler Tibor Bitskey als Joschka die Stimme.

»Menschenblut ist kein Wasser« (Krowj Ljudckaja ne wodiza, SU 1960, Regie Nikolai Makarenko), im ukrainischen Dowshenko-Studio entstanden, war im Bürgerkriegsjahr 1920 angesiedelt und erzählte vom Kampf ukrainischer Bauern gegen Interventen und Konterrevolutionäre. Eine französisch-sowjetische Koproduktion war »Normandie – Njemen« (Normandija – Neman, 1960, Regie Jean Dréville) und erzählte von einer französischen Fliegerstaffel, die im Zweiten Weltkrieg in der Sowjetarmee kämpfte. Wie schon zuvor gab Mueller-Stahl Wladimir Gussew, der hier den Leutnant Sykow spielte, seine Stimme.

1962

Die Kubakrise führt die Welt an den Rand eines atomaren Krieges. – Der US-Satellit Telstar ermöglicht Fernsehübertragungen zwischen den Vereinigten Staaten und Europa. – Fünf Jahre nach Einführung der allgemeinen Wehrpflicht in der Bundeswehr wird sie nun auch in der DDR eingeführt, und junge Männer der Jahrgänge 1940 und 1941 werden zuerst einberufen. In der »Spiegel-Affäre« sehen sich Mitarbeiter des *Spiegels* aufgrund eines kritischen Artikels mit einer Anklage wegen Landesverrates konfrontiert.

In der Volksbühne hat Armin Mueller-Stahl als Prinz Gonzaga in Lessings »Emilia Galotti« mit Doris Abeßer in der Titelrolle Premiere.

Königskinder | *Kino*

SZENARIUM: *Edith und Walter Gorrish*
REGIE: *Frank Beyer*
MITWIRKENDE: *Annekathrin Bürger, Ulrich Thein, Marga Legal, Monika Lennartz, Günter Naumann, Manfred Krug*

In Anlehnung an das Volkslied von den zwei Liebenden, die zueinander nicht kommen können, schlug dieser Liebesfilm von Walter Gorrish und seiner Frau Edith einen Bogen vom Beginn des Naziterrors bis in die Schützengräben des Zweiten Weltkriegs. In seinem zweiten Film über den Faschismus führt Frank Beyer die Protagonisten zwischen die Pole von Liebe und Verrat. Er setzte diese Geschichte zusammen mit Kameramann Günter Marczinkowsy in einer mitunter an Sergej Urussewski, Kameramann von Kalatosows Meisterwerk »Die Kraniche ziehen« (1957), geschulten stilisierten Bildsprache um, die den Film noch heute aus der DEFA-Produktion heraushebt.

Armin Mueller-Stahl spielt den Maurer Michael, einen sympathischen, überzeugten Kommunisten, der von den Nazis zu einer 15-jährigen Zuchthausstrafe verurteilt wird. Zurück lässt er seine Freundin Magdalena (Annekathrin Bürger) und seinen Freund Jürgen (Ulrich Thein). Während Magdalena Antifaschistin bleibt, geht Jürgen in die SA. Michael wird im Krieg in ein Strafbataillon versetzt, wo er Jürgen als Unteroffizier wieder trifft und die alte Freundschaft trotz der widrigen Umstände erneut auflebt. Michael läuft zur Roten Armee über und versucht später vergeblich, Magdalena in Moskau wiederzufinden.

Der Film, der stilistisch in manchen Teilen vielleicht zu bemüht war, erzählte doch eine spannende Geschichte, die durch das intensive Spiel der Hauptdarsteller

In »Königskinder« mit Annekathrin Bürger

nachvollziehbar wird. In der *Nationalzeitung* der DDR-Blockpartei NDPD schreibt Kritiker Hartmut Albrecht: »Die meisterhaft geführte Kamera trifft auf beachtliche Substanz im Darstellerischen: von verhaltener, geballter Energie und doch locker in allen Wesensäußerungen Armin Mueller-Stahl als Michael.«

»Es gibt eine Szene mit Uli Thein, die mich damals faszinierte. Da hat der Michael, den ich spiele, einen Farbfleck an seinem Ärmel. Damit wurde er gebrandmarkt, – es ging um die Aufdeckung einer Kriminaltat. Uli Thein ist Unteroffizier – und der lässt den Michael robben bis zur Verzweiflung. Michael hasst ihn, weil er merkt, der will an mein Leben. Aber in Wirklichkeit will er, dass durch das Robben der Fleck vom Ärmel verschwindet. Er rettet damit sein Leben. Eine große Szene nebenbei gesagt, die ich immer als etwas Besonderes empfand«[5], erinnert sich Mueller-Stahl noch heute.

Der Film wurde bei den Internationalen Filmfestspielen in Karlovy Vary uraufgeführt und gewann eine Medaille.

Die letzte Chance | TV

SZENARIUM: *Hans Oliva-Hagen, Herbert Ziergiebel*
REGIE: *Hans-Joachim Kasprzik*
MITWIRKENDE: *Harald Halgardt, Werner Senftleben, Raimund Schelcher, Hilmar Thate, Eva-Maria Hagen, Katharina Thalbach, Friedrich Teitge*

Der antifaschistische Streifen mit dem wenig originellen Titel entstand nach dem Roman des Dachau-Überlebenden Herbert Ziergiebel »Das Gesicht mit der Narbe«, der in einer ursprünglichen Fassung »Die Flucht aus der Hölle« hieß. Armin Mueller-Stahl spielt einen Pianisten, der während eines Konzerts im Publikum jenen Mann erkennt, der ihn 1943 als Gestapo-Beamter ins Zuchthaus und dann ins KZ Dachau gebracht hatte. Die Erinnerung an Schreie, Flucht, Fenstersprung und Haft kommt in ihm hoch, und er beschließt zu handeln.

Anlässlich der DVD-Edition schreibt der Filmhistoriker Ralf Schenk 2019 in der *Berliner Zeitung*: »Armin Mueller-Stahl. Seine Blicke drücken die Hoffnung aus, über die Grenze in die Schweiz zu gelangen, und, in der Gegenwartshandlung, die Sehnsucht nach Gerechtigkeit, die es nicht geben wird. Der Film spielt in der damaligen BRD.«

Das Mädchen ohne Mitgift | TV

TEXT: *nach einem Schauspiel von Alexander Ostrowski*
REGIE: *Lothar Bellag, Faisal Al-Yasiri*
MITWIRKENDE: *Erika Pelikowsky, Gudrun Ritter, Dieter Franke, Arno Wyzniewski, Else Wolz, Werner Dissel*

Das 1878 uraufgeführte Stück von dem als Schöpfer des russischen Nationaltheaters angesehenen Dramatikers A. N. Ostrowski ist in einer von Eintönigkeit geprägten Stadt an der Wolga angesiedelt. Im Mittelpunkt steht die verarmte gutbürgerliche Larissa (Gudrun Ritter), die den wohlhabenden, aber spießigen jungen Beamten Karandyschew (Armin Mueller-Stahl) heiraten soll. Sie provoziert ihn jedoch mit Männerbekanntschaften und verspottet ihren Bräutigam, der sich dafür bitter rächt.

Das Fernsehspiel inszenierte der Schauspieler Lothar Bellag, der am Beginn seiner Regiekarriere stand, gemeinsam mit dem Iraker Faisal Al-Yassiri, der zwischen 1976 und 1988 mindestens sechs Filme in seiner Heimat drehte, die aber nicht den Weg in den deutschen Sprachraum schafften.

… und deine Liebe auch | Kino

SZENARIUM: *Paul Wiens*
REGIE: *Frank Vogel*
MITWIRKENDE: *Kati Székely, Ulrich Thein, Alfonso Arau, Katharina Lind*

Obwohl das Filmprojekt – wieder eine Dreiecksgeschichte – unter sehr unglücklichen Umständen begann, entstand doch ein in vielen Teilen bemerkenswerter Gegenwartsstreifen. Ursprünglich sollte eine typische Geschichte aus dem politisch geteilten Berlin erzählt werden, in der die Vorzüge von Ostberlin zur Geltung kommen sollten. Ein hübsches Mädchen (Kati Székely) und zwei Brüder, von denen der eine, Klaus (Ulrich Thein), als Kraftfahrer im Westen arbeitete, und der andere, Ulli (Armin Mueller-Stahl), ein verantwortungsbewusster

Elektromonteur im Osten ist. Doch dann kommt unverhofft der Mauerbau dazwischen. Regisseur Frank Vogel und sein Team übernehmen die Grundkonstellation, und während Kameramann Günter Ost dokumentarische Beobachtungen drehte, schrieb Paul Wiens, der als besonders linientreu galt, eine Liebesgeschichte vor dem Hintergrund des unbedingt zu begrüßenden Mauerbaus in Berlin. Das Mädchen, das ein Kind von dem einen bekommt, entscheidet sich am Schluss für den soliden anderen.

Mit den Kollegen am Set kam Armin Mueller-Stahl sehr gut aus: »Ich war mit Frank Vogel in dieser Zeit befreundet, und mit Uli sowieso, und die Kati ist eine wunderbare Partnerin gewesen. Ich mochte sie sehr, sehr gern – wir mochten uns alle drei sehr gern. Da gab es eine große Harmonie, wäre nur nicht der Kampf gegen Paul Wiens gewesen! Ich hatte die meisten Auseinandersetzungen mit ihm.«[5]

Inhaltlich fühlte sich Armin Mueller-Stahl wie »zwischen Baum und Borke«. Einerseits wurde künstlerisch eine neue Erzählweise ausprobiert. Frank Vogel ließ zu, dass Dialoge improvisiert wurden. Auf diese Art gefordert zu werden, war für alle drei Hauptdarsteller neu. Andererseits merkte Mueller-Stahl aber, dass es ihm nicht entsprach, den Mauerbau zu glorifizieren: »Mit diesem Film hatte ich innerlich immer meine ganz großen Schwierigkeiten. Wir haben fast ohne Drehbuch gedreht. Paul Wiens hat es von Tag zu Tag geschrieben. Es sollte gedreht werden vom Mauerbau bis zum Friedensvertrag, Ende des Jahres. Ich erinnere mich, dass ich ganz schweren Herzens die Kampfgruppenuniform dort anzog. Ich hatte das Gefühl, eins darf ich nicht machen – ich darf nicht plötzlich die Mauer verteidigen – die ich gerade erlebt habe als ein Gefängnis. Das war für mich ein Gefängnis. Ich habe mich nicht einordnen wollen. Das war auch, glaube ich, besonders in dieser Zeit akut bei mir. Da gab es große Auseinandersetzungen mit Paul Wiens. Einige Sachen habe ich nicht gespielt, wie er sie geschrieben hat. Ich sagte, dass kannst du vergessen, das findet nicht mit mir statt. Es gab große Auseinandersetzungen – und da war es Uli, der uns gewissermaßen Brücken baute zu dem doch sehr sturen Paul Wiens. Der hatte eine große Qualität – was Sturheit anging!«[5]

Im Laufe der Handlung unternimmt der Held Ulli, der als Amateurfunker den Funker-Freund Alfredo in Havanna hat, eine Kuba-Reise. In diesem Komplex, aber auch in Berlin, wo Alfredo ihn besucht, spielte der später berühmt gewordene Mexikaner Alfonso Arau seine erste Rolle in einem ausländischen Film. Mueller-Stahl sollte ihm viel später wiederbegegnen. Doch der wollte mit seiner Vergangenheit nichts mehr zu tun haben, wie sich der Schauspieler erinnert: »Er wurde dann ein berühmter mexikanischer Regisseur, und ich traf ihn, als ich dann schon in Amerika drehte. Ich sagte: ›Wir haben mal zusammen einen Film gedreht!‹, und der wollte sich nicht mehr daran erinnern. Alfonso Arau war ein mexikanischer Regisseur mit großem Namen geworden. Ich sagte: ›Erinnerst du dich noch, wir saßen zusammen auf der Brücke in der Warschauer Straße.‹ Aber der sagte: ›Das war nicht ich!‹ Na dann sagte ich ›O.k.‹ Wir verdrängen ja alle mal was, aber so einen Verdränger habe ich in meinem Leben noch nicht erlebt – das habe ich ihm so gesagt.«[5]

Der Film kam bei der Kritik und dem Publikum gut an – trotz der fatalen politischen Botschaft, weil er frisch war, etwas ausprobierte. Armin Mueller-Stahl äußerte sich dazu in einem Interview: »Ich erinnere mich an die

Premiere im Kino Colosseum in der Schönhauser Allee. Da haben wir uns verbeugt. Ich war der erste. Und die Leute hörten nicht mehr auf zu klatschen. Es war unglaublich. Ich kriegte einen Beifall und dachte, das kann doch nicht ich sein! Für die Kampfgruppenuniform? – Einen Riesenerfolg hatte ich dort!«[5]

West-Kritiker fühlten sich an den modernen westeuropäischen Film erinnert: »Die thesenartige Handlung, die Klaus nach einer mißglückten Mauerflucht in einem ›Besserungslager‹ enden läßt, erhält durch viele mit verdeckter Kamera gefilmte Sequenzen und durch häufiges Improvisieren der Darsteller einen Anflug dokumentarischer Echtheit von Cinéma-vérité. Die Story indes trägt hoffnungslos apologetische Züge«, schreibt Filmkritiker Ulrich Gregor 1964 in der in Frankfurt am Main erscheinenden Zeitschrift *Filmkritik*.

In der DDR-Presse wurde unter anderem hervorgehoben, dass Armin Mueller-Stahl überzeugte, indem er jedes falsche Pathos vermied. Rückblickend fasste die Filmwissenschaftlerin Erika Richter die Wirkung des Films 1994 so zusammen: »Die Kamera Günter Osts beobachtet genau, feinfühlig und humorvoll das alltägliche Leben der Menschen auf den Straßen, Bahnsteigen, in den Bussen, Straßen- und S-Bahnen, besonders in der Gegend um die Warschauer Straße herum, und vermittelt das lebendige Fluidum dieser Stadt. An diesen dokumentarischen Momenten freut man sich noch heute. (...) Es ist, als ob sich Paul Wiens immer wieder selbst versichern wollte, daß der Bau der Mauer moralisch und politisch gerechtfertigt sei.«

1963

Im Januar nehmen die DDR und Kuba volle diplomatische Beziehungen auf, woraufhin die BRD ihre Beziehungen zu Kuba abbricht. – Am 1. April nimmt das ZDF als zweites bundesdeutsches Vollprogramm seinen TV-Sendebetrieb auf. – Friedensfahrtsieger wird der DDR-Sportler Klaus Ampler. – Als erste Frau der Welt umrundet die Kosmonautin Valentina Tereschkowa die Erde. Sie bleibt bis heute die einzige Frau in der Raumfahrtgeschichte, die allein, also ohne männliche Begleitung, flog. – In diesem Jahr besuchen sowohl der sowjetische Parteichef Nikita Chruschtschow als auch der amerikanische Präsident John F. Kennedy Berlin auf verschiedenen Seiten. Kennedy fällt im November einem Attentat in Dallas/Texas zum Opfer. – Ludwig Erhard folgt Konrad Adenauer als Bundeskanzler.

In diesem Jahr erhält Armin Mueller-Stahl erste Auszeichnungen, die Erich-Weinert-Medaille, Kunstpreis der FDJ, als auch den von der Regierung der DDR gestifteten Kunstpreis der DDR. In der Volksbühne hat er in der Bühnenversion von Tolstois Roman »Krieg und Frieden« als Fürst Andrej Premiere.

Auch 1962 stand Mueller-Stahl im DEFA-Synchronstudio. Leider sind die Rollen, die er sprach, nicht mehr eindeutig zu verifizieren. So wirkte er mit in »Immer nur Liebe« (Pod stuk koles, SU 1958, Regie Michail Jerschow). Nach einer Vorlage von Konstantin Paustowski entstand im Mosfilm-Studio »Nördliche Novelle« (Sewernaja Powest, SU 1960, Regie Jewgeni Andrikanis), in dem Armin Mueller-Stahl vermutlich für den Hauptdarsteller Oleg Strishenow sprach. In der Zeit der zaristischen Gewaltherrschaft verhilft hier ein junger Fähnrich zwei Soldaten im Widerstand zur Flucht.

Ein fast schon geheimnisvolles Projekt, das nie das Licht der Öffentlichkeit erblickte, wurde ebenfalls in diesem Jahr gestartet. Als Koproduktion zwischen dem Deutschen Fernsehfunk und der Londoner Firma Centaur Productions wurde »Arabische Nächte« (Arabian Nights) begonnen. Der in Farbe gedrehte Märchenfilm für Erwachsene entstand nach Motiven aus »1001 Nacht«. Der Hauptteil war ein im Sandmännchen-Studio unter Federführung von Gerhard Behrendt hergestellter Puppentrickfilm, in dessen Rahmenhandlung, als Realfilm gedreht, die schöne Sharazade dem Sultan Geschichten erzählt. Dieses Paar wurde von Monika Gabriel und Armin Mueller-Stahl gespielt. Weitere Darsteller, die unter der Regie des norwegischen Choreographen und Schauspielers Tutte Lemkow agierten, waren Heinz-Dieter Knaup und A. P. Hoffmann. Mueller-Stahl erzählte, dass ihn der britische Produzent zu Hause in Johannisthal aufgesucht habe, er aber von dem Mann nicht viel hielt. Nachdem das Material nach Abschluss sowohl des Realfilms wie des Trickfilmteils dem britischen Partner übergeben worden war, tauchte es nie mehr auf und blieb bis heute verschollen.

Der Andere neben dir | *TV + Kino*

SZENARIUM: *Ulrich Thein*
REGIE: *Ulrich Thein*
MITWIRKENDE: *Erwin Geschonneck, Inge Keller, Radovan Lukavský, Jana Brejchová, Erik S. Klein, Klaus Piontek, Valter Taub*

Der Zweiteiler erzählt eine Geschichte aus der Zeit kurz nach dem Mauerbau, als in den Krankenhäusern Ostberlins viele Ärzte fehlten, die im Westen gelebt und im Osten gearbeitet hatten und nun nicht zu ihrer Arbeit zurückkehrten. Die Situation ist folgende: Der erfolgreiche und international anerkannte Gehirnspezialist Professor Marschner (Erwin Geschonneck) leitet ein Institut in Ostberlin. Im Rahmen der »sozialistischen Hilfe« kommt der Prager Gehirnchirurg Dr. Melichar (Radovan Lukavský) an Marschners Institut. Durch ihn wird er mit einer einschneidenden Episode aus seiner Vergangenheit konfrontiert, als während des Krieges die tschechische Zwangsarbeiterin Bara (Jana Brejchová) in seinem Hause dienstverpflichtet war. Damals hatte Marschners Sohn Reinhard (Armin Mueller-Stahl), ein Gestapo-Offizier, das Mädchen fälschlich wegen Diebstahls denunziert, und Marschner selbst hatte aus Feigheit nicht eingegriffen. Bara kam ins KZ Ravensbrück, wo sie gefoltert und vergewaltigt wurde. Inzwischen ist das Mädchen die Ehefrau des Dr. Melichar.

Die historische Schuld der Deutschen in der Nazi-Zeit und die persönliche Verantwortung einzelner werden hier ebenso aufgearbeitet wie das schwierige Verhältnis von DDR und ČSSR im Rahmen der Völkerverständigung. Ulrich Thein lag das Thema am Herzen, war er zu dieser Zeit doch mit Jana Brejchová verheiratet und besuchte oft Freunde in Prag.

Die Ankündigung des Films triefte von sozialistischem Pathos: »In einer tiefen, dramatischen Auseinandersetzung begreift Marschner, welch große Problematik in dem oft so leichtfertig gebrauchten Wort ›Völkerfreundschaft‹ verborgen ist, welch hohes Maß an Bereitschaft, Verständigungswillen, Ehrlichkeit und Selbstrechenschaft jeder einzelne aufbringen muß, der dieser Freundschaft wert und ihres schönen Inhalts teilhaftig werden will.« (Progress-Filmprogramm)

Die Kritik lobte den Film und besonders die Schauspielerleistungen. Im *Filmspiegel* schreibt ein Kritiker mit dem Pseudonym Televil: »Ulrich Thein weiß aus eigener Erfahrung, welch ein Glück für einen Schauspieler eine wirklich interessante, lebensnahe Rolle ist. Man muß ihm bestätigen, daß er als Autor solche Rollen geschrieben hat. Das gilt in gleicher Weise für die Hauptrollen wie für die Nebenfiguren.« Gleichzeitig nannte er Mueller-Stahl »vom Typ her nicht ganz glücklich besetzt« und stellte auch Längen fest.

Der zweiteilige Fernsehfilm entstand als erste so umfangreiche Produktion in den Johannisthaler Ateliers des Deutschen Fernsehfunks (den früheren Tobis-Ateliers) und kam wenige Monate nach der Erstsendung in die Kinos, wo er mit einer Pause gezeigt wurde. Armin Mueller-Stahl wurde übrigens im Abspann »Müller-Stahl« geschrieben, eine Schreibweise, die fälschlicherweise immer mal wieder verwendet wurde.

Nackt unter Wölfen | Kino

TEXT: *nach dem gleichnamigen Roman von Bruno Apitz*
SZENARIUM: *Bruno Apitz*
REGIE: *Frank Beyer*
MITWIRKENDE: *Erwin Geschonneck, Fred Delmare, Wiktor Awdjuschko, Gerry Wolff, Peter Sturm, Bolesław Płotnicki, Herbert Köfer, Wolfram Handel*

Dieser Film zählt nicht nur zu den heute »klassisch« zu nennenden Werken der DEFA zum Thema des antifaschistischen Widerstands, sondern stellt auch in Armin Mueller-Stahls Laufbahn einen wichtigen Markstein dar. Der Autor Bruno Apitz, vor 1933 Vorsitzender des Bundes proletarischer Schriftsteller in Leipzig, danach inhaftiert – davon acht Jahre lang im KZ Buchenwald –, hatte den Roman nach eigenen Erlebnissen geschrieben und damit einen Welterfolg errungen.

Der Stoff bot zunächst 1960 die Vorlage für einen Fernsehfilm, den Georg Leopold inszenierte und mit Manfred Borges in der Rolle des Höfel besetzte, ehe er von Frank Beyer als Spielfilm umgesetzt wurde und wiederum weltweit Beachtung fand.

Die Handlung: Während das Kriegsende schon abzusehen ist, bringt ein Pole ein dreijähriges Kind in einem Koffer versteckt in das Konzentrationslager Buchenwald. Dass die Häftlinge beschließen, das Kind vor der SS zu verstecken, bringt die illegale Widerstandsgruppe des Lagers in eine gefährliche Lage. Bei der Entdeckung des Kindes ist mit Erschießungen zu rechnen. Doch die Befreiung ist nahe, und noch bevor die heranrückenden Amerikaner eintreffen, gelingt es den Häftlingen, ihre Bewacher zu entwaffnen. Das Kind ist gerettet.

Als Lagerältester Krämer steht Erwin Geschonneck, ein Schauspieler, der selbst in mehreren Konzentrationslagern einsaß, im Mittelpunkt der Handlung. An seiner Seite spielt Mueller-Stahl den Kapo Höfel, der die Widerstandsgruppe anleitet und dessen Ringen um seine Haltung eine schauspielerische Meisterleistung war. Gabriele Michel schreibt: »Wie dieser Mensch zwischen Mitgefühl, Pflichtbewusstsein, politischer Verantwortung und menschlicher Zartheit hin und her gerissen ist, mal wie ein Verurteilter die Schultern einzieht, mal streng auf pragmatische Notwendigkeit pocht und dann wieder voller Qual deren Konsequenzen realisiert, das lässt einen so schnell nicht mehr los.«[6]

Für Armin Mueller-Stahl war dieser Stoff eine Herzenssache, aber auch ein Kraftakt: »Das war ein Film, den ich mit großer Begeisterung mit begonnen habe zu drehen, und der mich auch sehr berührt und bewegt hat. Aber für mich war es auch eine schwere Zeit, weil ich gleichzeitig am Theater spielte. Nach den Vorstellungen wurde ich immer abends abgeholt, um zu drehen. Da bin ich auch einmal zusammengebrochen – so richtig zusammengebrochen. Da habe ich einfach meine Kräfte überschätzt.«[5]

Armin Mueller-Stahl ging diese Rolle völlig professionell an und geriet damit in einen gewissen Gegensatz zum Autor Bruno Apitz: »Ich habe damals gelernt, dass Schauspielerei wesentlich mit Handwerk zu tun hat. Und dieses Handwerk hat mich hin und wieder bewahrt, mich emotional zu sehr in das Schicksal dieser Figuren hineinziehen zu lassen, weil das belastet. Später, bei einem Publikumsgespräch wurde ich gefragt, wie ich mich dieser Rolle des Höfels, die doch sehr emotional ist, angenähert habe. Ich hätte ein Bewusstsein, dass es Handwerk ist, was ich tue, habe ich geantwortet. Ich muss meine Mittel können. Wie bewege ich meine Hände, wie mache ich den Ausbruch, wie mache ich dieses?! Und es ist Handwerk. Und da hat der Bruno Apitz, der neben mir saß, vehement protestiert. Sagt er, das ist Herzblut Armin – das ist Herzblut! Und da er so gepackt wurde von seinem Herzblut, da habe ich ihm vor dem Publikum nicht widersprechen wollen. Und ich sagte, gut Bruno – auch Herzblut dabei zum Handwerk.«[5]

Alles drehte sich in diesem Film um den kleinen Jungen, dessen wirkliche Geschichte Bruno Apitz als Ausgangspunkt verwendete. Dabei war er ihm in Buchenwald nicht begegnet. Er hatte von dem Kind erzählen hören und seine Geschichte nicht exakt wiedergegeben, denn der kleine Jerzy befand sich zusammen mit seinem Vater im Lager. Im Roman gilt er als Waise. Stefan Jerzy Zweig war zwar namentlich bekannt, aber es gab keinen Kontakt zu ihm.

Mueller-Stahl konnte später von einer besonderen Begegnung erzählen: »Als wir in Moskau zum Filmfestival waren, wurde ich im Fernsehen gefragt, wo der Junge ist.

Mit Jürgen Strauch in »Nackt unter Wölfen«

Ich musste sagen, keine Ahnung – wir wissen nicht, ob er überhaupt noch lebt. Einige Zeit später in Berlin bin ich zu Hause, und es klopft an meine Tür in der Engelhardstraße. Da steht ein junger Mann vor der Tür. – Ja wer sind Sie, was wollen Sie? – Ich bin Jerzy Zweig, ich bin der aus ›Nackt unter Wölfen‹«.

Wir haben ihm seitens der DEFA dann geholfen. Er wurde an der Babelsberger Hochschule zum Kameramann ausgebildet. Er zog dann nach Österreich. Von unserem Film hat er sich allerdings später mehr und mehr distanziert. Und fand eben auch Ungenauigkeiten drin.«[5]

Auf dem Filmfestival in Moskau wurde der Film mit einer Silbermedaille für die beste Regie ausgezeichnet und international gut verkauft, etwa nach Japan und in die USA. In Moskau verliebte sich Armin Mueller-Stahl in die bekannte Schauspielerin Natalja Fatejewa, die gerade mit »Schlacht unterwegs« einen großen Erfolg gehabt hatte. Beide wollten heiraten, aber die sowjetischen Behörden verhinderten das. Natalja durfte Armin nicht mal in der DDR besuchen.

2015 erschien eine Neuverfilmung des Buches durch Stefan Kolditz (Buch) und Philipp Kadelbach (Regie) für die ARD, in der die Rolle des Höfel von dem aus Leipzig stammenden Schauspieler und Musiker Peter Schneider gespielt wird. Armin Mueller-Stahl, der den Stil, wie er heute von der Ufa gepflegt wird, nicht mag, hat sich diesen Film nicht angesehen.

Rauhreif | TV

SZENARIUM: *Bernhard Seeger*
REGIE: *Hans-Erich Korbschmitt*
MITWIRKENDE: *Annekathrin Bürger, Martin Flörchinger, Manja Behrens, Horst Weinheimer, Wilhelm Koch-Hooge, Renate Richter, Günter Naumann*

Der Autor Bernhard Seeger widmete sich häufig den Problemen auf dem Lande im Zeichen der Kollektivierung der Agrarwirtschaft. In diesem Film, der nach seinem ebenfalls 1963 urgesendeten gleichnamigen Hörspiel entstand, geht es um eine Vater Sohn-Geschichte. Thomas (Armin Mueller-Stahl) arbeitet als stellvertretender LPG-Vorsitzender im Oderbruch und ist Sohn eines erfolgreichen LPG-Vorsitzenden in seinem in der Nähe gelegenen Heimatort. Während der Vater (Martin Flörchinger) von den Bauern aufgrund seiner harten Methoden sowohl gefürchtet als auch geachtet wird, tanzen die Bauern im Oderbruch, die die Kollektivierung nur zähneknirschend hinnahmen, der LPG-Leitung auf der Nase herum. Der Vater geizt nicht mit gutem Rat. In einem weiteren Handlungsstrang stellen sich bei Thomas und seiner Frau Anne (Annekathrin Bürger) Eheprobleme ein.

Die *Berliner Zeitung* zitiert Mueller-Stahl anlässlich dieses Films so: »Ich glaube, das Entscheidende bei der Gestaltung unserer Gegenwart muß eine absolute Aufrichtigkeit im Aufzeigen der Widersprüche sein. Jeder Mensch hat Widersprüche. Wie er sich mit diesen Widersprüchen in unserer Zeit, ihren Erfordernissen, Schwierigkeiten und Schönheiten auseinandersetzt, muss man stets neu, individuell und ehrlich behandeln. Nur so können wir mit den Mitteln der Kunst für die Menschen Helfer sein in der Lösung der Konflikte.«[6]

Auch als Sprecher übernahm Armin Mueller-Stahl in diesem Jahr verschiedene Aufgaben, so unter der Regie seines Bruders Hagen Mueller-Stahl in dem Fernsehspiel »Der Streit um den Sergeanten Grischa« nach dem Roman von Arnold Zweig, in dem Friedo Solter und Lissy Tempelhof die Hauptrollen spielten. Zweig-Kenner Heinz Kamnitzer hatte diese Szenenfolge geschrieben, ehe er das Szenarium für die Filmadaption von 1968 verfasste, an der Mueller-Stahl allerdings nicht mitwirkte. Bei den Arbeiten lernte Armin Mueller-Stahl Zweig persönlich kennen, der bei ihm einen bleibenden Eindruck hinterließ.

Als Synchronsprecher war er in diesem Jahr in dem im Zweiten Weltkrieg angesiedelten Drama »Das Haus in den sieben Winden« (Na sjemi wetrach, SU 1962, Regie Stanislaw Rostozki) zu hören sowie in der in der Zeit der napoleonischen Kriege handelnden »Husarenballade« (Gussarskaja ballada, SU 1962, Regie Eldar Rjasanow) in der Rolle des Pelymow, den Lew Poljakow verkörperte.

1964

Lyndon B. Johnson, neu gewählter Präsident der USA, unterzeichnet das Gesetz zur Aufhebung der Rassentrennung. – Die Beatles erobern die Welt. – Der sowjetische Parteichef Chruschtschow wird von Leonid Breshnew abgelöst. – Das heute als Kultobjekt gehandelte Moped »Schwalbe«, im Fachdeutsch »Kleinroller« genannt, geht bei den Suhler Simson-Werken in Serienproduktion. – Ab September wird es für DDR-Rentner möglich, einmal jährlich »Westreisen« anzutreten.

In Shakespeares »Romeo und Julia« spielen Monika Lennartz und Klaus Manchen die Titelrollen, und Armin Mueller-Stahl übernimmt den Mercutio.

Alaskafüchse | *Kino*

SZENARIUM: *Egon Günther*
REGIE: *Werner W. Wallroth*
MITWIRKENDE: *Thomas Weisgerber, Hans-Peter Minetti, Klaus Tews, Hans Teuscher*

Nach einer Erzählung des Abenteuerspezialisten Wolfgang Schreyer schrieb Egon Günther diesen Film, mit dem der junge Regisseur Werner W. Wallroth sein Debüt gab. Mueller-Stahl spielt eine relativ kleine Episodenrolle. In diesem Handlungsstrang behandelt er als sowjetischer Arzt auf einem Militär-U-Boot einen lebensgefährlich verletzten amerikanischen Piloten der US Air Force, der mit seinem Partner bei Unwetter auf einer Eisscholle in Alaska nahe des sowjetischen Gebiets notgelandet ist.

Armin Mueller-Stahl war der Regisseur eigentlich als »irgendwie Verrückter« sympathisch, aber das änderte sich: »Ich weiß noch, dass ich mich über ihn sehr geärgert habe, weil er mich ohne zu fragen mit einem russischen Akzent synchronisiert hat. Aus diesem Grund habe ich mir den fertigen Film nie angesehen.« 4

So unrecht hatte er offenbar nicht, wenn man die Meinung von Georg Antosch, Kritiker für die Tageszeitung *Der Neue Weg* liest: »Was Werner W. Wallroth hier namens der DEFA absolviert hat, grenzt peinlich an Dilettantismus oder aber – etwa im Auftritt des sowjetischen Arztes, den Armin Müller-Stahl erheiternd radebrecht – an die unfreiwillige Karikatur.«

Herr Lamberthier | TV

TEXT: *nach einem Stück von Henri Verneuil*
REGIE: *Gerd Keil*
MITWIRKENDE: *Marion van de Kamp, Armin Mueller-Stahl*

Die Titelfigur, die in dem Zweipersonenstück nicht auftritt, ist der ehemalige schwer reiche »Wohltäter« von Germaine, die jetzt in Paris mit Maurice verheiratet ist, und die finanziell von Lamberthier abhängig bleibt. Die Macht des Geldes vergiftet ihre Ehe.

Marion van de Kamp gehörte fast vier Jahrzehnte lang dem Ensemble der Volksbühne an und war häufig Bühnenpartnerin von Mueller-Stahl. Auch in der Reihe »Das unsichtbare Visier« übernahm sie neben ihrem Kollegen eine der Hauptrollen. Der war hier auch an der Musik beteiligt: »Das Komponieren ist mir immer leichtgefallen. In den fünfziger Jahren habe ich dem Regisseur der Fernsehproduktion ›Herr Lamberthier‹ in einer Notlage einmal ganz schnell ein Stück geschrieben. Mich flogen die Harmonien an, ganz schnell hatte ich die Akkorde auf der Gitarre und die Melodie notiert.«[1]

Preludio 11 | *Kino*

TEXT: *nach dem gleichnamigen Roman von Wolfgang Schreyer*
SZENARIUM: *Wolfgang Schreyer*
REGIE: *Kurt Maetzig*
MITWIRKENDE: *Roberto Blanco, Aurora Depestre, Günther Simon, Gerry Wolff, Günter Ott*

Der Film war eine Koproduktion DDR/Kuba und wurde zu einem großen Teil in Havanna und Umgebung gedreht. Das sozialistische Lager unterstützte Fidel Castros Bemühungen der politischen Umgestaltung, auch auf dem Gebiet von Kunst und Kultur. So schrieb Wolfgang Schreyer, mehrfach verfilmter Bestseller-Autor auf dem Gebiet des (oft in Lateinamerika angesiedelten) politischen Abenteuerromans, eine Geschichte, die die Machenschaften kurz vor der historischen Invasion in der Schweinebucht erzählt.

»Preludio« ist das Code-Wort für die geplante Invasion an Kubas Küste. Exil-Kubaner kommen aus Florida, um die Invasion durch Sabotage-Akte vorzubereiten. In dem Kommandanten Palomino (Günther Simon) finden die Konterrevolutionäre einen Verbündeten. Doch sie treffen auf Widerstand, der besonders durch den Einsatz von Leutnant Quintana (Armin Mueller-Stahl) erfolgreich ist.

Der Film mit Drehbeginn 1962, fertiggestellt 1963, hatte im März 1964 im Berliner Premieren-Kino Colosseum Premiere und fand bei politisch Interessierten Anklang, wurde aber kein Publikumserfolg. Es ist wieder Kritiker Georg Antosch, der sich in *Der Neue Weg* von Mueller-Stahls Leistung enttäuscht zeigt: »Günther Simon bleibt als verräterischer Commandante nahezu profillos, und Armin Mueller-Stahl (Quintana) hat lediglich die Aufgabe, Treue zur Revolution und Liebesempfinden plakathaft zu bekunden.«

Woran es lag, dass dieser Film doch zu wenig publikumsfreundlich wirkte, schätzte Filmhistoriker Ralf Schenk 2011 rückblickend so ein: »Im Durcheinander der Produktion, angesichts des Aufmarschs des US-Militärs vor Kuba, einer akuten Kriegsgefahr und der daraufhin notwendig gewordenen Verlegung ganzer Filmteile ins Babelsberger Studio, gingen Feinheiten verloren, Spannungsbögen wurden gar nicht erst aufgebaut, der Film wirkt wie aus hektisch inszenierten Einzelteilen zusammengesetzt.«

Auch, wenn dem Film kein Publikumserfolg beschieden war, war er doch für Armin Mueller-Stahl wichtig, denn er lebte in Havanna angesichts der Kriegsgefahr unter besonderen Umständen und lernte neue Freunde kennen: »Im Oktober 1962 saßen in Havanna drei internationale Filmteams im Hotel – ein französisches mit Armand Gatti, die wollten nebenbei gegen die Amerikaner kämpfen. Ein deutsches mit Kurt Maetzig – die wollten nach Hause, denn die ›Völkerfreundschaft‹ *(ein DDR-Kreuzfahrtschiff, fbh)* war gerade vor der Tür am Hafen von Havanna. Und ein russisches Team mit Kalatosows Kameramann Sergei Urussewski, den wir für »Die Kraniche ziehen« bewunderten, sowie der Dichter Jewgeni Jewtuschenko – und die waren besoffen.

Ich saß mit den Russen am Abend zusammen, das schien mir die beste Truppe zu sein. Ich wollte weder kämpfen, noch wollte ich nach Hause, denn ich sagte, wir können nicht nach Hause und anschließend wiederkommen und kubanische Revolutionäre spielen. So einen spielte ich. Bei uns saß auch Cavalcanti – ein berühmter brasilianischer Dokumentarist. Der bat Jewtuschenko, ein Lied zu schreiben für eine Dokumentation.

Wir müssen wissen, an diesem berühmten Freitag dachten wir wirklich, unser letztes Stündchen sei gekommen, die Atombombe wird kommen. Das war es. Morgen können wir nicht mehr aufstehen – wir sind tot. Trotzdem bat er Jewtuschenko um ein Lied. Er erzählte ihm die Geschichte von Kindern und einem Clown, der ein Reiter ist. Plötzlich ersteht im Hintergrund der Kinder eine wunderbare Blume, die wird größer und größer und geht auf, wird weiter und weiter, und was wird es? Es ist die Atombombe!

Jewtuschenko nickte, er wird das Lied schreiben, aber natürlich dachte er eigentlich nicht daran. Aber ich dachte daran und meinte, ich schreibe jetzt die größte Geschichte meines Lebens. Ich dichtete in meinem Zimmer und dachte, jetzt habe ich also Shakespeare in die Flucht geschlagen, da kommt der nicht ran.

Am frühen Morgen wachten wir auf und stellten der Reihe nach fest, wir sind noch lebendig. Kennedy und Chruschtschow haben sich geeinigt. Und ich merkte, ich habe ein hinreißendes Poem geschrieben, nehme es mir vor und denke, mein Gott, was hast du da gedichtet! Das war so gefühlsbeladen. Aber ein Refrain war übriggeblieben, und der hieß dann ungefähr so:

Es war mal ein Reiter, der ritt und so weiter, er hat es gekonnt bis an den Horizont. Er fühlt sich betrogen, es war doch gelogen. Er steht vor einem Abgrund, die Erde ist nicht rund.

So in etwa habe ich da gedichtet und die Gitarre in der Hand gehabt und die Harmonien dazu gefunden. Und am

Abend, etwas aufgeregt, singe ich es, nachdem wir unsere Wiedergeburt gefeiert haben, dem Alberto Cavalcanti da vor.

›Gib mir mal her, gib mir mal her ... das würde ich gerne haben!‹

Zwei Jahre später kriege ich von ihm eine Reitpeitsche geschickt nach Prenzlau, wo ich auch noch lebte bei meiner Mutter. Mit der Mitteilung, dass dieses Lied in seinem Film unglaublich schön wäre. Das wäre genau das Lied, das erklärt – die Erde ist nicht nur rund. Und das war mein Beginn des Liedermachens.«[5]

Für die Revolutionäre fand eine Veranstaltung mit ›Fünf Patronenhülsen‹ statt, zu der auch die Regierungsspitze eingeladen war. Armin Mueller-Stahl, der ja in diesem Film eine Hauptrolle gespielt hatte, lernte am Rande dieser Filmvorführung weitere Freunde kennen – die Brüder Castro und Che Guevara. Von vornherein wurde gesagt, dass sie nach dem Film verschwinden würden, falls ihnen der Film nicht gefällt. Doch das Gegenteil war der Fall.

»Sie kamen auf die Bühne, denn die Revolutionäre im Film »Fünf Patronenhülsen« haben sie überzeugt. Das war in gewisser Weise verkürzt auch ihr Leben. Für ihren Plan sind auch viele draufgegangen. Fidel Castro, Raúl Castro und Che Guevara haben den Film gesehen, kamen auf uns zu und haben uns umarmt und eingeladen in eine Villa. Da war gerade ein Zuckermilliardär abgehauen nach Miami. Und wir begutachteten die Villa.

Che Guevara und Raúl Castro saßen auf der Schaukel und stritten sich darüber, ob der Besitzer, der abgehauen war, nun Geschmack hatte oder nicht. Che Guevara sagte – wir haben das übersetzen lassen – ›Ja hatte Geschmack‹, Raúl meinte ›Der hatte keinen Geschmack.‹ Darauf nun Che Guevara ›Du hast keine Ahnung, ich komme aus einem bürgerlichen Hause. Ich weiß, was Geschmack ist. Du hast keine Ahnung von Geschmack.‹ Und Fidel machte in der Zwischenzeit Abendbrot, indem der Konservenbüchsen öffnete und auf Pappteller irgendwelche Inhalte klatschte.«

Mit der Hauptdarstellerin Aurora Depestre hatte es etwas Besonderes auf sich, wie Mueller-Stahl bald erfahren sollte. Er war im Filminstitut ICAIC auf sie gestoßen, als sie eine dunkelhäutige Schauspielerin gesucht hatten. Erst später sagte man ihm, dass Depestre die Freundin Fidel Castros war.

Ein weiteres Problem war, dass Regisseur Maetzig laut Drehbuch einen Cadillac einsetzen wollte. Doch ihm wurde gesagt, es gebe in ganz Kuba nur einen, der auch fahrtüchtig sei, und der gehöre Fidel Castro. Da konnte Armin Mueller-Stahl aufgrund seiner Verbindungen helfen. Energisch auftretend, verlangte er den Wagen für den nächsten Tag um 11 Uhr. »Natürlich kam Fidel nicht um 11 – sondern um 1 Uhr – und sagte nur: ›Pass auf das Auto auf.‹ Depestre hat ihn nicht so interessiert. Das war ungeheuer, auf gleicher Augenhöhe. Ich hatte nie das Gefühl, ich bin dort beim großen Revolutionär, der Kuba von Batista befreit hat. Wir waren da Kumpel irgendwie.«[5]

Mueller-Stahl und Günther Simon sind tatsächlich im Film ausgiebig in Fidel Castros Cadillac zu sehen.

Der kubanische Darsteller mit dem geläufigen Namen Roberto Blanco, der den Miguel spielte, ist übrigens nicht mit dem tunesisch-kubanischen Schlagersänger gleichen Namens identisch.

Auch in zwei Synchronrollen war Armin Mueller-Stahl in diesem Jahr zu erleben. In »Wie steht's, junger Mann?« (Hogy allunk, fiatalember?, Ungarn 1963, Regie György

Révész) ging es um die Probleme eines pubertierenden Jungen mit seinen Eltern und in »Ein Mädchen in der Fußballelf« (Ivana v utoku, ČSSR 1963, Regie Milan Šimek) um eine Fußballerin, die sich für die Auswahlmannschaft qualifizieren will.

1965

Die USA eröffnen den Bombenkrieg gegen Nordvietnam. – In Frankfurt am Main geht der erste Auschwitz-Prozess zu Ende. – Louis Armstrong und seine All-Star-Band gehen auf Tournee durch die DDR. – Eine von der Firma Jenapharm entwickelte Antibabypille wird in der DDR zugelassen. – Im Dezember leitet das 11. Plenum des ZK der SED eine neue, rigidere Phase der Kulturpolitik ein. Künstler und Wissenschaftler wie Wolf Biermann, Robert Havemann und Stefan Heym werden gemaßregelt und erhalten ein Veröffentlichungsverbot. Zahlreiche Kino- und Fernsehfilme werden verboten oder nur in ideologisch »bereinigtem« Zustand veröffentlicht. Armin Mueller-Stahl ist mit dem Film »Columbus 64« betroffen.

Wolf unter Wölfen | TV

1. Die Stadt und ihre Ruhelosen
2. Schwüle über dem Land
3. Es kommen des Teufels Husaren
4. Ende und Anfang

TEXT: *nach dem gleichnamigen Roman von Hans Fallada*
SZENARIUM: *Klaus Jörn*
REGIE: *Hans-Joachim Kasprzik*
MITWIRKENDE: *Annekathrin Bürger, Wolfgang Langhoff, Inge Keller, Herbert Köfer, Agnes Kraus, Ekkehard Schall, Helga Labudda, Evamaria Bath, Marga Legal*

Der Vierteiler bildete die erste von mehreren Filmadaptionen nach Werken von Hans Fallada, die beim DFF entstanden. Die zentrale Rolle des Wolfgang Pagel steigerte Armin Mueller-Stahls Popularität weiter.

Im Berlin der zwanziger Jahre ist Pagel ein Spieler ohne Arbeit, der mit der Gelegenheitsprostituierten Petra Ledig (Annekathrin Bürger) ein gemeinsames Leben aufbauen will. Er findet Arbeit fernab von Berlin als Verwalter auf einem Rittergut und wird hier in einen Putsch gegen die Regierung hineingezogen. Gereift kehrt er am Schluss nach Berlin zurück.

Falladas Geschichte von Menschen, die aus der Bahn geworfen werden, der Zerfall von Familien angesichts der Machenschaften der schwarzen Reichswehr kann auch als Warnung vor dem heraufziehenden Faschismus verstanden werden. Der glänzend inszenierte und besetzte Mehrteiler war der erste im ZDF ausgestrahlte DFF-Film.

Mueller-Stahl berichtete darüber: »Ich erinnere mich, dass ich oft ins Café Budapest in die Karl-Marx-Allee ging, und dort aß ich immer unbehelligt mein Kalbsteak Bakony *(nach ungarischer Art, fbh).* Als dann im Westen ›Wolf unter Wölfen‹ lief, haben die Leute mir alle zugeprostet. Ich war plötzlich für sie ein Westschauspieler – ok. Und ein Westschauspieler war etwas anderes als ein DDR-Schauspieler!«[5]

Für seine Rolle erhielt Armin Mueller-Stahl eine begehrte, vom DFF vergebene Auszeichnung, den Silbernen Lorbeer.

In diesem Jahr entschied sich auch eine andere wichtige Besetzung. Armin Mueller-Stahl war in dem heute legendären Film »Spur der Steine« nach Erik Neutschs Roman für die Rolle des Horrath vorgesehen.

Regisseur Frank Beyer fiel es nicht leicht, sich für Mueller-Stahl zu entscheiden. »Ich war mir nicht sicher, ob er die ideale Besetzung ist. Ich sah Armin immer als einen empfindsamen, eher zögerlichen Menschen, nicht als einen ›Durchreißer‹, wie es die Horrath-Figur ist. Armin wartete darauf, daß er meine Zusage bekommt. Zur gleichen Zeit war er für die Hauptrolle eines Wismut-Films im Gespräch, den Ulrich Thein vorbereitete. Thein schwankte zwischen Mueller-Stahl und Eberhard Esche. Esche wollte sich aber für ein solches mehrteiliges Fernsehprojekt nicht binden. Dann passierte etwas ganz Einfaches: Mueller-Stahl rief mich eines Tages an, sagte, er habe nun lang genug gewartet, und er hätte gestern zugesagt, bei Thein zu spielen. Dadurch war Esche frei, und ich besetzte ihn.«

1966

Der sowjetischen Sonde Luna 9 gelingt im Februar die erste weiche Landung auf dem Mond. Im Juni schafft es auch die amerikanische Sonde Surveyor 1. – Mit Gründung des Oktoberklubs wird die FDJ-Singebewegung ins Leben gerufen. – Das erste Atomkraftwerk der DDR nimmt im Mai bei Rheinsberg den Betrieb auf. – Im Eisenacher Automobilwerk beginnt die Serienproduktion des Wartburg 353, von dem bis 1989 1,2 Millionen Fahrzeuge hergestellt werden. – Im Dezember wird Kurt Georg Kiesinger neuer Bundeskanzler und bildet eine Große Koalition mit Willy Brandt als Vizekanzler.

Columbus 64 | TV

1. *Gestatten, Brecher, Berlin*
2. *Sepp und all die anderen*
3. *Nackenschläge, Zinsen und ein ganz kleiner Koch*
4. *Guten Tag, Sonne, ich heiße Moritz*

SZENARIUM: *Ulrich Thein*
REGIE: *Ulrich Thein*
MITWIRKENDE: *Sepp Wenig, Margitta Hellmann, Charlotte Küter, Peter Dommisch, Teri Torday, Lothar Bellag, Lissy Tempelhof, Günther Grabbert, Reimar Johannes Baur, Erik Neutsch*

Für den Fernsehfunk hatte Ulrich Thein nach eigenen Recherchen bei den Kumpeln in den Bergwerken der Wismut AG den Mehrteiler »Columbus 64« geschrieben und selbst inszeniert. Theins Prinzip war es damals, Laien und Profi-Schauspieler zusammenzuführen, um einen größeren Realismus zu erzielen. Der Arbeitsdirektor der SAG Wismut, ZK-Mitglied Sepp Wenig, spielte sich selbst in einer Hauptrolle, und viele Kumpels traten in kleineren Parts auf. Der Maler Otto Niemeyer-Holstein hatte ebenso seinen Auftritt wie der Liedermacher Wolf Biermann, der unter anderem sein bekanntes Lied »Was verboten ist, das macht uns grade scharf« sang.

In »Columbus 64« wird mit Alkohol und Schlägereien ein wenig schmeichelhaftes Bild der Arbeiterklasse gezeichnet, aber nach zahlreichen Änderungen konnte der Vierteiler im Vorfeld des Republikgeburtstags 1966 einmalig gesendet werden, allerdings ohne Biermann und Niemeyer-Holstein. Nach bestellten kritischen Zuschauerbriefen wurde der Film dann dem Vergessen überlassen. Die Geschichte, in der ein durchschnittlicher Autor (Armin Mueller-Stahl) im Zeichen des »Bitterfelder Wegs«, Karriere machen will, indem er mit Wismut-Kumpeln zusammenarbeitet, erzählt viel über die DDR jener Jahre, ist spannend und von hervorragenden Schauspielern gestaltet.

Mueller-Stahl zeigte sich von Ulrich Theins Arbeit begeistert: »Als wir ›Columbus‹ drehten, war ich sein Bewunderer, einfach und direkt waren seine Dialoge, keine Literatur, Dialoge aus dem Leben.«[7]

Während der Dreharbeiten hatte Armin Mueller-Stahls voriger Film »Wolf unter Wölfen« seine Bildschirmpremiere. Der Schauspieler hätte das gern gesehen, hatte jedoch im Hotel keinen funktionsfähigen Fernsehapparat. Der erste Teil begann. Er erzählt: »Jetzt bin ich durch die Straßen gegangen. Und in den Fenstern sah ich: Überall wurde ›Wolf unter Wölfen‹ geguckt. Als ich in einen Raum sah, wo nur vier Leute saßen, habe ich geklopft und sagte: Verzeihen Sie, ich bin der Hauptdarsteller davon, könnte ich mir das bei Ihnen ansehen? Und das war für die sehr komisch. Da kommt der Hauptdarsteller und guckt sich bei fremden Leuten den Film an – die haben sich anschließend sehr darüber gefreut.«[5]

Nicht nur als Hauptdarsteller, sondern auch als Ulrich Theins Freund war Mueller-Stahl unmittelbar mit den Verstümmelungen des Films durch die staatliche Leitung des Fernsehfunks konfrontiert, unter anderem durch den Dramaturgen Heinz Nahke. »Nahke verkörperte das wachsame Auge der Partei, und er war wachsam! Er schnitt um. Ohne Uli. So schneidet man keinen Film, so schneidet man ein Konsumbrot, Genosse Nahke! Damals schwor ich mir, nie einen Film als Autor und Regisseur in der DDR zu machen. Die Demütigungen, die Uli erleben mußte, wollte ich nicht erfahren.«[7]

Uli Thein bat Armin Mueller-Stahl, mitzuhelfen, dass der Film gerettet werden kann. Dieser erinnert sich: »Wir drehten in den folgenden Wochen neue Szenen, und ich schrieb auf Ulis Bitten zwei Lieder als Ersatz. Die waren so weit akzeptabel für die Zensoren, doch mein Refrain ›Jetzt kommt bald Dezember, ich weiß, was ich weiß, ich geh übers Eis‹ war nicht genehm und flog beim zweiten Zensur-Durchgang raus.«[1]

Irgendwie war es Ulrich Thein gelungen, sich die herausgeschnittenen Teile anzueignen und jahrzehntelang aufzubewahren. Erst Jahre nach seinem Tod 1995 wurden sie gefunden, so dass der Film jetzt in halbwegs vollständiger Fassung auf DVD vorliegt.

1967

Bei einer Studentendemonstration in Westberlin gegen den Besuch des Shahs von Persien wird der 26-jährige Benno Ohnesorg am 2. Juni erschossen. – Im August startet während der Internationalen Funkausstellung in Westberlin das Farbfernsehen in der BRD. – Altbundeskanzler Konrad Adenauer stirbt.

An der Volksbühne hat Armin Mueller-Stahl Premiere mit Schillers »Kabale und Liebe«, in dem er die Rolle des Wurm übernimmt. Zudem geht er mit eigenem Programm und Günther Fischer als Begleiter auf Tournee, unter anderem nach Oslo, Algier, Wien, Warschau und Westberlin. Neben eigenen Liedern singt er Songs aus der »Dreigroschenoper« und den Protestsong »We shall overcome«.

Emilia Galotti | TV

TEXT: *nach dem gleichnamigen Stück von G. E. Lessing*
REGIE: *Kurt Jung-Alsen*
MITWIRKENDE: *Angelica Domröse, Martin Flörchinger, Helga Göring, Hans-Peter Minetti, Inge Keller*

Lessings Stück, das 1772 uraufgeführt wurde, ist ein Drama des Zeitalters der Aufklärung. Der Autor behandelte den absolutistischen Machtanspruch und die Willkür des Adels mit scharfer Kritik, die umso stärker wirkte, als er eine Geschichte von menschlichen Beziehungen erzählte. Hettore Gonzaga, der Prinz von Guastalla, will das liebreizende Bürgermädchen Emilia Galotti (Angelica

Domröse) zu seiner Geliebten machen und scheitert letztlich an der tragischen Konsequenz ihres Vaters (Martin Flörchinger).

Mueller-Stahl hatte die Rolle des Prinzen schon fünf Jahre zuvor in einer Inszenierung der Volksbühne gespielt. Das *Neue Deutschland* schreibt in seiner Rezension über seine Darstellung des Prinzen von Guastalla: »Armin Mueller-Stahl durchleuchtet ihn unerbittlich: unersättlicher Genießer, ästhetisierender Zyniker, launischer Herrscher, herzenskalter Charmeur, dazu ein Heuchler von jener besonderen Art, die auf ein Alibi vor sich selbst Wert legt.«

Das Fernsehspiel wurde zuerst im Programm zum Jahreswechsel 1966/67 gesendet und bis 1972 noch viermal wiederholt.

Ein Lord am Alexanderplatz | *Kino*

SZENARIUM: *Kurt Belicke*
REGIE: *Günter Reisch*
MITWIRKENDE: *Erwin Geschonneck, Angelica Domröse, Monika Gabriel, Friedo Solter*

Ein eher erfolgloser westdeutscher Ex-Heiratsschwindler (Erwin Geschonneck) will sich bei seiner Tochter (Angelica Domröse) in Ostberlin zur Ruhe setzen, hat aber nicht mit seiner Ausstrahlung auf reifere Damen gerechnet, von denen er eine (Marianne Wünscher) dann heiraten muss.

In einer ausführlichen Nebenhandlung versuchen Kriminalisten, dem vermeintlichen Heiratsschwindler auf die Spur zu kommen, unter ihnen der Kriminalpsychologe Dr. Engelhardt (Armin Mueller-Stahl), dem eine ungarische Kriminalistin (Monika Gabriel) in die Quere kommt.

Vor der Kamera hatte Mueller-Stahl bislang fast ausschließlich dramatische Rollen gespielt (die Mitwirkung am Schwank »Der Raub der Sabinerinnen« 1960 blieb eine Ausnahme). Regisseur Günter Reisch hatte zunächst andere Besetzungen für den verschrobenen Kriminalpsychologen in Erwägung gezogen: Horst Schulze, Hilmar Thate, Otto Mellies und Horst Drinda. Keiner erfüllte Reischs Erwartungen. Doch er war schon seit einiger Zeit mit Armin Mueller-Stahl und dessen damaliger Lebensgefährtin Monika Gabriel befreundet und lernte ihn bei gemeinsamen Motorbootausflügen immer besser kennen, so dass er ihm diese komische Rolle zutraute. Seine Partnerin sollte zunächst eine ausländische Schauspielerin sein, die noch nicht in Berlin war, als Reisch mit Mueller-Stahl Probeaufnahmen machte.

Dann jedoch bat Reisch Monika Gabriel, die kurz zuvor in dem verbotenen DEFA-Film »Berlin um die Ecke« die weibliche Hauptrolle gespielt hatte, als Partnerin einzuspringen. »Ihr Spiel bei diesen Probeaufnahmen hatte so viel Fröhliches, Ursprüngliches und Natürliches, dass ich hingerissen war«, schreibt Reisch in seinen Erinnerungen. »Monika konnte auf wunderbare Weise echte Empfindungen hervorrufen. Das alles mit einem unübertrefflichen Gestus einer voll ausgebildeten Tänzerin. Als ich den beiden sagte, dass ich sie gern als Armins Partnerin besetzen will, war er überhaupt nicht begeistert.«

Armin Mueller-Stahl hielt nicht viel davon, dass seine Freundin (die er bald darauf heiraten sollte), bei anderen Regisseuren drehte. Aber das Zusammenspiel der beiden in dieser Komödie verlief gut. Mit viel Fleiß trainierte sich Monika Gabriel den ungarischen Akzent an. Reisch erinnerte sich gern an eine Szene, in der die beiden in der Nähe der Potsdamer Langen Brücke auf einem extra für die Dreharbeiten errichteten Steg einen Dialog haben: »Monika und

Armin sitzen Rücken an Rücken, und sie fragt, als einer der von uns herangelockten Schwäne sich nähert: ›Sehen Sie, wie wenn Tannengrün kommt.‹ Und er verbessert sie: ›Lohengrin. Von Wagner.‹ Darauf sagt sie: ›Bring ich immer durcheinander. Tannengrün und Lohenhäuser.‹ (...) Es ist eine sehr reizvolle Liebesszene, in der die beiden Filmfiguren ohne sich anzusehen, ihre Zuneigung entdecken. Es machte großes Vergnügen, mit den beiden zu drehen.«

Dass Mueller-Stahls außerordentliche Leistungen im DDR-Fernsehen außerhalb dessen Grenzen nicht unbemerkt blieben, zeigt sich auch darin,, dass ihm in diesem Jahr von Fernsehregisseur Peter Beauvais eine Hauptrolle in dem ZDF-Film »Peter Schlemihls wundersame Geschichte« nach dem Märchen von Chamisso angeboten wurde. In dieser Zeit des zugespitzten Kalten Krieges gab es wohl Theatergastspiele zwischen Ost und West, aber dass Schauspieler beider deutscher Staaten im Fernsehen oder Film des jeweils anderen Landes auftraten, erschien unmöglich.

Mueller-Stahl berichtet dazu: »Das war eine ebenso verlockende wie unwahrscheinliche Aussicht. Deshalb wandte ich mich an Klaus Gysi, Gregor Gysis Vater, der damals gerade Kulturminister geworden war. Ich bekam keine direkte Absage, sondern nur den Satz: ›Es wäre gescheiter, wenn Sie es nicht machen würden.‹« Nach mehrmaligem Nachhaken wurde ihm dann vom Minister beschieden, es sei nicht erlaubt. Diese Absage trug dazu bei, dass sich Armin Mueller-Stahl in der DDR mehr und mehr unwohl fühlte. »Wenn man mit vierunddreißig Jahren so ein Verbot erteilt bekommt, als wäre man ein Knabe in der Pubertät, dann ist das entwürdigend. Für mich war dies eines der vielen kleinen Mosaiksteinchen meiner wachsenden Unzufriedenheit.«[1] Die Rolle des Peter Schlemihl spielte bei Beauvais dann Götz George.

1968

Der DDR-Rad-Fahrer Axel Peschel gewinnt die Friedensfahrt. – Truppen der Warschauer-Pakt-Staaten (ausgenommen die DDR) marschieren in die ČSSR ein, um den Prozess demokratischer Reformen zu unterbinden. – In Westeuropa kommt es zu blutigen Studentenunruhen. In der Bundesrepublik eskaliert die Lage nach einem Attentat auf den Studentenführer Rudi Dutschke.

In der Volksbühne hat Armin Mueller-Stahl zunächst Premiere mit Schillers Drama »Don Karlos«, in dem er den Marquis Posa spielt. Im November spielt er hier seinen ersten Solo-Abend »Eigene Lieder und Chansons«. Außerdem gastiert er in diesem Jahr zusammen mit Gitarrist Werner Pauli in Kopenhagen, Kairo und Helsinki sowohl vor kleinerem Publikum als auch vor 100 000 Menschen bei einer Mai-Demonstration.

Wege übers Land | TV

SZENARIUM: *Helmut Sakowski*
REGIE: *Martin Eckermann*
MITWIRKENDE: *Ursula Karusseit, Angelica Domröse, Erika Pelikowsky, Manfred Krug, Erik S. Klein*

Die Jahre 1939 bis 1953 stehen im Mittelpunkt des fünfteiligen »dramatischen Fernsehromans« (in Wiederholungen auch als Sechsteiler), der von der Dienstmagd Gertrud Habersaat (Ursula Karusseit) erzählt, die auf dem Hof des Großbauern Leßtorff (Armin Mueller-Stahl) arbeitet, der ihr die Ehe verspricht, sie schwängert und sitzenlässt. Gertrud erkennt, dass sie nur ausgenutzt wurde und heiratet den Bauern Kaluweit (Erik S. Klein). Im Krieg macht sich Leßtorff im Stab des rücksichtslosen Reichsgouverneurs Polen-Frank am sinnlosen Töten polnischer Zivilisten mitschuldig, aber nach seiner Rückkehr aus britischer Kriegsgefangenschaft versucht er erneut, mit Gertrud eine Beziehung aufzunehmen. Sie lernt aber den Kommunisten Heyer (Manfred Krug) kennen, mit dem sie in der DDR leben will.

Den Leßtorff, der nur in den ersten drei Teilen des Fernsehromans die Handlung mitbestimmt, zeigte Armin Mueller-Stahl als einen zerrissenen, gebrochenen Menschen, einen Verführten zwischen Härte, Zögern und charmantem Auftreten. Erstmals spielt er hier mit dem für ihn später so charakteristischen Schnauzer.

Das Genre des »Fernsehromans« war zwar nicht ganz neu, wurde hier vom Autor Helmut Sakowski aber erstmals so bezeichnet. Er wollte sich damit von früheren aufwendigen Mehrteilern absetzen, in denen literarische Vorlagen für den Bildschirm bearbeitet worden waren. Sakowskis Filmen lagen Originalstoffe zugrunde. Sein Vorbild war der sowjetische Literaturnobelpreisträger Michail Scholochow, dessen Werke »Der stille Don« und »Neuland unterm Pflug« ebenfalls im ländlichen Milieu angesiedelt waren und jeweils mehrteilige Filmadaptionen erlebten. Armin Mueller-Stahl sollte bald wieder in dem Mehrteiler »Die Verschworenen« in einem Sakowski-Stoff eine differenzierte Rolle verkörpern.

Hauptdarstellerin Ursula Karusseit war beglückt, in einem Ensemble erstklassiger Schauspieler das Zentrum bilden zu können: »Ich erinnere mich, dass wir bei den Dreharbeiten zu ›Wege übers Land‹ einander zuschauten beim Spielen, es herrschte eine Atmosphäre der gegenseitigen Ermunterung, es waren Wochen und Monate wie nicht von dieser Welt. So etwas vergisst man nicht.«

Auch in der Synchronisation war Mueller-Stahl weiterhin tätig. So lieh er in dem Historienspektakel aus der Zeit des römischen Kaisers Domitian, »Der letzte große Sieg der Daker« (Les Guerriers / Dacii, F/Rum. 1967, Regie Sergiu Nicolaescu), dem beliebten schauspieler Pierre Brice die Stimme.

1969

Erstmals übernehmen mit Gustav Heinemann und Willy Brandt Sozialdemokraten die Ämter des Bundespräsidenten und des Bundeskanzlers. – Die amerikanischen Astronauten Neil Armstrong und Buzz Aldrin landen am 21. Juli als erste Menschen auf dem Mond. – Die DDR-Sportlerin Gaby Seyfert wird zum zweiten Mal Eiskunstlauf-Europameisterin in Garmisch-Partenkirchen und kurz darauf Weltmeisterin in Colorado Springs. – Der Berliner Fernsehturm wird eingeweiht. Gleichzeitig geht das zweite Programm des DFF auf Sendung, und in der DDR beginnt die Ära des Farbfernsehens.

Für Armin Mueller-Stahl gibt es an der Volksbühne die Premiere des Stücks »V wie Vietnam« von Armand Gatti, in dem er den »Megasheriff« im Pentagon spielt. Für den Rundfunk spricht er den Erzähler in dem Hörspiel »Rücksicht auf einen Brigadier« von Ralph Knebel unter der Regie von Edgar Kaufmann.

Die Dame aus Genua | TV

SZENARIUM: *Joachim Goll*
REGIE: *Kurt Jung-Alsen*
MITWIRKENDE: *Volkmar Kleinert, Martin Flörchinger, Hans-Peter Minetti, Heidemarie Wenzel, Christine Laszar, Herbert Köfer, Gerhard Bienert, Raimund Schelcher, Friederike Aust*

Dieser spannende, in einer kleinen Stadt in der Bundesrepublik angesiedelte Dreiteiler entstand überwiegend im Studio. Regisseur Jung-Alsen lehnte ihn im Inszenierungsstil an die Durbridge-Krimis der ARD aus den sechziger Jahren an. Armin Mueller-Stahl steht als Kunsthistoriker Dr. Eck im Mittelpunkt der Handlung um ein auf einem Schloss wiederentdecktes Gemälde von van Dyck aus dem 17. Jahrhundert. Ecks Vorgesetzter Professor Linus

Mit Volkmar Kleinert in »Die Dame aus Genua«

(Hans-Peter Minetti) hatte vorab die Echtheit des Gemäldes zertifiziert und schickt seinen Assistenten nun auf Schloss Hartenau mit dem Auftrag, die Herkunft des Bildes zu beweisen. Eck wird in geheimnisvolle Diebstähle und Todesfälle verwickelt, stößt auf viele Ungereimtheiten und kommt zu dem Schluss, dass es sich bei der »Dame aus Genua« um eine Fälschung handelt. Aus Karrieregründen verschweigt er letztlich diese Erkenntnis.

1970

Eine Explosion an Bord der Apollo 13 entfacht Kritik an der bemannten Raumfahrt. – In Erfurt treffen sich erstmals beide deutsche Regierungschefs: Willi Stoph empfängt Willy Brandt zu Gesprächen. Kurz darauf revanchiert sich Brandt und empfängt Stoph in Kassel. – Das Centrum-Warenhaus am Alexanderplatz wird als größtes Kaufhaus der DDR eröffnet.

An der Volksbühne hat Armin Mueller-Stahl Premiere mit einer Uraufführung, die ihm eine seiner schönsten Theaterrollen beschert. Er spielt die Titelrolle in der Operette »Orpheus« von Kurt Bartsch, dessen Musik Reiner Bredemeier nach Motiven aus Offenbachs »Orpheus in der Unterwelt« schrieb. Hier spielt Mueller-Stahl dramaturgisch begründet auf der Geige.

Auch als Sprecher hatte Armin Mueller-Stahl in diesem Jahr einen kleinen Erfolg zu verzeichnen. Für den mittellangen Dokumentarfilm »Frauen«, den Regisseur Heinz Müller mit den Kameramännern Gerhard Münch und Horst Orgel während des Vietnam-Kriegs drehte und vor allem den Alltag in Nordvietnam schilderte, sprach er den Text.

Der Farbfilm war die bislang authentischste Reportage der DEFA aus einem südostasiatischen Land und wurde auf der Leipziger Dokumentar- und Kurzfilmwoche von der Internationalen Frauenföderation preisgekrönt.

Kein Mann für Camp Detrick | TV

SZENARIUM: *Harry Thürk*
REGIE: *Ingrid Sander*
MITWIRKENDE: *Horst Drinda, Christine Schorn, Günther Grabbert, Annekathrin Bürger, Werner Tietze, Klaus Piontek, Horst Kube, Agnes Kraus, Peter Borgelt*

Der Fernsehfilm war der erste über die Arbeit der Sicherheitsorgane der DDR, in dem Armin Mueller-Stahl mitwirkte. Der Mikrobiologe Dr. Wolf (Horst Drinda), Experte auf dem Gebiet der Seuchenforschung in der DDR, wird Alleinerbe eines umfangreichen Fabrikbesitzes in den USA. Doch sind bestimmte Bedingungen zu beachten. Wolf gerät zwischen die Fronten verschiedener westlicher Interessengruppen mit Sitz in Westberlin und kann sich aus einer lebensgefährlichen Situation nur mit Hilfe der Genossen der Staatssicherheit retten. Mueller-Stahl spielt den hilfreichen Stasi-Leutnant Heide.

Tödlicher Irrtum | Kino

SZENARIUM: *Günter Karl, Rolf Römer*
REGIE: *Konrad Petzold*
MITWIRKENDE: *Gojko Mitić, Annekathrin Bürger, Hannjo Hasse, Rolf Hoppe, Gerry Wolff, Krystyna Mikołajewska, Rolf Ludwig, Mavid Popović*

Erstmals übernahm Armin Mueller-Stahl eine Hauptrolle in einem historischen Abenteuerfilm – obwohl er sie anfangs abgelehnt hatte. Die Geschichte ist im Jahre 1897 am Fuße der Rocky Mountains angesiedelt. Hier wird Öl gefördert. Die Indianer erhalten für das Förderrecht auf ihrem Territorium einen finanziellen Ausgleich, während sich die Weißen für die Bohrgenehmigungen gegenseitig zu übervorteilen suchen. Der Ölkönig Allison (Rolf Hoppe) spielt dabei eine intrigante Rolle. Bull Head, der Häuptling der Schoschonen (Mavid Popović), hat zwei Söhne, die teils getrennt, teils gemeinsam versuchen, die Rechte ihres Stammes durchzusetzen. Shave Head (Gojko Mitić) ist Unterhäuptling der Schoschonen, und sein Halbbruder Chris Howard (Mueller-Stahl) gilt als Halbblut. Er nimmt den Posten eines Hilfssheriffs an, entdeckt Manipulationen zum Nachteil der Indianer und versucht, Gerechtigkeit zu schaffen.

Armin Mueller-Stahl erinnert sich noch immer lebhaft und gern an diesen Film: »Dieses Drehbuch hat Rolf Römer geschrieben, der Mann von Annekathrin Bürger. Und er hat es deswegen geschrieben, weil er die Rolle spielen wollte, die ich dann gespielt habe. Ich sagte, die hast du geschrieben für dich, warum sollte ich sie spielen! Dann spiel sie doch! Aber der Regisseur wollte ihn in dieser Rolle nicht haben, das Studio offensichtlich auch nicht. Sie kamen also zu mir, und ich habe mich gewehrt, ich sagte, nehmt den, der es sich geschrieben hat. Nehmt ihn! – Nein! Sie bestanden darauf, dass ich das sein sollte.

Der Rolf war dann bei mir und wollte mir erzählen, wie ich die Rolle spielen soll. Was ich ganz rührend fand. Psychologisch brauchte er einen Abnabelungsprozess. Er hatte es sich geschrieben und nun spiele ich die Rolle – das muss wehtun. Habe ich begriffen. Und der war bei mir, und wir trinken einen Kaffee. Und er erzählte mir, wie ich zu spielen habe. Wir trinken also Kaffee. Und als er weg war, irgendwann suche ich den silbernen Löffel, den ich dahatte. Den hatte er mitgenommen. Weil er sich sagte, wenn der schon meine Rolle spielt, die ich mir geschrieben habe, dann kann er auch auf den schönen silbernen Löffel – ein Taufgeschenk! – verzichten. Verstehe ich sehr gut. Und als Annekathrin dann mit mir spielte, kam sie eines Tages ganz bescheiden und gab mir den Löffel wieder. Das ist so ein schönes Intermezzo in den Dreharbeiten.

Und Reiten konnte ich! Ich war einer der wenigen Schauspieler, die wirklich reiten konnten. Bin schließlich in Ostpreußen groß geworden mit Pferden! Ich hatte ja alles gelernt. Auch das Stürzen, das lernt man ja als Bühnenschauspieler.«[5]

Der Film, der wie zuvor schon »Alaskafüchse« bei den Sommerfilmtagen Premiere hatte, entstand in Zusammenarbeit mit Studios in Bulgarien und Polen, hatte mehrere Millionen Zuschauer und brachte Mueller-Stahl besonders bei jüngeren Zuschauern einen beachtlichen Popularitätsschub. Auch die Kritiken waren gut. Helmut Ulrich schreibt in der Tageszeitung *Neue Zeit*: »Armin Mueller-Stahl, zum ersten Mal in einem Indianerfilm, spielt diesen Chris Howard, und er tut's ganz großartig.«

Und sein Kollege von der CDU-Zeitung *Die Union* meint: »In ganz besonderem Maße wird die Atmosphäre des Films von einem großartigen Schauspieler bestimmt: von Armin Mueller-Stahl. Er gestaltet seine Rolle als Hilfs-Sheriff und Halbbruder des Häuptlings so farbenreich und schillernd, mit so vielfältigen Mitteln, daß sich allein seinetwegen der Besuch des Films lohnt.«

1971

Willy Brandt nimmt in Oslo den Friedensnobelpreis entgegen. – Der Telefonverkehr zwischen Ost- und Westberlin ist nach 19-jähriger Unterbrechung wieder möglich. Allerdings braucht man wegen geringer Kapazitäten viel Geduld. – Walter Ulbricht wird von Erich Honecker als Parteichef abgelöst, bleibt aber Staatsoberhaupt.

Der Arzt wider Willen | *Theateraufzeichnung*

TEXT: *nach der gleichnamigen Komödie von Molière in der Übersetzung von Benno Besson und Heiner Müller*
BILDREGIE: *Margot Thyrêt*
REGIE: *Benno Besson (Inszenierung)*
MITWIRKENDE: *Rolf Ludwig, Carmen-Maja Antoni, Klaus Mertens, Angelica Domröse, Ursula Karusseit*

Das Molière-Stück, das stilistisch die französische Farce mit der italienischen Commedia dell'arte verbindet, war 1970 die Silvesterpremiere der Volksbühne und gab großen Komödianten die Möglichkeit, »ihrem Affen Zucker« zu geben.

Im Mittelpunkt steht die Standardfigur des Sganarelle (Rolf Ludwig), ein Trunkenbold, dem seine geschundene Frau (Carmen-Maja Antoni) einen Streich spielen will. Sie redet dem reichen Kaufmann Géronte (Klaus Mertens) ein, ihr Mann sei ein wundertätiger Arzt. Da sich Géronte Sorgen um seine liebeskranke Tochter Lucinde (Angelica Domröse) macht, zieht er Sganarelle zu Hilfe, der sich nach anfänglichem Sträuben gut in seine neue Rolle als

Arzt hineinfindet, aber natürlich viele Verwirrungen auslöst. Armin Mueller-Stahl spielt Lucindes Liebhaber Léandre, gegen den sich Géronte anfänglich stellt, aber mit Hilfe von Sganarelle sowie einer guten Erbschaft kann das junge Paar am Schluss triumphieren.

Regisseur Benno Besson, ein Brecht-Schüler, wechselte 1969 als künstlerischer Leiter vom Deutschen Theater an die Volksbühne, wo er 1974 auch die Intendanz übernahm. Mueller-Stahl kam anfangs gut mit ihm aus, doch später meinte er, Besson sei ein guter Regisseur, aber kein guter Intendant gewesen. Beispielsweise beschäftigte Besson kaum Ensemblemitglieder, die über 45 Jahre alt waren. Diejenigen, die aufgrund ihrer Verträge unkündbar waren, besetzte er nicht mehr, was bei den Betroffenen zu großen psychischen Problemen führte.

Armin Mueller-Stahl jedoch, der damals um die 40 war, übertrug er gute Rollen wie den Orpheus, eine Rolle, in der er auch Geige spielte. Doch mit der Zeit verschlechterte sich das beiderseitige Verhältnis. Besson störte sich am Filmruhm einiger seiner Darsteller, und Mueller-Stahl wurde mehr und mehr ein Gegner des Regie-Theaters.

»Mich hatte dann der Besson sowieso ausgesucht. Der Mueller-Stahl hatte nun auch noch Erfolg beim Film. Das lag ihm gar nicht. Der rechnete immer aus, wenn ich mit einem Fernsehspiel Millionenzuschauer habe, wie lange er Theater spielen muss, um eine Millionen Zuschauer zu haben. Das hat ihn in Zorn gebracht. Ich wurde dann immer mehr sein Feind. Da brauchte ich Freiraum und habe die Abende gemacht mit meinen Liedern, auch im Blauen Salon in der Volksbühne. Erfolgreich. Das hat mir großen Spaß gemacht, denn ich war für mich alleine zuständig. Im Prinzip brauchte der Besson nur noch Leute, die ihm gehorchten. Junge Leute. Keine über 45.«[5]

Die Farbaufzeichnung von »Der Arzt wider Willen« – der letzte aufgezeichnete Theaterabend mit Armin Mueller-Stahl – wurde am 1. Mai 1971 im II. Programm des DFF gesendet und im Sommer wiederholt.

Die Verschworenen | TV

SZENARIUM: *Helmut Sakowski*
REGIE: *Martin Eckermann*
MITWIRKENDE: *Raimund Schelcher, Manfred Krug, Monika Woytowicz, Hans-Peter Minetti, Rolf Hoppe, Heidemarie Wenzel, Fred Düren, Jürgen Holtz*

Nach »Wege übers Land« war dies der zweite große Fernsehroman, für den Armin Mueller-Stahl in einer Hauptrolle mit Martin Eckermann und Helmut Sakowski zusammenarbeitete.

Vier Teile wurden im September 1971 ausgestrahlt, und eine veränderte und erweiterte Fassung in fünf Teilen kam ein Jahr später ins Programm (ohne dass hier fürs Jahr 1972 erneut darauf eingegangen wird). Der Film entstand in einer politischen Phase, in der mit der sozialliberalen Koalition in der BRD unter dem sozialdemokratischen Bundeskanzler Willy Brandt neue Hoffnung auf Verständigung beider deutscher Staaten aufkeimte.

In dem Gruppenporträt dieses Mehrteilers werden Episoden aus dem antifaschistischen Widerstandskampf gegen den Nationalsozialismus gezeigt, in dem sowohl Kommunisten als auch Sozialdemokraten in Zuchthäusern und Lagern gequält werden. Die Gefangenen gelangen zu der Erkenntnis, dass nur eine Zusammenarbeit den Feind besiegen kann. Der fünfte Teil führt dann in die Zeit nach dem Krieg, in der die überlebenden

»Verschworenen« einen friedlichen und demokratischen Staat aufbauen wollen.

Mueller-Stahl spielt den Kommunisten Kurt Lindow, der wegen Hochverrats mehrere Jahre in Einzelhaft saß. In ihm, dem nachdenklichen Genossen, spiegeln sich Strapazen und Ängste dieser Zeit. Die Frau an seiner Seite spielte Monika Woytowicz, und beider Verhältnis wird noch einmal im fünften Teil vertieft. Der charakterlich robuster und unerschrockener angelegte Gegenpart für Lindow ist Thiel, den Manfred Krug spielt.

Beide Darsteller waren ja in den fünfziger Jahren von der Schauspielschule geflogen – beide mit der Begründung Talent- und Disziplinlosigkeit. In diesem Film mit einer umfangreichen, hochkarätigen Besetzung saßen sie in einer Szene ihrem einstigen Professor Otto Dierichs gegenüber, der angesichts seiner beiden Partner sehr nervös wurde. »Er hatte als Darsteller nur einen einzigen längeren Text zu sprechen, war aber so aufgeregt angesichts der beiden Rausgeschmissenen, dass er einem leidtun konnte. Plötzlich hing er, wusste er nicht weiter im Text – es war zum Erbarmen. Da sagte Krug, er war schnell und frech wie immer: ›Weeßte, Armin, solange wir Kollegen wie Otto ham, wer'n wir immer Arbeit kriegen.‹«[1]

Armin Mueller-Stahl wurde für seine Rolle mit dem Nationalpreis ausgezeichnet.

1972

Das Attentat auf israelische Sportler überschattet die Olympischen Spiele in München. – Im Januar wird für DDR-Bürger erstmals der visafreie Reiseverkehr nach Polen und in die ČSSR eingeführt. – Im Februar werden alle bisherigen privaten oder halbstaatlichen Betriebe mit mehr als zehn Mitarbeitern in der DDR verstaatlicht. – Mit wenigen Gegenstimmen beschließt die Volkskammer der DDR die Abschaffung des Abtreibungsparagraphen 218.

Im Februar wurde der im Vorjahr an der Filmhochschule in Babelsberg entstandene Kurzfilm »Weil es mir Spaß macht« (Regie Sabine Schwill) gesendet, mit dem die Regisseurin ihr Diplom erlangte. Armin Mueller-Stahl wird hier als Schauspieler und Sänger vorgestellt.

Der Dritte | Kino

TEXT: *nach Motiven von Eberhard Panitz*
SZENARIUM: *Günther Rücker*
REGIE: *Egon Günther*
MITWIRKENDE: *Jutta Hoffmann, Barbara Dittus, Jaecki Schwarz*

Der Film erzählt eine Emanzipationsgeschichte aus den ersten zwei Nachkriegsjahrzehnten. Im Mittelpunkt steht Margit, eine Mittdreißigerin (Jutta Hoffmann), Mathematikerin mit zwei Kindern von zwei Männern, die sie enttäuscht haben. Besonders wagemutig sucht sie sich den »Dritten« aus. Den »Zweiten«, einen musikliebenden, sensiblen Blinden, dem sie sich zunächst aus Mitleid anschließt, spielt Armin Mueller-Stahl. Er schafft mit dem Blinden ein Charakterporträt, einen zerrissenen Mann zwischen Zärtlichkeit und Machtanspruch. In seiner Kontrollsucht wirkt er auf Margit kalt. Als er keine Zulassung zum Musikstudium erhält und der Veruntreuung von Gewerkschaftsgeldern verdächtigt wird, will er mit Margit in den Westen gehen. Da verlässt sie ihn.

Der Anspruch der berufstätigen Frau im Sozialismus auf privates Glück ist das Thema, das hier mit besonderer künstlerischer Kraft zur Sprache gebracht wird. Der vieldiskutierte Film bringt einen Frauentyp auf die Leinwand, den Slatan Dudow schon 1963 in seinem nie fertiggestellten Film »Christine« zeichnen wollte, wo Mueller-Stahl eine ähnliche Rolle spielte. Zu seiner Rolle in »Der Dritte« schreibt seine Biografin Gabriele Michel: »Wieder ein Film, in dem er mit sparsamen Mitteln spürbar macht, wie ein Mensch zwischen gegensätzlichen Gefühlen zum Monstrum werden kann.«[6]

Der Film wurde international bemerkt, erhielt 1972 den Hauptpreis des Filmfestivals von Karlovy Vary, und bei den Filmfestspielen in Venedig wurde Jutta Hoffmann mit dem Preis Venezia Critica ausgezeichnet.

Januskopf | *Kino*

SZENARIUM: *Helfried Schreiter, Hans-Albert Pederzani*
REGIE: *Kurt Maetzig*
MITWIRKENDE: *Katja Paryla, Norbert Christian, Wiktor Awdjuschko*

Dieser gedankenschwere Film hat viele kammerspielartige Szenen, in denen mit philosophisch-politischen Ansichten argumentiert wird. Dazu bedurfte es erstklassiger

Schauspieler. Im Mittelpunkt steht der Biologe Professor Hülsenbeck (Norbert Christian), der 1935 aus Gewissensgründen in die USA ausgewandert war, später in die Bundesrepublik zurückkehrt und dort mit Projekten in Berührung kommt, die mit seiner humanen Einstellung kollidieren. In seiner Gewissensnot siedelt er in die DDR über, wo bald ein Staatssekretär (Armin Mueller-Stahl) und ein sowjetischer Minister (Wiktor Awdjuschko, dt. Eberhard Mellies) – beide seine ehemaligen Studienkollegen – an ihn herantreten und ihn für ein human-genetisches Forschungsprojekt der sozialistischen Länder zu gewinnen suchen.

Doch Hülsenbeck hatte geschworen, sich nie wieder an Forschungen zu beteiligen, die zum Schaden der Menschheit missbraucht werden können. In konfliktreichen Auseinandersetzungen mit Brock und Slatkow, erkennt Hülsenbeck das grundsätzlich andere Verhältnis der sozialistischen Gesellschaft zur Wissenschaft und willigt letztlich ein.

Wie schon zwei Jahrzehnte zuvor in »Der Rat der Götter« griff Regisseur Kurt Maetzig, bei dem Mueller-Stahl bereits in »Preludio 11« gespielt hatte, erneut das Thema der Verantwortung des Wissenschaftlers für die Ergebnisse seiner Arbeit auf. Gleichzeitig stand der Film in einer Reihe von Werken, die Probleme der wissenschaftlich-technischen Revolution mit künstlerischen Mitteln zur Debatte stellten.

Für Armin Mueller-Stahl waren diese nachdenklichen Argumentationen sicherlich reizvoll, wie auch die Tatsache, dass er in dem in der Gegenwart spielenden Teil der Handlung ebenso wie seine Partner eine um etwa zwanzig Jahre ältere Figur spielte, als er damals war.

Die Kritik reagierte eher verhalten. »Der Zuschauer erträgt die Debatten nur mit Mühe, weil auch er sich des vorprogrammierten Ausgangs gewiß ist und auf dem Wege dahin keine neuen gedanklichen oder charakterlichen Entdeckungen mehr machen kann«, schreibt Kritiker Peter Ahrens in der *Weltbühne*. Filmhistoriker Rolf Richter meint im *Neuen Deutschland*: »Die Abstraktheit und Rhetorik der Charaktere kann auch von einem ausgezeichneten Schauspielerensemble nicht überspielt werden.«

1973

Die arabischen Staaten drosseln ihre Öllieferungen an den Westen und erhöhen die Preise. – Mit diplomatischen Beziehungen zu 15 Staaten, darunter Frankreich und Großbritannien, beginnt die »Anerkennungswelle« in der DDR. – Westliche Journalisten können in der DDR akkreditiert werden. – Während der Weltfestspiele stirbt der Staatsratsvorsitzende Walter Ulbricht. Seine Funktion übt zunächst sein Stellvertreter Friedrich Ebert aus, ehe Ministerpräsident Willi Stoph diese Position übernimmt. Neuer Ministerpräsident der DDR wird Horst Sindermann. – Ab Dezember dürfen DDR-Bürger in den Läden der Intershop-Kette Westwaren gegen westliche Währungen erwerben.

Armin Mueller-Stahl hatte 1968 mit der aus Thüringen stammenden Hautärztin Gabriele Scholz die Frau seines Lebens gefunden, die er 1973 heiratete. Gemeinsam wohnten sie in Wendenschloß im Berliner Ortsteil Köpenick.

Die Hosen des Ritters von Bredow | Kino

TEXT: *nach einem Roman von Willibald Alexis*
SZENARIUM: *Günter Kaltofen*
REGIE: *Konrad Petzold*
MITWIRKENDE: *Rolf Hoppe, Lissy Tempelhof, Hannjo Hasse*

Ritter von Bredow (Rolf Hoppe) besitzt eine elchslederne Hose, die Wunder bewirkt und den Träger unverwundbar macht. Als seine Frau (Lissy Tempelhof) die Hose wäscht, verschwindet das gute Stück plötzlich. Auf der Suche nach ihr kommt es zu Prügeleien, Überfällen und anderweitigen Verwirrungen.

Mehr oder minder zufällig erschien in den siebziger Jahren in beiden deutschen Staaten eine Welle von Werksadaptionen romantischer Dichter auf der Leinwand, die gelegentlich, wie hier, das Derb-Komische betonten.

In der komischen, selbstironischen Nebenrolle des ebenso lüsternen wie schlitzohrigen und gänzlich unfrommen Dechanten brilliert Mueller-Stahl, der von der Kritik hervorgehoben wird. »Armin Mueller-Stahl hat Sinn für das maßvolle Ausspielen komischer Situationen, lockert mit seinem spiel- und liebestollen Würdenträger ein wenig unsere Lachmuskeln«, schrieb Kritiker Hans-Dieter Schütt in der *Jungen Welt*. Sein Kollege Klaus Hannuschka meint in der *Märkischen Volksstimme* in Potsdam: »Der Dechant (Mueller-Stahl) ist fast die interessanteste Figur, weil wir ihm so widersprüchlich begegnen. Er kennt sich in der Bibel ebenso gut aus wie in Schurkereien und unter Röcken.«

Die sieben Affären der Doña Juanita | TV

TEXT: *nach dem gleichnamigen Roman von Eberhard Panitz*
SZENARIUM: *Eberhard Panitz*
REGIE: *Frank Beyer*
MITWIRKENDE: *Renate Blume, Hans-Peter Reinecke, Evelyn Opoczynski*

Der vierteilige Fernsehroman erzählt die Geschichte der Architektin Anita Nachtigall, genannt Doña Juanita. Wieder ist es die Emanzipationsgeschichte einer jungen, selbstbewussten Frau in der DDR, die an verschiedene Partner gerät, ehe sie sich für den richtigen entscheidet. Diesmal ist Armin Mueller-Stahl nicht »der Dritte«, sondern der sechste, kurz bevor sie den Mann fürs Leben findet. Er spielt den Montagebrigadier Sawallisch, der vermisst wird. Anita macht sich auf die Suche nach ihm, trifft ihn, aber aufgrund eines Verkehrsunfalls findet die emotional aufregende Beziehung nach nur einer Nacht ein Ende. Armin Mueller-Stahl lediglich nur im letzten Film des Vierteilers.

Der Film sorgte für zahlreiche Diskussionen, und die Filmemacher nahmen an vielen Publikumsgesprächen teil, die zeigten, dass mit dieser Geschichte ein Nerv getroffen wurde. »Die Leute redeten sich die Köpfe heiß über Ehe, sozialistische Moral, Zusammenleben, sie bezogen sich dabei immer mal wieder auf die Figur und ihre Geschichte, aber sie diskutierten nicht über einen Film, sondern über sich und ihr Leben«, erzählte Frank Beyer in einem Interview.

Stülpner-Legende | TV

Teil 5: Der Kopfpreis

SZENARIUM: *C. U. Wiesner, Gerhard Branstner*
REGIE: *Walter Beck*
MITWIRKENDE: *Manfred Krug, Fritz Decho, Thomas Langhoff, Dieter Wien*

Karl Stülpner (1762–1841) war ein erzgebirgischer Wilderer, Schmuggler und Lebenskünstler, der auch als »sächsischer Robin Hood« bezeichnet wurde. Mit Manfred Krug in der Hauptrolle drehte der DFF eine abenteuerliche Serie, die zwischen 1779 und 1792 angesiedelt war. Armin Mueller-Stahl gibt einen Moritatensänger. In der kleinen, aber markanten Rolle spielt er auf der Geige und stellt sich dem Publikum vor: »Ich bin der schärfste Geiger im Erzgebirge.« Das Lied »Der Stülpner-Karl aus Scharfenstein«, das er singt, stammt von Regisseur Walter Beck (Text) und Bandleader Klaus Lenz (Musik).

Das unsichtbare Visier | TV

1. Der römische Weg
2. Das Nest im Urwald
3. Das Wasserschloss

SZENARIUM: *Herbert Schauer, Otto Bonhoff*
REGIE: *Peter Hagen*
MITWIRKENDE: *Annekathrin Bürger, Micaëla Kreißler, Thomas Langhoff, Jessy Rameik, Lisa Macheiner, Helga Göring, Wolfgang Greese, Jörg Panknin, Wilfried Ortmann*

Diese sechzehnteilige Serie, oder aufgrund der Ausstrahlung in Staffeln in mehreren Jahren auch als Reihe bezeichnet, machte Mueller-Stahl endgültig zu einem der beliebtesten Stars bei Film und Fernsehen in der DDR. Doch für viele Zuschauer hatte es einen Beigeschmack, denn die Filme entstanden in enger Zusammenarbeit mit dem Ministerium für Staatssicherheit. Letztlich jedoch schluckten die Zuschauer diesen »sauren Drops« gern, denn schließlich gab es in den meisten Ländern der Welt Geheimdienste, deren Auftrag es war, an den Gesetzen einzelner Staaten »vorbei« zu agieren. In Armin Mueller-Stahl alias Achim Detjen alias Werner Bredebusch wurde nicht zu Unrecht eine Art sozialistischer »James Bond« gesehen, wenn auch der Ausstattung anzusehen war, dass fast alles in der DDR und den Ländern des sozialistischen Lagers gedreht worden war.

Armin Mueller-Stahl spielt den DDR-Kundschafter (wie der Sprachgebrauch für Agenten im Osten lautete) Werner Bredebusch, der unter dem Tarnnamen Achim Detjen zu Beginn der fünfziger Jahre in der BRD agiert. In dieser ersten dreiteiligen Episode wird er auf eine Geheimorganisation angesetzt, die Kriegsverbrecher und andere Nazis aufnimmt. Mit seiner Legende (der wahre Detjen war Jagdflieger und verschollen) gelingt es ihm, von den »alten Kameraden« als einer der ihren aufgenommen zu werden. Es verschlägt ihn nach Südamerika, wo viele ehemalige Nazis untergetaucht sind, bevor er nach Westdeutschland zurückkehrt, wo er den geheimen Plänen zur Wiederaufrüstung der Bundesrepublik auf die Spur kommt.

Mueller-Stahl gefielen die Bücher der ersten drei Folgen. Es war ja damals schon ein »historischer Film«, kurz nach dem Zweiten Weltkrieg angesiedelt. Dass alte

Mit Alfred Struwe als General von Wieseneck in »Das unsichtbare Visier«

Nazis, darunter viele Kriegsverbrecher, in der BRD hofiert wurden und unter teils neuen Namen in gute Positionen kamen, gilt heute als Tatsache. Obwohl Bundeskanzler Adenauer im Nazi-Reich verfolgt worden war, übte er sich doch in Pragmatismus und meinte, auf die Erfahrungen der Nazi-Administration nicht verzichten zu können, zumal nicht beim heimlich betriebenen Aufbau einer Bundeswehr.

»Erstmal war es für mich ein sehr interessanter Stoff, ich mochte die ersten drei Teile sehr. Es wird sozusagen eine Figur, Achim Detjen, die im Kriege getötet wurde, zum Leben erweckt. Also ein wunderbarer Aufhänger, ein schöner Beginn. Und das mochte ich sehr. Ich glaube, ich war gar nicht vorgesehen für die Rolle unbedingt. Im Gespräch waren verschiedene«[5], meint Armin Mueller-Stahl und glaubt sich zu erinnern, dass man auch Gojko Mitić in Erwägung gezogen habe.

Für »Die Verschworenen« hatte Mueller-Stahl kurz zuvor einen Nationalpreis erhalten, was ihn ermutigte, »die große Lippe zu riskieren«. Er wollte keinen trockenen Genossen spielen, der nur spurt und gehorcht, sondern einen Abenteurer, der schießt, draufhaut und gewinnt. »Ich hatte mitgeholfen, einen Abenteurerfilm draus zu machen. Ich habe mir eigene Texte da hineingeschrieben, die dummen Sprüche manchmal, denn das wollte ich gerne so machen. Ich wollte gerne so ein bisschen die Wildwestfigur oder den James Bond des Ostens daraus machen, der reitet und nicht runterfällt und schießt und trifft und der haut und auch gewinnt. So eine Figur wollte ich gerne spielen. Ich kriegte also die Rolle, und sie freuten sich sogar.

Während der ersten Drehzeit war der Regisseur Peter Hagen skeptisch und meinte, ich bin nicht sicher, ob das funktioniert. Das ist immerhin ein Genosse, und du mit deinen Sprüchen – ich glaube nicht, dass das geht. Dann wurde es dem Mielke persönlich vorgeführt und der Equipe der Staatssicherheit – und die waren begeistert. Wir hatten Freiheiten gewonnen für diese Figur. Ich konnte sie so spielen, wie ich denke. Zehn Folgen lang ging das gut, dann nicht mehr. Das war eigentlich kein Stück mehr, das mich noch interessierte, weil es politischer wurde und politischer. Ja, dann bin ich ausgestiegen.«[5]

1974

US-Präsident Nixon tritt im Zuge der »Watergate-Affäre« zurück. – Willy Brandt tritt in der Guillaume-Affäre als Bundeskanzler zurück, weil es in seinem Umfeld einen DDR-Spion gab. Sein Nachfolger wird Helmut Schmidt. – Nachdem der FC Magdeburg im Mai den Europapokal der Landesmeister gewonnen hat, bezwingt die Fußballnationalmannschaft der DDR durch ein Tor des Magdeburgers Jürgen Sparwasser den späteren Weltmeister BRD.

Armin Mueller-Stahls Sohn Christian wird am 11. März geboren. Unzufrieden mit der künstlerischen Situation an der Volksbühne unter Benno Besson löst der Schauspieler seinen Vertrag und geht auch zukünftig kein festes Theaterengagement mehr ein. Stattdessen wird er Mitglied des Fernsehensembles.

Einen besonderen Auftritt hatte Mueller-Stahl in diesem Jahr in der alljährlichen Zirkus-Show »Die Nacht der Prominenten« unter Regie von Karl-Heinz Boxberger, die am zweiten Weihnachtsfeiertag ausgestrahlt wurde. In der von Dieter Mann und Erika Radtke aus der Manege moderierten Sendung, einem Gegenstück zu »Stars in der Manege«, das die ARD aus dem Münchner Zirkus Krone übertrug, überraschte der Schauspieler mit Glatzenperücke und roter Nase als Musikal-Clown, der nicht nur auf einer winzigen Geige spielt, die er aus einer Tuba holt. Er spielt auch auf einer Harmonika, und auf einer echten Geige lässt er »Yesterday« erklingen. Dabei bricht eine Beethoven-Büste in Tränen aus.

Christine

SZENARIUM: *Slatan Dudow*
REGIE: *Slatan Dudow*
MITWIRKENDE: *Annette Woska, Günter Haack, Friedo Solter*

Das letzte Werk des Regisseurs Slatan Dudow, gedreht 1963, blieb durch seinen tödlichen Unfall ein Fragment. Dudow nahm sein altes Thema der Emanzipation der Frau wieder auf (bereits in »Kuhle Wampe«, 1932, »Frauenschicksale«, 1952, »Verwirrung der Liebe«, 1959) und führte es unter realen sozialistischen Bedingungen, weiter. Er nahm damit inhaltliche und formale Bemühungen späterer DEFA-Filme, wie Egon Günthers »Der Dritte«, in dem Armin Mueller-Stahl ebenfalls eine wichtige Episodenrolle spielte, vorweg.

Im Mittelpunkt des Films, der einen Bogen von den ersten Nachkriegsjahren bis zum Ende der fünfziger Jahre schlägt, steht die Landarbeiterin Christine, die immer wieder in den falschen Männern ihre Lebenspartner sieht. Sie bekommt mehrere Söhne von verschiedenen Partnern. Dudow zeigt damit ein Spektrum von erotischen Beziehungen jener Jahre im gesellschaftlichen Kontext. Christine ist auf der anderen Seite bestrebt, ein Studium aufzunehmen.

Mueller-Stahl spielt eine ähnliche Rolle wie in »Der Dritte«, wenn er einen kunstsinnigen Blinden verkörpert. Hier ist sein Willibald Güttler ein junger Katholik, der sich auf ein Pfarramt vorbereitet und sich daher von Christine trennt, als sie schwanger wird.

Da von Dudows Unfall auch seine Hauptdarstellerin Annette Woska (später Annette Roth) in Mitleidenschaft gezogen war, blieb der Film unvollendet. Er wurde anlässlich des 25. Jahrestages der DDR im Oktober 1974 in einer

Rohschnittfassung uraufgeführt und blieb noch bis 1990 im Verleih des Staatlichen Filmarchivs der DDR zugänglich.

Die Kritik entdeckte bei ihm viel Diskussionsstoff. Jutta Voigt schreibt 1974 im *Sonntag:* »Dudow machte, kühn war das, aus einer Frau, die anderswo asozial genannt worden wäre, eine Madonna, stellte sich eindeutig auf ihre Seite, bekannte sich damit leidenschaftlich zu einer widerspruchsvollen Entwicklung unserer Gesellschaft. (...) Dudows Film ist jetzt mehr als zehn Jahre alt, ein Gegenwartsfilm damals, und das Erstaunliche: ein Gegenwartsfilm heute.« Im Jahre 2021 will die DEFA-Stiftung eine neue Montagefassung des Films öffentlich vorstellen.

Die eigene Haut | *TV*

TEXT: *nach einer Erzählung von Karl Wurzberger*
SZENARIUM: *Dieter Scharfenberg*
REGIE: *Celino Bleiweiß*
REGIEASSISTENZ: *Bodo Schmidt*
MITWIRKENDE: *Klaus Brasch, Monika Woytowicz, Martin Trettau, Margit Schaumäker, Katrin Martin, Dieter Mann*

Im Mittelpunkt des Films, der die Notwendigkeit des »Ehrendiensts« in der Nationalen Volksarmee (NVA) propagiert, steht der noch ungefestigte Wolfgang, der nach dem Abitur die Zeit bis zur Einberufung nutzt, um sich in der Volksrepublik Polen jungen Bergsteigern anzuschließen. Er lernt ein freies Leben kennen, das er gern fortsetzen würde. Nach der Einberufung macht er es seinen Vorgesetzten schwer, bevor er dann doch den Nutzen des Wehrdienstes einsieht.

Armin Mueller-Stahl spielt den Vater des Helden, der ihm in seinen Überlegungen ein verlässlicher Berater ist.

Jakob der Lügner | Kino/TV

TEXT: *nach dem gleichnamigen Roman von Jurek Becker*
SZENARIUM: *Jurek Becker*
REGIE: *Frank Beyer*
MITWIRKENDE: *Vlastimil Brodský, Erwin Geschonneck, Henry Hübchen, Blanche Kommerell, Reimar Johannes Baur, Friedrich Richter*

Im Mittelpunkt der 1943 in einem osteuropäischen Juden-Ghetto angesiedelten Handlung steht Jakob Heym (Vlastimil Brodský), der in einer schwierigen Situation zum Mutmacher wird. Er behauptet fälschlich, ein Radio versteckt zu haben und daher zu wissen, dass die Befreiung bald bevorsteht.

Das fertige Drehbuch lag am 15. Dezember 1965 vor. Am nächsten Tag begann das 11. Plenum des ZK der SED, auf dem man die bisherige Kulturpolitik in Frage stellte und in dessen Folge etwa ein Dutzend fertiger oder fast fertiger DEFA-Filme verboten wurde, darunter 1966 auch Beyers »Spur der Steine«. Danach war Beyer die Arbeit beim Film untersagt, und Jurek Becker formte den Stoff in einen Roman um, der 1968 erschien. Somit ist dieser Film keine Romanadaption, sondern die Umsetzung eines fast zehn Jahre alten (bearbeiteten) Szenariums.

Für Armin Mueller-Stahl war die kleine Rolle des Juden Roman Schtamm, dessen Bruder Herschel Schtamm (Reimar Johannes Baur) im Ghetto umkommt, und der Jakob Heym die Schuld dafür zuweist, der erste Filmerfolg mit seiner Beteiligung, der für den Academy Award, den Oscar, nominiert wurde.

Auch in dem 1999 erfolgten amerikanischen Remake des Films wirkte Mueller-Stahl mit, diesmal in der Rolle

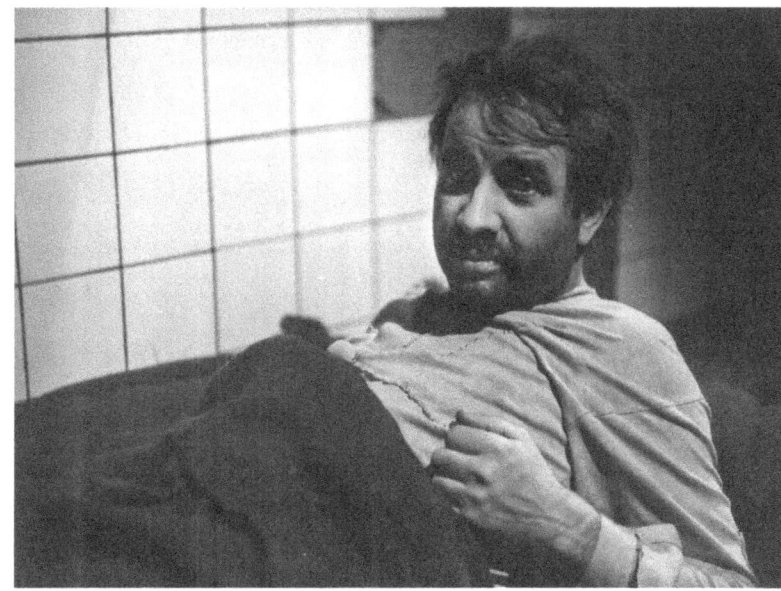

In »Jakob der Lügner«

des Professor Kirschbaum, den im Original Friedrich Richter spielt.

Der Film war eine Koproduktion der DEFA mit dem Fernsehen der DDR und hatte seine Bildschirmpremiere kurz vor Weihnachten 1974. In den Kinos startete er im April 1975, in der BRD Ende Oktober desselben Jahres. Im Sommer war der Film bereits bei der Berlinale mit einem Silbernen Bären für Vlastimil Brodskýs Leistung ausgezeichnet worden.

Kit & Co | *Kino*

TEXT: *nach Motiven aus zwei Erzählungen von Jack London*
SZENARIUM: *Günter Karl*
REGIE: *Konrad Petzold*
MITWIRKENDE: *Dean Reed, Rolf Hoppe, Renate Blume, Monika Woytowicz*

Die Geschichte führt in die Zeit des großen Goldrauschs in Alaska. Der Journalist Kit Bellew (ein Alter Ego von Jack London, gespielt von Dean Reed) erwartet hier spannende Geschichten, findet in Shorty (Rolf Hoppe) einen mutigen Freund und erobert das Herz der anfangs unnahbaren Joy (Renate Blume).

Der Film war ein Publikumserfolg, schon allein wegen des US-Amerikaners Dean Reed in der Hauptrolle. Aber auch Mueller-Stahl konnte in einer kleinen Rolle viel Aufmerksamkeit gewinnen. Die Kritikerin Renate Holland-Moritz nannte in Nr. 2/1975 der Satire-Zeitschrift *Eulenspiegel* den Film ein »Episodenragout, dessen Ingredienzen sich nicht miteinander verbinden wollen«, und fährt fort: »Das einzige Kabinettstück liefert Armin Mueller-Stahl als ostpreußisch parlierender Saloon-Besitzer. Seinen Slavovitz führt er als dienststeifrig-geldliebenden Schankwirt vor, der lustig-listig Anteil hat am Taumel um das goldene Kalb im schneereichen Alaska.«

Mueller-Stahl, der bei Regisseur Petzold in »Tödlicher Irrtum« eine Hauptrolle und in »Die Hosen des Ritters von Bredow« eine hübsche Nebenrolle gespielt hatte, sagte darüber: »Mit Konrad Petzold hatte ich folgende Vereinbarung: Ich spielte bei ihm kleine Rollen, die ich selbst erfinden durfte. In ›Kit & Co‹ war ich nur ein Kellner, eine Figur, die im Drehbuch gar nicht vorhanden war, und er ließ mich improvisieren. Ich saß in der Maske, habe mir eine Perücke, dazu Brille und Bauch, ausgedacht und mir die ganze Rolle selbst geschrieben. Nebenbei gesagt wurde es die erfolgreichste Rolle im Stück.«[4]

1975

Der Vietnam-Krieg geht nach 30 Jahren zu Ende, die USA ziehen sich zurück. – Papiermangel erzwingt in der DDR die Einstellung von Sonntagsausgaben der Tageszeitungen. – Die Leipziger Rockgruppe Renft-Combo wird verboten. – Die ersten Bände der Marx-Engels-Gesamtausgabe (MEGA) werden vorgestellt.

Seit Langem schon trat Armin Mueller-Stahl in Fernsehprogrammen mit eigenen Liedern auf. So lag es wohl nahe, ihn für die erste Folge einer Show-Reihe zu verpflichten. Die »Burgparty« des Studios Halle aus der Moritzburg erlebte bis 1982 zahlreiche Folgen. Die erste war ein Sommernachtsfest speziell für die besten Bauarbeiter von Halle, und Mueller-Stahl trat als eine Art Hofnarr auf und war der zentrale Kopf. Er sang dabei das von ihm geschriebene »Nachbarlied«:

Bei der Familie Nachbar
Ist jeder bei etwas dabei
Der Mann ist in der VP
Die Frau in der LPG
Der Sohn in der Armee
Dessen Frau in der Partei
Das jungsozialistische Töchterchen
Ledig und frei. (...)

Das jungsozialistische Töchterchen
erwartet ein Kind
Ein Kind von der VP?
Ein Kind von der LPG?
Ein Kind von der Armee?
Sie war am Jahrestag in Berlin dabei.

Das unsichtbare Visier | TV

4. *Ein merkwürdiger Anschlag*
5. *Das Geheimnis der Masken*
6. *Rätsel des Fjords*
7. *Depot im Skagerrak*

TEXT: *nach der gleichnamigen Buchreihe von Herbert Schauer und Otto Bonhoff*
SZENARIUM: *Herbert Schauer, Otto Bonhoff*
REGIE: *Peter Hagen*
MITWIRKENDE: *Maja Dragomanska, Jessy Rameik, Marion van de Kamp, Alfred Struwe, Karla Chadimová, Wilfried Ortmann, Walter Niklaus, Wolfgang Greese*

Im Februar 1975 wurden die beiden neuen Episoden der Reihe gesendet. Die Handlung führt ins Jahr 1958. Achim Detjen (Armin Mueller-Stahl) hat inzwischen einen wichtigen Posten im Bonner Verteidigungsministerium übernommen. Bei einem Flugzeugunglück in Portugal ging etwas nicht mit rechten Dingen zu, und Detjen wird inkognito als Versicherungsdetektiv nach Lissabon entsandt, wo er nur knapp einem Anschlag entgeht. Nach vielen Verwicklungen findet er heraus, dass bundesdeutsche und amerikanische Firmen um Waffengeschäfte mit Portugal konkurrieren. Außerdem geht es um die Errichtung eines streng geheimen NATO-Luftwaffenstützpunktes in dem Land. Detjen gelingt es, diese Pläne zu fotografieren und nach Bonn weiterzuleiten.

Im Weihnachtsprogramm des Jahres wurde bereits die nächste Episode in zwei Teilen gesendet. Diesmal erhält Detjen von CIA-Agent Wilson (Walter Niklaus) den Auftrag, den Gegenstand von Forschungen, die NS-Wissenschaftler im Krieg in Norwegen betrieben hatten, herauszufinden. Er trifft hier wieder auf den Alt-Nazi Born (Wolfgang Greese), der ihm schon in Portugal in die Quere gekommen war. Aber mit seiner Hilfe entdeckt er einen geheimen Meeresbehälter und nach spannenden Unterwasserszenen, in denen Bergungstaucher von Kampfschwimmern angegriffen werden, kann er seinen Auftrag letztlich erfüllen. Dokumentationsunterlagen werden von Detjens Mitarbeiterin Winni Winkelmann (Jessy Rameik) fotografiert und an das MfS weitergeleitet.

Der Film arbeitete mit attraktiven Drehorten, und nicht zuletzt der Kunst des Szenenbildners Erich Krüllke war es zu verdanken, dass die Zuschauer rätselten, wie das Team aus der abgeschotteten DDR nach Portugal gelangen konnte.

»Wo wurde es gedreht, fragen Sie? Die Szenen in unterschiedlichen dreiundzwanzig Ländern, in denen ich zu sehen war, wurden alle in Bulgarien gedreht. Da sagte sich der DDR-Bürger zu Recht: Ich brauche gar nicht reisen. Die ganze Welt sieht eh aus wie Bulgarien. Und als wir sogar echt in Kuba gedreht haben, fand der Kameramann Motive, die sahen auch aus wie Bulgarien. Also es war schon immer sehr, sehr faszinierend, was da so passierte. Indianerfilm, ›Königskinder‹, ›Fünf Patronenhülsen‹ – alles in Bulgarien«, klärt Armin Mueller-Stahl später auf.[5]

Aber auch im eigenen Land konnten zahlreiche Motive ausfindig gemacht werden. Beispielsweise wurde das Gewerkschaftshaus in Stralsund zum Polizeirevier von Oslo, und die »Reederei Lovborg« residierte in der nahen Stralsunder Fährstraße. Das norwegische Hotel, in dem sich der Agent Detjen mit dem CIA-Chef zu einem Frühstück trifft, verrät durch die Fähranlage im Hintergrund, dass es sich um Saßnitz handelt. Nicht Oslo, sondern die alte Bahnhofsbrücke in Warnemünde ist Drehort eines maskierten Überfalls auf einen LKW, Motorräder donnern am Alten Strom entlang. Um eine westlich »dekadente« Bar zu imitieren, eignete sich besonders das 1971 von schwedischen Unternehmen gebaute Hotel »Neptun«. Bis heute gilt es als eines der exklusivsten Häuser an der Küste. Im Rostocker Stadthafen drehte Regisseur Peter Hagen einen Überfall und im nahegelegenen Restaurant »Zur Kogge« den konspirativen Treffpunkt »Club 99«.

In diesem Jahr wurde der 25. Gründungstag des Ministeriums für Staatssicherheit feierlich begangen. Es gab eine Auszeichnungsveranstaltung, bei der Armin Mueller-Stahl der Theodor-Körner-Preis überreicht wurde, der gestiftet worden war für besondere Verdienste bei der Förderung des künstlerischen Schaffens und der kulturellen Tätigkeit in den bewaffneten Organen der DDR. Mueller-Stahl, der in der DDR keiner Partei angehörte, war klar, dass nicht er eingeladen war, sondern die mutige Filmfigur, der Kundschafter, den er spielte.

Er erzählte, wie er in der Reihe stand, um dem Minister für Staatssicherheit, Erich Mielke, die Hand zu schütteln: »Als ich Mielke die Hand reichte, stutzte er, der vorbeiziehende Pulk stoppte, dann zog er mich mit einem Ruck an seine Nadelbrust, küsste mich links, küsste mich rechts, bevor er mir auf den Bart sabbern konnte, rief ich: Vorsicht, der Bart fusselt! Mielke zögerte und blickte mich an. Streng plötzlich. Aus Achim Detjen wurde Armin Mueller-Stahl. Der Satz stand irgendwie unheilvoll im Raum. Keine Auflösung, kein Lachen, nur Blicke. Ein gedemütigter Liebhaber. Was eigentlich lustig von mir gedacht war, verkehrte sich ins Gegenteil. Mielke wandte sich von mir weg, der Pulk kam wieder in Bewegung, langsam erst, dann schneller, vorwärts und nicht vergessen.«[6]

1976

Jimmy Carter wird neuer US-Präsident. – In Brüssel werden erstmals Wahlen zu einem europäischen Parlament beschlossen. – Auf der Leipziger Frühjahrsmesse haben Anbieter aus der BRD die der Sowjetunion vom Platz des größten ausländischen Ausstellers verdrängt. – Der Palast der Republik wird nach knapp dreijähriger Bauzeit als Veranstaltungszentrum und Tagungsstätte der Volkskammer eröffnet. – Im November gibt der Liedermacher Wolf Biermann, der im eigenen Land Auftrittsverbot hat, vor Kölner Gewerkschaftern ein Konzert. Seine kritischen Bemerkungen und Lieder führen zur Aberkennung seiner Staatsbürgerschaft. Unter Künstlern der DDR entbrennt eine Protestwelle, die den Exodus vieler Schriftsteller, Schauspieler und Musiker zur Folge hat.

Inzwischen war Armin Mueller-Stahl so populär, dass ihm das DDR-Fernsehen im Februar eine Personality-Show widmete, die den Titel eines seiner Lieder trug: »Ich kauf' dir eine Blume«. Gäste der Sendung waren unter anderem der Opernsänger Werner Enders und die Prager Schauspielerin Jana Brejchová, mit der Mueller-Stahl in dem Film »Der andere neben dir« gespielt hatte.

Trotz aller Wertschätzung bekommt er aber auch die Zensur zu spüren. Die Redaktion entdeckt bei vielen seiner Songs Zweideutigkeiten, alles was als kritisch ausgelegt werden könnte, soll unterbleiben.

Später erläutert Armin Mueller-Stahl: »So habe ich argumentiert: Wir haben doch ein im Sattel sitzendes Politbüro. Die werden doch nicht aus dem Sattel fallen, wenn ich ein paar Sprüche loslasse. Nein, wurde mir nicht gestattet.« Dafür darf Mueller-Stahl ausländische Titel singen. »Vor allen Dingen wollten sie nicht, dass ich meine Lieder dort singe (...). Aber das hat mich trotzdem auch interessiert, denn ich habe das ganz gerne gemacht: ›My Way‹ dort zu singen und vorzutragen. Wie ein Schauspieler das macht – nicht wie ein Sänger unbedingt!«[9]

Er darf in der breiten Öffentlichkeit unbekannte Facetten seiner Persönlichkeit zeigen, ist hemmungslos komisch als Klofrau oder berlinert prächtig als Postbeamter. In vielen Bühnen-Shows war er schon als Clown aufgetreten, so auch hier wieder. Auf der Geige spielt er im Duett mit Egon Morbitzer, dem Konzertmeister der Staatskapelle Berlin, »Yesterday«. Es gibt eine Tanzeinlage zu Walter Kubiczecks Melodien aus »Das unsichtbare Visier«, und sein gerade einjähriger Sohn Christian hat hier mit dem stolzen Papa seinen ersten Fernsehauftritt.

Die Repressionen gegen Armin Mueller-Stahl beginnen nach seinem Protest gegen die Biermann-Ausbürgerung im November. Sein Auftritt in der Talk-Show »Porträt per Telefon« im Dezember wird abgesagt.

Die Lindstedts | TV

Folge 6: Die erste Geige

SZENARIUM: *Kurt Kylian*
REGIE: *Norbert Büchner*
MITWIRKENDE: *Günther Grabbert, Helga Raumer, Frank Ciazynski*

In der siebenteiligen Serie wurden Alltagsprobleme auf dem Lande humorvoll behandelt. Armin Mueller-Stahl spielt in einer Folge einen ehemaligen Berufsmusiker, der mit Spitznamen »Paganini« genannt wird. Er betreibt eine LPG des Typs I, bei dem das Land noch den Bauern gehört. Das wird als rückschrittlich dargestellt. Als ein Regenguss Paganinis Ernte zu vernichten droht, helfen ihm die Mitglieder der LPG Typ III, die wesentlich effektiver arbeiten können. Daraufhin tritt Paganini in diese LPG ein und hat nun mehr Freizeit, in der er Geige spielen kann.

Regisseur Norbert Büchner und Mueller-Stahl hatten sich beim Musikstudium in Westberlin kennengelernt. Auch Büchner studierte damals Geige, wollte sich aber gern verändern. Armin Mueller-Stahl vermittelte ihn als Regieassistent zum Fernsehfunk, wo er zwischen 1963 und 1989 zahlreiche Regieaufgaben übernahm. Der Schauspieler betrachtete seine Mitwirkung bei »Die Lindstedts« als Freundschaftsdienst und freute sich natürlich, hier auf der Geige zu spielen.

Nelken in Aspik | Kino

SZENARIUM: *Kurt Belicke*
REGIE: *Günter Reisch*
MITWIRKENDE: *Helga Sasse, Erik S. Klein, Eva-Maria Hagen, Winfried Glatzeder, Norbert Christian*

Der Film gehört in das seltene Genre der Farce. Er erzählt von einem erfolgreichen sozialistischen Werbefachmann (Armin Mueller-Stahl), der von Vorgesetzten für einen Leitungsposten vorgesehen ist. Leider hat er gerade beim Zahnarzt zwei Vorderzähne verloren, weshalb er – eigentlich ein begnadeter Quatscher – einfach stumm bleibt. In sein Schweigen werden so viele Weisheiten hineingedeutet, dass er Karriere macht, bis er mit einem Missgeschick wieder in die niedere Realität zurückgestuft wird.

Zusammen mit Kurt Belicke, mit dem er schon in »Ein Lord am Alexanderplatz« zusammengearbeitet hatte, schrieb Regisseur Günter Reisch nach dem Vorbild sowjetischer »exzentrischer Komödien« diesen heiteren Film für Mueller-Stahl, der auch im »Lord« schon komisch brillierte. Leider fehlte dem Film das richtige Timing, und manche Gags waren zu flau, als dass sie bei der Wiederholung noch funktionierten. Trotzdem gab es bei dem Riesenaufgebot an Komödianten noch genügend Spaß für den Zuschauer.

Dem amüsanten Film war keine lange Laufzeit vergönnt, weil sich viele Mitwirkende angesichts der durch die Biermann-Ausbürgerung ausgelösten verschärften Konfrontation von Staat und Künstlern von der DDR verabschiedeten, darunter Armin Mueller-Stahl, Eva-Maria Hagen, Eberhard Cohrs und Edwin Marian. Daraufhin wurde der Streifen nicht mehr eingesetzt.

Mueller-Stahl spielte hier mit dem beliebtesten Dialektkomiker der DDR, dem Dresdner Eberhard Cohrs, der es schaffte, den Berliner Friedrichstadtpalast allein mit seinem Namen für ein Vierteljahr ausverkauft zu halten. Nach dem Abgang von Kollegen wie Manfred Krug und Nina Hagen, mit denen er aufgetreten war, seilte auch er sich 1977 in den Westen ab, wo es dem Sachsen schwer gemacht wurde.

Armin Mueller-Stahl erinnert sich: »Das war ein großer Komiker. Wie der hier im Westen von einem Produzenten behandelt wurde, war unglaublich. In München saßen wir zusammen in einem Raum. Da wird der Cohrs von einem Produzenten abgekanzelt, da wird gesagt: Sie sind doch überhaupt kein Komiker, Sie sind doch wirklich nur ein Fatzke ... Also, den bin ich angegangen, den bin ich wirklich angegangen. Ich sagte, Sie wissen doch gar nicht, was dieser Mann alles geleistet hat. Und hören Sie auf mit ihren arroganten Sprüchen, hören Sie wirklich auf, das steht Ihnen nicht zu. Und da war er auch still.«[5]

Der Film ist reich gespickt mit Anspielungen auf prominente Zeitgenossen. Herausgreifen kann man, dass »Hansi« Hanisch Sportreporter Heinz-Florian Oertel parodierte, und sich Günter Reisch nicht scheute, auch die gestrenge »Kino-Eule« Renate Holland-Moritz in Gestalt von Brigitte Krause als »Renate Ribnitz-Damgarten« auf die Schippe zu nehmen. Ob der darauf folgende, ungewohnt zurückhaltende Verriss der Kritikerin damit in ursächlichem Zusammenhang steht, ist nicht bekannt. Sie schreibt im *Eulenspiegel* vergleichsweise milde: »Bar jeder Realitätsbezogenheit beginnt ein Klamauk, dessen Gags gelegentlich wirklich ganz ulkig sind. Spaß für Feinschmecker, insonderheit für intime Kenner der DEFA, enthält allerdings nur der Vorspann.« Klaus Lippert, der

Chefredakteur des *Filmspiegels*, konnte mehr lachen: »Die sich bietenden Möglichkeiten werden zu vielen, den Beschauer oft überrumpelnden komischen Episoden und Situationen genutzt. Vielerlei bewährte genremäßige und stilistische Mittel, kabarettistische Einlagen und auch optische Gags werden eingesetzt. Mueller-Stahls famose Lispel-Effekte überflügeln bisher bekannte Schwank-Stottereien.«

Das unsichtbare Visier | TV

8. Mörder machen keine Pause
9. Sieben Augen hat der Pfau

TEXT: *nach der gleichnamigen Buchreihe von Herbert Schauer und Otto Bonhoff*
SZENARIUM: *Herbert Schauer, Otto Bonhoff*
REGIE: *Peter Hagen*
MITWIRKENDE: *Jessy Rameik, Siegfried Loyda, Wolfgang Greese, Marion van de Kamp, Gunter Schoß, Helmut Schellhardt, Herbert Sievers, Monika Lennartz, Helga Göring*

Im Sommer 1961 wird die politische Situation zwischen beiden deutschen Staaten brenzlig. Im Rahmen eines NATO-Manövers werden Provokationen gegen die DDR geplant. Detjens Vorgesetztem Brinkmann (Herbert Sievers) erscheint der Plan als tollkühn und undurchdacht, so dass er seinen warnenden Bericht im NATO-Hauptquartier öffentlich machen will. Daraufhin wird Brinkmann liquidiert. Detjen kommt in Verdacht, etwas mit seinem Tod zu tun zu haben. Er wird erpresst, Brinkmanns verschwundenen Bericht auszuliefern. Unter vielen Mühen und Verwicklungen gelingt es ihm, den Mikrofilm

In »Das unsichtbare Visier«

mit den geheimen Unterlagen für seine Auftraggeber im MfS zu sichern. Bei einem großen Brand wirft er seine Erkennungsmarke und seine Uhr ins Feuer und gilt fortan als tot, während Detjen als Bredebusch den vorbereiteten Weg in die DDR antritt, wo er am historischen 13. August eintrifft.

Mit diesen beiden Filmen wurde die Reihe um Achim Detjen alias Werner Bredebusch beendet. Armin Mueller-Stahls politische Skepsis gegenüber der DDR war nicht unbemerkt geblieben, schließlich äußerte er selbst den Wunsch, aus der Serie auszusteigen.

»Ich wusste ja, dass die Staatssicherheit mitschreibt. Wenn ich das ablehne, weil die Bücher nicht gut sind – das ist mein ›Todesurteil‹ in der DDR. Sie haben bei den letzten Teilen versucht, mich rauszuschneiden aus dem ›Visier‹. Ich habe ja viel mehr gedreht. Aber sie haben versucht mich so herauszuschneiden, dass die Fabel noch transportiert wird. Ich merkte, das sind ja lauter amputierte Szenen! Da geht es eigentlich weiter, aber das ist nicht mehr drin.«[5]

Nach seinem Protest gegen die Ausbürgerung des kritischen DDR-Liedermachers Wolf Biermann im November 1976 galt er schließlich für das MfS nicht mehr als tragbar.

Die Reihe »Das unsichtbare Visier« wurde bis 1979 mit sieben weiteren Folgen fortgesetzt. Die bereits eingeführte Figur des Martin Tanner, gespielt von Gunter Schoß, rückte dann in den Mittelpunkt.

1977

Elvis Presleys Tod löst in aller Welt tiefe Trauer aus. – In einem Interview mit der *Saarbrücker Zeitung* gibt Erich Honecker an, dass rund 10 000 Ausreiseanträge von DDR-Bürgern vorliegen. – Neuer Unmut macht sich breit, als im Sommer »Kaffee-Mix«, ein mit Malzkaffee gestrecktes Kaffeeprodukt eingeführt wird, weil die DDR die international gestiegenen Kaffeepreise nicht mehr bezahlen kann.

Am 20. Juli 1977 stellt Armin Mueller-Stahl beim Rat des Stadtbezirks Köpenick den »Antrag auf Übersiedelung in die BRD«, wo seine Mutter und sein Bruder leben. Noch im selben Jahr wird der Antrag abschlägig beschieden.

Die Flucht | Kino

SZENARIUM: *Hannes Hüttner*
REGIE: *Roland Gräf*
MITWIRKENDE: *Jenny Gröllmann, Erika Pelikowsky, Wilhelm Koch-Hooge, Karin Gregorek, Winfried Glatzeder, Rolf Hoppe, Gerhard Bienert*

Der Szenarist Hannes Hüttner, ursprünglich Journalist für die *Wochenpost*, später Arzt, auch Kinderbuchautor, griff beherzt das Tabuthema der Republikflucht auf und setzte es mit Mitteln des Kriminalfilms um. Regisseur Roland Gräf konnte das Thema gemeinsam mit seiner Frau und Dramaturgin Christel Gräf bei der DEFA-Leitung durchsetzen. Aber obwohl differenzierte Figurenzeichnungen vorherrschten, war der Film, in dem der Fluchtwillige durch eigene Schuld zugrunde geht, letztlich ein Kind des Kalten Krieges. Armin Mueller-Stahl, der die zentrale Figur, einen Arzt Schmith spielte, hatte während der Dreharbeiten schon einen Ausreiseantrag gestellt, sah also einem ähnlichen Schicksal wie der gebrochene Held, den er spielte, entgegen.

Oberarzt Dr. Schmith geht in seiner Arbeit mit Frühgeborenen auf, fühlt sich aber mit seinen Forschungen von Vorgesetzten übergangen, so dass er sich mit der Absicht trägt, in den Westen zu gehen. Daraufhin lässt er sich mit einer Fluchthilfeorganisation ein, die ihn zur Flucht drängt, nachdem sich Schmiths Vorbehalte aufgelöst haben, da ihm berufliche Westreisen gestattet werden. So lässt er sich auf das Spiel ein – und verliert.

Die Kritik in der DDR erkannte das Neue des Stoffs an. »Den Schöpfern gelingt es, den schmalen Grat zwischen tiefer Erfassung des ganzen Charakters Schmiths und der Ablehnung seiner Entscheidung zu behaupten. Sie finden Verständnis für ihn, ohne seine Konsequenz und seine Haltung gutzuheißen oder gar zu akzeptieren. Sie kritisieren ihn, ohne ihn preiszugeben. Solche Haltung – meine ich – steht unserer Kunst gut an, zumal diese sich nicht durch Üppigkeit in der Gestaltung dieser Problematik auszeichnet. (...) Das gilt (...) für etwa das erste Drittel des Films. Dann bröckelt es – dramaturgisch wie psychologisch«, schreibt Kritiker Günter Agde im *Filmspiegel*, nachdem der Streifen kurz nach seiner Premiere bei den Moskauer Filmfestspielen im Oktober gestartet war.

Kollege Heinz Kersten ist in der *Frankfurter Rundschau* schon strenger: »Begonnen hat der Film milieuecht und psychologisch stimmig, mogelt sich nicht um die Ursachen für die Absicht mancher DDR-Bürger, ihren Staat zu verlassen, herum. Immer mehr aber verschenkt er sein Thema dann in einer unglaubhaften Kriminalstory und bleibt damit hinter dem Realismus, der Gräfs vorangegangene Arbeiten auszeichnete, zurück.«

Auch Mueller-Stahl wird wohlwollend hervorgehoben: »Armin Mueller-Stahl gibt der Gestalt des Dr. Schmith viele psychologische Nuancen, bringt dem Zuschauer die Kurzsichtigkeit und das Verhängnisvolle einer Flucht vor sich selber und ihrer möglichen Konsequenzen nahe«, so Horst Knietzsch im *Neuen Deutschland*.

1978

Ägypten und Israel unterzeichnen Verträge für einen Frieden im Nahen Osten. – Siegmund Jähn fliegt mit dem sowjetischen Raumschiff Sojus 31 als erster Deutscher ins All. – Im »Dreipäpstejahr« stirbt Paul VI., dem Johannes Paul I. folgt, der nach einem nur wenige Wochen dauernden Pontifikat ebenfalls stirbt. Auf ihn folgt mit Johannes Paul II. der erste Papst aus Polen. – Durch Streiks gehen in der Bundesrepublik 4,5 Millionen Arbeitstage verloren, ein Rekord.

Es war das Jahr der freien Zeit für Armin Mueller-Stahl. Er hatte sich entschlossen, der DDR Valet zu sagen und wusste nach aller Erfahrung, dass Filme mit Schauspielern, die nicht nur ausreisen wollten, sondern auch in den Westen gingen, nicht mehr an die Öffentlichkeit gelangten. Schon im Juli 1976 hatte er Probeaufnahmen für die Titelrolle von Günter Reischs Schelmenstück »Anton der Zauberer« gemacht und war für die Rolle gesetzt, die er jedoch nicht antreten sollte.

Reisch schreibt in seinen Erinnerungen über Mueller-Stahl: »Bis zum Beginn unserer Dreharbeiten im März 1977 konnte er sich nicht entscheiden, ob er die Riesenrolle annehmen soll oder nicht. Meine Lage war verzweifelt: Das Geld war bewilligt, der Stab formiert, der Dekorationsbau im Gange, der Drehplan beschlossen. Anna Dymna, eine empfindsame polnische Schauspielerin, die ich als Antons Frau verpflichtet hatte, war bereits seit zwei Tagen in Berlin. (…) Ich besuchte Armin wie vorher oft in seinem Haus in Wendenschloss in Berlin-Köpenick und bat ihn nachdrücklich um eine Entscheidung, doch er signalisierte nur: Günter, nimm doch mal an, dass du dich anders orientieren musst.«

Der fertige Film hatte im Herbst 1978 Premiere und wurde ein großer Erfolg, auch für den nunmehrigen Hauptdarsteller Ulrich Thein, der auf dem Moskauer Filmfestival als bester Schauspieler ausgezeichnet wurde.

Eine weitere Aufgabe, die 1978 vergeblich an Mueller-Stahl herangetragen wurde, war die Episodenrolle in dem Kriminalfilm »Walzerbahn« aus der TV-Reihe »Polizeiruf 110«. Regisseur Hans-Joachim Hildebrandt wollte Mueller-Stahl für die Hauptrolle eines eifersüchtigen Ehemanns an der Seite einer jüngeren Frau besetzen, doch der Schauspieler lehnte ohne Kenntnisnahme des Drehbuchs ab. Die für ihn vorgesehene Rolle spielte dann Günter Wolf vom Maxim Gorki Theater.

Geschlossene Gesellschaft | TV

SZENARIUM: *Klaus Poche*
REGIE: *Frank Beyer*
MITWIRKENDE: *Jutta Hoffmann, Sigfrit Steiner, Walter Plathe, Karin Boyd*

Seinen letzten Film in der DDR drehte Armin Mueller-Stahl mit Freunden und Kollegen, denen er vertraute – dazu kam der große Schweizer Charakterdarsteller Sigfrit Steiner. Erzählt wird über die Ehe von Ellen, einer Mitarbeiterin in der Jugendhilfe, und dem Ingenieur Robert. Im Urlaub in einem schicken märkischen Haus brechen »Szenen einer Ehe« auf, lang unterdrückte Fragen nicht nur privater Natur kommen ans Tageslicht. Während Ellen versucht, Harmonie herbeizureden, und Robert vor lauter heruntergeschlucktem Ärger sprachlos zu sein scheint, artikuliert sich eine Krise der Gesellschaft. Dass es zu Ausbrüchen kommt, scheint unvermeidlich.

Mueller-Stahl führt dazu aus: »Klaus Poche und ich haben die Idee gehabt eine Familie, ein Ehepaar zu zeigen in der DDR, das sich nach 20 Jahren Zusammensein auseinandergelebt, Probleme unter den Teppich gekehrt hat. Im Urlaub holen sie alles unter dem Teppich hervor. Das war der Aufhänger. Und wir haben beide gesponnen. Poche hat die Geschichte ohne meine Hilfe geschrieben, aber dieser Robert – diese Figur, war von ihm klar für mich entworfen. Es machten lauter Pro-Biermann-Unterzeichner mit: Klaus Poche, der Autor, Frank Beyer, der Regisseur, Jutta Hoffmann, die Hauptdarstellerin, Armin Mueller-Stahl, der Hauptdarsteller. Günther Fischer für die Musik gehörte für kurze Zeit auch noch dazu. Der hatte dann aber seine Unterschrift zurückgenommen. (...) Die ließ man dann glaube ich machen, mit dem Gefühl, die stellen wir ruhig. Und das haben sie ja auch geschafft, wir waren ruhig. Und haben gedreht mit großem Vergnügen.«[5]

In dieser Zeit lehnte Mueller-Stahl alle Projekte ab, damit es nach seiner Ausreise in den Westen keine »Kellerfilme« gäbe. »Mit Bauchgrimmen habe ich deshalb die Rolle in ›Geschlossene Gesellschaft‹ angenommen. Klaus Poche konnte ich nicht ohne Begründung absagen. Aber es ist mir verdammt schwergefallen zu drehen, ohne zu wissen, wie lange ich noch bleiben würde. Geredet habe ich darüber mit niemandem, nicht einmal mit Frank Beyer.«[6]

Frank Beyer, der sich in den neunziger Jahren mit den Akten beschäftigt hatte, bestätigt das: »Wie ich inzwischen weiß, gab es über dieses Buch nirgendwo lange Diskussionen. Das Projekt wurde von Hans Bentzien, dem neuen Leiter des Fernsehspiels, sehr gefördert. Sicher weil er es mochte. Aber es gab noch einen anderen Grund: Lamberz, der Verantwortliche fürs Fernsehen im

Politbüro, hatte gesagt, wenn Beyer, Poche, Hoffmann und Mueller-Stahl ein seriöses Projekt haben, dann laßt sie arbeiten, damit man nicht sagen kann, wir grenzten sie aus. In dem Briefwechsel zwischen Fernsehleitung und Parteiführung heißt ›Geschlossene Gesellschaft‹ immer nur: der neue Film der ›vier Biermann-Unterzeichner‹.«

Der Film, der bei flüchtiger Betrachtung nur eine Ehegeschichte erzählt, hat eine zweite Ebene, die viel über die Verhältnisse in der Gesellschaft erzählt, in der er entstand. Schon der Titel ist eine Provokation. Dass der Film überhaupt in Produktion gehen konnte, hatte verschiedene Gründe.

Zunächst war es, wie erwähnt, Hans Bentzien, der zuständige Leiter der Abteilung Dramatische Kunst im DDR-Fernsehen, der Sympathie für den Film zeigte. »Ganz oben« hielt Politbüromitglied Werner Lamberz seine Hand über das Projekt. Er, der vom Politbüro mit der Causa Biermann betraut worden war, gehörte zu den als liberal eingeschätzten Hoffnungsträgern der SED. Doch als der Film fertig war, lebte Lamberz nicht mehr. Er war beim Absturz eines Militärhubschraubers in Libyen ums Leben gekommen. Sein Nachfolger wurde der beinharte Joachim Herrmann, der den Film erst gar nicht senden wollte, aber schließlich meinte, es dürfe durch ein Verbot kein Präzedenzfall geschaffen werden.

Letztlich wurde »Geschlossene Gesellschaft« doch angesetzt, wenn auch mit erheblich eingeschränkter Reichweite. Außer einem Mini-Foto in der Fernsehillustrierten *FF dabei* gab es keine Werbung, und die Sendezeit wurde für den 29. November 1978 um 21.30 Uhr angegeben. Ohne jeden Hinweis wurde er noch mehrmals zeitlich verschoben, um dann plötzlich zu später Stunde, ohne nochmalige Ankündigung, gesendet zu werden.

Frank Beyer fand viel später ein vertrauliches Papier des Komitees beim Fernsehen der DDR. Darin heißt es: »Das Komitee hat in der letzten Sitzung eine völlig einhellige Einschätzung des Films ›Geschlossene Gesellschaft‹ vorgenommen und wird die Lehren weiter auswerten. Zusammengefasst: Das ist ein Film, der von revisionistischen und damit feindlichen Positionen her den realen Sozialismus verleumdet. Er ist ein Angriff auf die Grundwerte unserer Gesellschaft, auf die Positionen des VIII. und IX. Parteitages, die auf das Wohl der Menschen gerichtet sind. In dieser Geschichte voller Aggressionen und Brutalitäten soll der Eindruck erweckt werden, dass bei uns angeblich der Glücksanspruch der Menschen nicht verwirklicht wird. Er ist außerdem ein Film, der künstlerisch sehr schwach ist, langweilig und elitär, der modernistische Gestaltungsformen nachäfft, die im Kapitalismus längst abgehalftert sind.«

Zu einer kritischen Würdigung des Films kam es erst, nachdem er im Herbst 1989 als einer der ersten Verbotsfilme an prominenter Stelle ins Programm genommen wurde. Kritiker Hans Braunseis meint 1989 in der liberaldemokratischen Zeitung *Der Morgen:* »Robert, den Armin Mueller-Stahl in mühsam zornig-beherrschter Offenheit vorführt, gibt im verbohrten monologischen Ausbruch sein wahres Gesicht totaler beruflicher Frustration und des Hasses auf die Nachdrängenden zu erkennen.«

1979

Margaret Thatcher wird erste Premierministerin in Europa. – Der NATO-Doppelbeschluss wird verabschiedet. – Sowjetische Truppen marschieren in Afghanistan ein. – Die Regimekritiker Robert Havemann und Stefan Heym werden im April wegen angeblicher Devisenvergehen verurteilt. – Rudolf Bahro fällt unter eine Amnestie zum 30. Jahrestag der DDR und darf in die BRD ausreisen.

Nach mehreren vergeblichen Ausreiseanträgen erhält Armin Mueller-Stahl im Herbst die Genehmigung zu einer auf drei Jahre befristeten »zeitweiligen Ausreise« aus der DDR. Zunächst reist er allein, um in Frankfurt am Main die ihm vom ZDF angebotene Hauptrolle in dem Krimi »Die längste Sekunde« zu spielen.

1980

Ronald Reagan wird US-Präsident. – Bei einem Bombenanschlag von Rechtsradikalen auf das Münchner Oktoberfest sterben 23 Menschen. – Die Olympischen Sommerspiele in Moskau werden nach dem sowjetischen Truppen-Einsatz in Afghanistan von vielen Ländern, auch der BRD, boykottiert. – Der visafreie Personenverkehr zwischen der DDR und Polen wird wieder abgeschafft.

Die Familie Mueller-Stahl siedelt im Januar in den Westen über, zunächst nach Westberlin. Die Genehmigung zur »zeitweiligen Ausreise« erlaubt Gabi Mueller-Stahl, ihre Eltern in der DDR zu besuchen.

Die längste Sekunde | TV

TEXT: *nach einer Erzählung von Bill S. Ballinger*
SZENARIUM: *Kristian Kühn*
REGIE: *Kristian Kühn*
MITWIRKENDE: *Christine Ostermayer, Ivan Desny, Hans Korte, Kristina van Eyck, Mathieu Carrière*

Die erste Filmarbeit in der Bundesrepublik (Erstausstrahlung im Juli) für Armin Mueller-Stahl war ein »schöner Krimi«, wie er selbst sagte, den er beim ZDF drehte. Er spielt einen Mann, der mit totalem Gedächtnisverlust verletzt im Krankenhaus erwacht. Eine Frau namens Bianca Hiller (Christine Ostermayer) hatte ihn nachts in einer Straße gefunden, bis auf die Schuhe unbekleidet und ohne Papiere. Die Polizei ermittelt über Presseaufrufe einen Namen und eine Adresse: Viktor Patschek, Wien – doch beides erweist sich als falsch.

»Patschek« schleicht sich aus der Klinik und versucht, seine Vergangenheit zu rekonstruieren. Sein erster Weg führt ihn zu Bianca Hiller, die ihm Arbeit gibt. Er erleidet blitzartig hereinbrechende bedrohliche Erinnerungsfetzen, die ihn glauben machen, Teil einer Verschwörung zu sein. Durch eine Halsverletzung, von der er nicht weiß, ob er sie sich selbst beigebracht hat, kann er nicht sprechen.

Es war eine Herausforderung für Mueller-Stahl, diese intensive Rolle stumm zu spielen – quasi eine dramatische Variante seines großen Schweigers aus dem Lustspiel »Nelken in Aspik«. Die Vorlage verfasste Bill S. Ballinger, ein amerikanischer Autor, der noch vor der Ausstrahlung des Films starb. Er hatte früher Episoden so bekannter TV-Serien wie »Alfred Hitchcock präsentiert«, »Der Chef« und »Cannon« geschrieben.

1981

Es kommt zu Attentaten auf Ronald Reagan und Papst Johannes Paul II. – In der DDR wird für Schüler der Klassen elf und zwölf die vormilitärische Ausbildung eingeführt. – Bundeskanzler Helmut Schmidt trifft sich mit DDR-Staatschef Erich Honecker am Werbellinsee und in Güstrow. – In Polen wird das Kriegsrecht verhängt.

In dem Verlag Severin und Siedler erscheint Armin Mueller-Stahls Roman »Verordneter Sonntag«, den er in der Zeit seiner Untätigkeit in der DDR geschrieben hatte, mit verschlüsselt autobiografischem Charakter. Es wird das erste Buch des von seinem Freund Wolf Jobst Siedler gegründeten Verlags.

Im September war Bildschirmpremiere des ersten Films, den Frank Beyer, der nach »Geschlossene Gesellschaft« aus der SED ausgeschlossen wurde, aber gleichzeitig die Erlaubnis bekam, im Westen zu drehen, fertigstellte. Für »Der König und sein Narr« (vom SFB mit der Ufa für die ARD produziert) wollte er Mueller-Stahl besetzen, aber der Wunsch zerschlug sich.

In diesem Jahr übernimmt Mueller-Stahl eine seiner seltenen Hörspielrollen. Im SFB spricht er die Hauptrolle als Gotthold Ephraim Lessing in »Ach! Lieber Freund! Diese Szene ist aus!« von Harald Benesch (Regie Hans Bernd Müller). Einer seiner Partner ist Wilhelm Borchert, Charakterdarsteller des Westberliner Schiller-Theaters.

Collin | TV

TEXT: *nach dem gleichnamigen Roman von Stefan Heym*
SZENARIUM: *Klaus Poche*
REGIE: *Peter Schulze-Rohr*
MITWIRKENDE: *Curd Jürgens, Hans Christian Blech, Thekla Carola Wied, Margot Werner, Hannes Messemer*

Der für die ARD produzierte Zweiteiler entstand nach Stefan Heyms Vorlage und führt in eine Klinik für prominente Patienten in Ostberlin. Hier begegnen sich der mit vielen staatlichen Preisen ausgezeichnete Schriftsteller Hans Collin (Curd Jürgens in einer seiner letzten Rollen) und ein einflussreicher Funktionär des Staatssicherheitsdienstes, Wilhelm Urack (Hans Christian Blech). Aus den gemeinsamen Anfängen der Parteiarbeit sind sie alte Kampfgenossen, wollten einst Franco und Hitler im Spanienkrieg besiegen und gingen später zusammen ins Exil.

Die Erinnerung an den Fall von Havalka (Hannes Messemer), der von Urack wegen angeblicher Staatsverhetzung verurteilt und nie rehabilitiert wurde, ist für beide eine bittere, kontroverse Erinnerung.

Collin hatte damals zu den Vorwürfen, wie auch bei anderen Gelegenheiten, geschwiegen. Er gesteht sich jetzt die Schönfärberei seiner Bücher ein und will die Wahrheit ans Licht bringen, keine bequeme Situation für Urack. Seine Ärztin Dr. Christine Roth (Thekla Carola Wied) und ihr geschiedener Mann Dr. Andreas Roth (Armin Mueller-Stahl), bemühen sich um Collins Genesung. Trotz großer seelischer Qualen gelingt es Collin, seine Memoiren nach dem Krankenhausaufenthalt zu beenden.

Für Mueller-Stahl war die Zusammenarbeit mit Klaus Poche und Stefan Heym, mit dem er ebenfalls in der DDR befreundet war, eine Art der Heimkehr. In diesem Stoff konnte er mit Kollegen gemeinsam die Zeit in der DDR aufarbeiten. Er spielte den Arzt Dr. Roth als zynischen Pragmatiker, der sich über das System, in dem er zu funktionieren hat, keine Illusionen macht.

Heym, ein Autor, dessen erster Roman 1942 in Hollywood verfilmt wurde und der in Grünau an der Dahme gegenüber von Mueller-Stahls gelebt hatte, entschied sich, trotz aller Verlockungen des Westens und aller Restriktionen in der DDR im Osten zu bleiben.

Armin Mueller-Stahl erinnert sich: »Stefan Heym, ein guter Freund damals von uns, sagte immer, dass man standhaft bleiben solle, damit sich das Ausbürgern nicht einbürgert.«[5]

Ja und Nein | TV

SZENARIUM: *Leo Lehmann*
REGIE: *Tom Toelle*
MITWIRKENDE: *Ulli Philipp, Bruce Boa, Hans-Günter Martens, Anneliese Römer, Witta Pohl, Rolf Becker*

»Ja und Nein« ist kein großer Film, aber immerhin ein intelligentes Melodram des renommierten TV-Regisseurs Tom Toelle, dessen Frau Ulli Philipp hier die Musikmanagerin Beate spielt. Sie kehrt aus den USA nach Deutschland zurück, um mit dem Wissenschaftler Martin (Armin Mueller-Stahl), den sie in den USA kennengelernt hat, ein neues Leben zu beginnen. Auf einer großen Reise, die sie schon damals geplant hatten, denken beide über eine gemeinsame Zukunft nach. Doch

die Bedingungen für den Neuanfang sind nicht einfach:
Beate ist sehr krank, Martin verunsichert ob des großen
Schrittes.

Die WDR-Produktion hatte im März des Jahres ihre
Bildschirmpremiere.

Lola | *Kino*

SZENARIUM: *Peter Märthesheimer, Pea Fröhlich*
REGIE: *Rainer Werner Fassbinder*
MITWIRKENDE: *Barbara Sukowa, Rosel Zech, Mario Adorf,
Ivan Desny, Matthias Fuchs, Karin Baal*

In der Reihe der international anerkannten Regisseure
des Neuen Deutschen Films in der BRD, Rainer Werner
Fassbinder, Volker Schlöndorff und Wim Wenders war
Fassbinder primus inter pares, auch aufgrund seines frühen Todes 1982 wurde er schnell zur Legende.

Als Armin Mueller-Stahl in den Westen kam, sollte
Fassbinder nur noch zwei Jahre zu leben haben. Trotzdem drehte der Schauspieler in dieser kurzen Zeit zwei
Filme mit ihm. Zunächst »Lola«, den letzten der Fassbinderschen Trilogie über die Wirtschaftswunderjahre. Der
Regisseur lehnte die im Jahre 1957 angesiedelte Geschichte
lose an den 1930 erschienenen »Blauen Engel« über die
leichtlebige Lola Lola und den Gymnasialprofessor Rath
an, der ihr verfällt (damals gespielt von Marlene Dietrich
und Emil Jannings). Jetzt war die Lola (Barbara Sukowa)
eine Prostituierte in einer spießigen bayerischen Kleinstadt und ihr Gegenspieler von Bohm (Mueller-Stahl),
ein neuer unbestechlicher, durch und durch moralischer
Baudezernent. Als er Lola als »Eigentum« des Baulöwen Schuckert (Mario Adorf) kennenlernt, versucht von

Bohm, ihn zu vernichten. Nach vielen Auseinandersetzungen arrangiert man sich.

Offenbar hatte Fassbinder mehrere Filme mit Mueller-Stahl gesehen und wollte ihn für diese Rolle unbedingt haben, obwohl Produzent Horst Wendlandt gegen einen »unbekannten Ostschauspieler« voreingenommen war. Ursprünglich sollte der Brite Dirk Bogarde die Rolle spielen. Armin Mueller-Stahl dazu: »Den hat er dann ausgebootet und mich ins Boot genommen. Den Bohm habe ich mit großem Vergnügen gespielt. Den Film haben wir sehr schnell gedreht, jede Einstellung einmal, was mir sehr entgegen kommt. Ich bin ja vorbereitet, also ich muss nicht mehrmals drehen. Fassbinder lobte mich geradezu überschwänglich, so dass der Adorf ganz neidisch war.«[5]

Die Zusammenarbeit mit dem gleichaltrigen Mario Adorf, damals schon ein international bekannter Schauspieler, war von Konkurrenzdenken geprägt, zumal Armin Mueller-Stahl zu Ohren kam, dass Adorf die doppelte Gage erhielt. In der Folge nahm er sich vor, aus Rache alle an die Wand zu spielen, trug Knickerbocker, rührte mit einer brennenden Zigarette den Tee um.

Armin Mueller-Stahl erinnert sich: »Adorf guckte sich gerne das Drehbuch mit mir gemeinsam an. Das blätterte er durch und sagte, das ist also meine Rolle hier, dass bin ich, das ist meine Szene, das ist wieder meine Szene. Hier hast du auch eine Szene, das ist meine Szene – also es waren mehr seine Szenen als meine. So ging er durch, und dann habe ich dem Fassbinder irgendwann mal gesagt: Für diese Szene, die ›seine‹ ist, würde ich gerne eine kleine Violine spielen. Ich habe dann wirklich die Schauspielertricks angewandt. Wir hatten viel Spaß dabei, seine Szene zu meiner zu machen. Fassbinder war ja für all diese kleinen Hässlichkeiten, die es im Beruf gibt, ganz leicht zu haben und zu gewinnen. Er unterstütze mich, wo er konnte.

Die Szene kam, Adorf begann zu spielen, und ich unterbrach ihn: Ich habe hier grad 'ne kleine Geige, die ich spiele. Natürlich war seine Szene im Eimer, und man guckte nur noch auf mich. Das ist ein Spiel von Kindern, und es ist so schön, wenn es Erwachsene tun. Und bei Adorfs Ego dachte ich, ist es genau richtig, da ich hörte, er kriegt viel mehr Gage als ich. Das brachte mich auf die Idee, ich muss diesen Film zu meinem machen. Und das habe ich dann auch – leider nicht mehr im Resultat, da haben sie mich mächtig gekürzt. Wendlandt und Adorf waren das gemeinsam, denn die Rolle war wirklich riesig zu Beginn. Die haben sie mächtig gekappt. Das brachte mich auch auf den Gedanken, du willst von diesen Leuten nicht mehr abhängig sein. Von Wendlandt, der das stutzen kann, wie er will.

Und Fassbinder interessierte sich schon bei der Hälfte des Films für sein nächstes Projekt, der war ja unentwegt an Projekten interessiert. Aber Fassbinder sah in mir die Vaterfigur, und wann immer wir drehten, zog er sich einen Glencheck-Anzug an. Aber ich hatte keine Furcht vor ihm wie die meisten. Deswegen arbeitete er wahnsinnig gerne mit mir. Da fragte er am Ende der Drehzeit: Wann sehen wir uns wieder? Und ich sagte: Zur Premiere. Da war er etwas gekränkt: Na das sowieso. Und das merkte ich, da zog er seine Liebe etwas zurück. Denn er wollte mich da in seine Familie eingemeinden, was ich nicht wollte. Was ich auch nicht vorhatte. Aber die Arbeit, die werde ich nicht vergessen. Sie war wirklich ein großes Vergnügen.«[5]

Hattet Wendlandt Mueller-Stahl während der Arbeiten am Film noch hofiert, war es danach schnell damit vorbei. Eigentlich hatte der Schauspieler den Film promoten wollen, aber nun war er schon nicht mehr gefragt. Der Wendlandt-Biografin Dona Kujacinski gegenüber berichtet er: »Diese Behandlung habe ich dem Wendlandt genauso übelgenommen wie die Tatsache, dass ich nicht zur Rohschnittabnahme eingeladen war. Bevor der Film geschnitten wurde, war meine Rolle sehr stark vertreten. Danach nicht mehr. Das habe ich ihm auch gesagt, doch er meinte nur: ›Nimm's nicht so tragisch, alter Junge.‹ Habe ich aber doch, und sogar die Sukowa hat gesagt: ›Du bist ja völlig ausgeblendet.‹ Ich vermute, Horst dachte, dass da gerade jemand aus der DDR gekommen war, im Westen gleich eine große Rolle spielen durfte und jetzt arrogant wird und mehr Geld haben will für die nächsten Projekte. Nach einiger Zeit habe ich das abgehakt. Ich gehöre ja auch zu den Menschen, die nicht ihr Leben lang nachtragend sind. Das ist mir zu langweilig und zu anstrengend.«[8]

Für seine Rolle in »Lola« wurde Armin Mueller-Stahl mit dem Filmband in Gold ausgezeichnet.

Die Rache eines V-Manns | TV

SZENARIUM: *Harald Vock*
REGIE: *Alfred Weidenmann*
MITWIRKENDE: *Hubert Suschka, Gert Günther Hoffmann, Claus Ringer, Horst Janson, Franziska Bronnen, Volker Lechtenbrink, Klaus Löwitsch, Ekkehardt Belle*

In dieser anderthalbstündigen Serienfolge vom Sonderdezernat K1 spielt Klaus Löwitsch Wolters, einen ehemaligen V-Mann der Hamburger Polizei, der jetzt für einen St.-Pauli-Boss (Armin Mueller-Stahl) arbeitet. Nach dem Wolters' Tochter durch Drogendealer zu Tode kam, will er sich rächen und kehrt undercover zur Polizei zurück. Mueller-Stahl schafft es, einen perfiden Kriminellen zu spielen und doch dabei sympathisch zu wirken. Auf der Krimi-Homepage heißt es: »Für Mueller-Stahl-Fans absolut empfehlenswert!«

1982

Nach dem Tod des sowjetischen Staatschefs Leonid Breshnew wird Juri Andropow sein Nachfolger. – Die Stationierung sowjetischer Kurzstreckenraketen SS 21 in der DDR beginnt im Sommer. – Bundeskanzler Helmut Schmidt (SPD) wird nach einem Misstrauensvotum von Helmut Kohl (CDU) abgelöst. – In der DDR findet eine Volkszählung statt. – In Frankfurt am Main und Weimar wird der 150. Todestag Goethes feierlich begangen. – Die evangelische Kirche in der DDR verwahrt sich gegen das staatliche Vorgehen gegen das Friedenssymbol »Schwerter zu Pflugscharen«. – In Absprache mit der BRD gewährt die DDR allen Bürgern, die das Land vor 1981 illegal verlassen haben, Straffreiheit. – Im November wird die Transitautobahn zwischen Berlin und Hamburg eröffnet.

An uns glaubt Gott nicht mehr | TV

SZENARIUM: *Georg Stefan Troller*
REGIE: *Axel Corti*
MITWIRKENDE: *Johannes Silberschneider, Barbara Petritsch, Buddy Elias, Fritz Muliar, Eric Schildkraut*

Die österreichisch-schweizer Koproduktion, die Armin Mueller-Stahl wohl zu Recht als seinen besten Fernsehfilm der achtziger Jahre bezeichnet, entstand unter Beteiligung des ZDF und ist der erste Teil der Trilogie »Wohin und zurück«, die der angesehene österreichische Regisseur Axel Corti 1986 abschloss. Das Drehbuch für den bewusst in Schwarz-Weiß gedrehten Film schrieb er zusammen mit Georg Stefan Troller, der darin eigene Erfahrungen als Jude in Österreich verarbeitete.

Im Jahr 1938 entschließt sich der 16-jährige Wiener Jude Ferry (Johannes Silberschneider) zur Flucht, nachdem SS-Schergen seinen Vater bei den Pogromen der »Kristallnacht« umgebracht haben. Illegal schleicht er über die Grenze in die Tschechoslowakei und schlägt sich bis nach Prag durch. Dabei macht er Bekanntschaft mit einer Reihe von Schicksalsgefährten, die er an weiteren Stationen seiner abenteuerlichen Flucht wiedertrifft.

Armin Mueller-Stahl spielt den markantesten von ihnen, der sich mit seinem Spitznamen Ghandi vorstellt. Den Namen hatte er im KZ Dachau bekommen. Fritz von Gandersheim alias Ghandi hatte Juden geholfen, außer Landes zu kommen, und wurde daher inhaftiert. Er bildet den ruhenden Pol im Figurenensemble, doch seine Unerschütterlichkeit ist nur vorgetäuscht, denn er leidet unter Alpträumen, lässt es seinen Gefährten Ferry jedoch nicht merken. Für Mueller-Stahl war es eine Rolle, die ihn im Buch überzeugte und in der er die Zuschauer überzeugte.

»Die Handlung schildert den Kampf dieser Menschen ums Überleben in einer Vielzahl kurzer Episoden, dokumentarische, autobiographische, frei erfundene und tragikomische Züge mischend. Lächerliche Kleinigkeiten können Menschenleben retten, winzige Borniertheiten des Amtsschimmels letztlich zum Tode von Zehntausenden führen«, heißt es auf prisma.de.

Eugenie Marlitt und die Gartenlaube | TV

SZENARIUM: *Traute Hellberg*
REGIE: *Herbert Ballmann*
MITWIRKENDE: *Cordula Trantow, Ursela Monn, Gerhard Wollner, Klaus Herm*

Im Mittelpunkt dieses semidokumentarischen Fernsehfilms steht das Schaffen der Autorin Eugenie Marlitt (Cordula Trantow), die eigentlich Eugenie John hieß und zu ihrer Zeit große Erfolge mit Fortsetzungsromanen feierte. Auch, wenn sie als Vorbild der sehr klischeehaft arbeitenden Heftautorin Hedwig Courths-Mahler gilt, ist ihren Romanen liberaler Geist und ein subtiles Eintreten für Frauenrechte nicht abzusprechen. Theodor Fontane neidete ihr den Erfolg. Armin Mueller-Stahl spielt Ernst Keil, den Verleger der Zeitschrift *Gartenlaube*, deren Erfolg maßgeblich auf Marlitts Romanen beruhte.

Der Regisseur Herbert Ballmann hatte bis 1959 bei der DEFA im Bereich Kinder- und Jugendfilm gearbeitet, und auch die Autorin des Films, Traute Hellberg hatte bis 1962 in der DDR gelebt, wo sie mit DEFA-Regisseur Martin Hellberg verheiratet war.

Flucht aus Pommern | TV

SZENARIUM: *Eberhard Schubert*
REGIE: *Eberhard Schubert*
MITWIRKENDE: *Marie-Charlott Schüler, Edith Behleit, Klaus Höhne, André Wilms, Rudolf Schündler, Siegmar Schneider*

Der Autor und Regisseur Eberhard Schubert, der unter anderem Regieassistent bei Rainer Werner Fassbinder in der TV-Serie »Acht Stunden sind kein Tag« war, schildert eindringlich und ohne falsche Sentimentalität ein ostdeutsches Flüchtlingsschicksal im Kriegswinter 1944/45. Armin Mueller-Stahl steht in der Rolle des Lyssek im Mittelpunkt der Handlung. Der ZDF-Film hatte im November seine Bildschirmpremiere.

Die Flügel der Nacht | Kino/TV

SZENARIUM: *Ursula Jeshel*
REGIE: *Hans Noever*
MITWIRKENDE: *Christine Boisson, Michael König, Laurens Straub*

Der vom Bayerischen Rundfunk koproduzierte Film wurde bei den Hofer Filmtagen kontrovers aufgenommen und gelangte danach nicht mehr in den Blick der Öffentlichkeit. Darin geht es »um eine radikale Konzeption von Liebe, die die beiden Protagonisten zu Außenseitern der Gesellschaft macht. Als leitender Angestellter Goedel beim ›Kulturinstitut für soziale Integration‹ soll Mueller-Stahl den rebellierenden Elser (Michael König) in seine frühere berufliche Funktion zurückholen und gerät durch seine Zuneigung zu den Liebenden selbst in Konflikt.«[6]

Ich werde warten | *TV*

TEXT: *nach der gleichnamigen Erzählung von Raymond Chandler*
SZENARIUM: *Stanislav Barabáš*
REGIE: *Stanislav Barabáš*
MITWIRKENDE: *Monica Bleibtreu, Kurt Raab, Wolf-Dietrich Berg, Franz Xaver Kroetz, Peter Kuiper, Joachim Kemmer*

Die Handlung führt ins Berlin des Jahres 1932. Armin Mueller-Stahl spielt den Hoteldetektiv Sikora, der mit nationalsozialistischen Umtrieben konfrontiert ist und die Bekanntschaft einer Dame (Monica Bleibtreu) macht, die auf ihren Mann (Joachim Kemmer) wartet, der aus dem Gefängnis entlassen wurde. Er will den beiden helfen, unbehelligt zu verschwinden, doch als er erfährt, dass eben dieser Mann seinen jüngeren Bruder umgebracht hat, rächt er sich brutal.

Der Film führt Mueller-Stahl zum ersten Mal mit Monica Bleibtreu zusammen, die später in »Die Manns« Katia Mann, spielte.

Die Sehnsucht der Veronika Voss | *Kino*

SZENARIUM: *Pea Fröhlich, Peter Märthesheimer*
REGIE: *Rainer Werner Fassbinder*
MITWIRKENDE: *Rosel Zech, Hilmar Thate, Cornelia Froboess, Annemarie Düringer, Erik Schumann*

Der vorletzte Spielfilm Fassbinders gilt chronologisch als der zweite seiner BRD-Trilogie, obwohl er erst nach »Lola«, dem dritten, gedreht wurde. Der Film gewann

Mit Rosel Zech in Fassbinders »Die Sehnsucht der Veronika Voss«

auf der Berlinale 1982 einen Goldenen Bären und Armin Mueller-Stahl ein Filmband in Gold.

Erzählt wird eine Geschichte aus der Mitte der fünfziger Jahre, deren Hintergrund das Schicksal des einstigen Ufa-Stars Sybille Schmitz bildet. Die Schauspielerin fand im Westdeutschland der Nachkriegszeit nicht ihren Platz und nahm sich schließlich das Leben.

Der Reporter Krohn (Hilmar Thate) entdeckt dunkle Verwicklungen im gegenwärtigen Leben des einstigen Filmstars Veronika Voss (Rosel Zech). Sie wird von ihrer Ärztin (Annemarie Düringer) mit Opiaten in Abhängigkeit gehalten, weil die es auf das Vermögen der Diva abgesehen hat.

Ursprünglich hatte Fassbinder Mueller-Stahl für die männliche Hauptrolle vorgesehen, doch der wollte sich nicht von der »Fassbinder-Familie« vereinnahmen lassen und spielte die kleine Rolle des Dr. Rehbein, den Ex-Mann der Veronika Voss, in einer Mischung aus Zartheit und Strenge.

Dass Fassbinder Raubbau an seiner Gesundheit trieb, haben manchmal Außenstehende eher wahrgenommen als der »innere Zirkel« seiner Vertrauten. Armin Mueller-Stahl erzählt: »Als wir das letzte Mal zusammensaßen, sagte ich ihm ›Du musst mal zum Arzt gehen.‹ Da sagte er: ›Das Leben ist die Fülle, nicht die Länge.‹ Er wollte aus dem Vollen schöpfen, und das hat er getan. Von außen gesehen war er für mich ein Grenzüberschreiter, wie es keinen anderen gab.«[8]

Der Westen leuchtet! | Kino

SZENARIUM: *Niklaus Schilling*
REGIE: *Niklaus Schilling*
MITWIRKENDE: *Beatrice Kessler, Sky du Mont, Harry Baer*

Der Schweizer Regisseur Niklaus Schilling hatte für die Hauptrolle in diesem Film über einen Stasi-Agenten von Anfang an Mueller-Stahl im Blick und ihm die Rolle schon angeboten, als dieser noch lahmgelegt in Ostberlin seiner Ausreise harrte. Die Finanzierung zog sich hin, aber 1982 hatte der Film dann beim World Film Festival in Montreal Premiere.

Ein Stasi-Agent wird nach München entsandt, wo er einen Informanten überprüfen soll. Der entpuppt sich aber als attraktive Frau (Beatrice Kessler), deren Charme, Schönheit und luxuriösem Lebensstil er bald erliegt.

Armin Mueller-Stahl, der nach Achim Detjen nun eine andere Art Stasi-Agent spielte, war von der Vehemenz des Filmemachers fasziniert: »Niklaus Schilling

Mit Beatrice Kessler in »Der Westen leuchtet!«

wollte den Film unbedingt mit mir machen. Wie eine Glucke hat er aufgepasst, dass ich ja keine anderen Aufträge annehme. Ich sagte ihm zu, da sich die Bücher ja in jener Zeit nicht gerade auf meinem Tisch stapelten und ich nehmen musste, was mir angeboten wurde. Ich habe dann versucht, das Beste daraus zu machen. Die Figur des Harald Liebe hat mich sehr gereizt. Einen Mann zu spielen, der verfolgt wird, sich allmählich in seinen eigenen Fangstricken verfängt und dann plötzlich verschwindet. Leider ist das nur im ersten Teil des Films gelungen.«[6]

1983

In der BRD werden amerikanische Mittelstreckenraketen vom Typ Pershing-2 stationiert. – Das Magazin *Stern* meldet den Fund der Tagebücher von Adolf Hitler. Später stellt sich heraus, dass sie gefälscht waren. – Im Mai demonstrieren Bundestagsabgeordnete der Grünen auf dem Berliner Alexanderplatz für Abrüstung, werden festgenommen und abgeschoben. – Die DDR baut Selbstschussanlagen an der innerdeutschen Grenze ab.

Nachdem Armin Mueller-Stahl, von der Berliner Volksbühne enttäuscht, die Theaterarbeit aufgegeben hatte, liebäugelt er im Westen wieder damit, Theaterangebote anzunehmen, entscheidet sich aber dann doch für Film und Fernsehen. In dieser Phase akzeptiert er ein Angebot des französischen Senders France 2, in der Theater-Sendereihe »Plaisir du théâtre« mitzuwirken.

Die Familie sucht einen anderen Standort, und nach vergeblicher Suche im Münchner Umfeld findet sie ein neues Zuhause an der Ostsee in Schleswig-Holstein.

Der Fall Sylvester Matuska | *Kino*

SZENARIUM: *Egon Eis, Peer J. Oppenheimer, Miklós Vásárhelyi*
REGIE: *Sándor Simó*
MITWIRKENDE: *Michael Sarrazin, Towje Kleiner, Constanze Engelbrecht, Teri Tordai*

Der ungarische Film, der mit Beteiligung deutscher und amerikanischer Produzenten entstand, greift eine historische Figur, einen bekannten Attentäter, auf. Er spielt in den frühen dreißiger Jahren vor dem Hintergrund des aufziehenden Faschismus. Der ehemalige Weltkriegsoffizier Matuska (Michael Sarrazin) leidet an der Oberflächlichkeit der Menschen und der Medien und will die Welt durch eine wahnwitzige Tat aufrütteln. Nach einem ersten Versuch, einen Zug entgleisen zu lassen, sind ihm Ermittler, unter ihnen Tetzlav (Armin Mueller-Stahl) auf den Fersen.

Eine Liebe in Deutschland | *Kino*

SZENARIUM: *Agnieszka Holland, Bolesław Michałek*
REGIE: *Andrzej Wajda*
MITWIRKENDE: *Hanna Schygulla, Daniel Olbrychski, Piotr Łysak, Bernhard Wicki, Ralf Wolter, Sigfrit Steiner, Otto Sander, Ben Becker*

Die deutsch-französische Koproduktion drehte der namhafte polnische Regisseur Andrzej Wajda nach einem Roman von Rolf Hochhuth. Ursprünglich war für die Hauptrolle Romy Schneider vorgesehen, die jedoch im Sommer 1982 verstarb. Erzählt wird eine Liebesgeschichte, die sich in einem deutschen Dorf an der Schweizer Grenze im Jahre 1941. Pauline Kropp (Hanna Schygulla) führt einen Gemüseladen. Ein polnischer Kriegsgefangener (Piotr Łysak) und sie verlieben sich ineinander und werden denunziert. Armin Mueller-Stahl spielt den feigen Untersturmführer Mayer, der dem Fall auf den Grund gehen muss. Er ist Pauline zugetan und gibt ihr die Möglichkeit, sich glimpflich aus der Affäre zu ziehen. Doch er ist schwach und unehrlich.

Mueller-Stahl sagt über seine Rolle: »Ich wollte als Mayer eine Figur zeigen, die zwischen ihrer eigenen Moral und Pflichterfüllung steht und sich entschließt, das Unmoralische zu tun.«[6]

Diese gebrochene, ambivalente Figur bringt ihm viel Kritikerlob ein. Im Oktober 1983 schreibt Helmut Schödel in *Die Zeit*: »Der Vertreter des Militärs, den der hervorragende Armin Mueller-Stahl spielt, wird so zum Star des Films, zu der am besten erklärten Figur.« Kritiker Bodo Fründt lobt in der *Süddeutschen Zeitung*: »Armin Mueller-Stahl, assistiert von Ralf Wolter, vollbringt einen grotesken Balance-Akt in der Rolle des Chefs der Geheimen Staatspolizei aus der benachbarten Kreisstadt. (...) Der Henker, dem es nicht in den Kopf will, dass man seine harte Arbeit nicht ausreichend würdigt, der nichts Böses im Schilde führt, nur seiner Pflicht genügt, das ist Mueller-Stahl in Vollendung.«

Über den fertigen Film ärgerte sich Armin Mueller-Stahl, der wusste, dass da mehr gedreht worden war. Seiner Meinung nach verschwanden im Schnitt die besten Szenen. Dabei hatte er die Arbeit mit Wajda als produktiv empfunden: »Wajda ist ein wirkliches Ekelpaket. Aber ich konnte wunderbar mit ihm, weil unser Erfahrungswert in Sachen Film nahezu übereinstimmte. So hat er zum Beispiel die gleiche große Liebe für ungewöhnliche Haltungen.«[4]

Ruhe sanft, Bruno | TV

SZENARIUM: *Walter Kempley*
REGIE: *Hajo Gies*
MITWIRKENDE: *Wolf-Dietrich Sprenger, Constanze Engelbrecht, Chiem van Houweninge, Christina Amun*

Diese Komödie aus dem Agentenmilieu schrieb der Amerikaner Walter Kempley, der häufig fürs deutsche Fernsehen arbeitete, für den WDR. Zwei Dienern steht eine große Erbschaft in Aussicht, wenn sie die Reste des längst verblichenen Bruno bergen und in die Schweiz zur letzten Ruhe bringen. Doch die beiden stellen fest, dass Bruno in einem Brunnen der sowjetischen Botschaft in Bonn verborgen ist. Bei ihren Bergungsversuchen kommen sie Genossen Fjodor Kuschnik (Armin Mueller-Stahl), dem Abwehrchef der Botschaft ins Gehege. Er steht unter Druck, denn er versteckt einen lateinamerikanischen General und Revolutionär, für den sich auch westliche Geheimdienste interessieren, und zum Überfluss wurde ihm aus Moskau eine ehrgeizige junge Agentin (Constanze Engelbrecht) als Aufpasserin geschickt.

Trauma | *Kino*

SZENARIUM: *Gabi Kubach*
REGIE: *Gabi Kubach*
MITWIRKENDE: *Birgit Doll, Lou Castel, Eva-Maria Hagen, Hanne Wieder*

»Anna (Birgit Doll) kommt in ein abgelegenes Haus an der bretonischen Küste, um sich auf die Suche nach einer Frau zu begeben, die dort verschollen ist. Die detektivische Recherche wird zu einer Reise in ihre eigene Innenwelt. Anna begegnet einem schrecklichen, nie verarbeiteten Trauma aus Kindertagen, denn die Spuren der fremden Frau, denen sie folgt, sind in Wahrheit die Spuren ihrer eigenen verschütteten Biografie.« (43. Internationale Hofer Filmtage)

Der in Koproduktion mit dem WDR 1982 gedrehte Kinofilm startete im Frühjahr 1984. Mueller-Stahl spielte den Detektiv Sam, der zugleich Annas Chef ist und sie in väterlicher Weise bei ihrer Suche unterstützt.

Ponkie von der *Abendzeitung* in München kann seinem Spiel etwas abgewinnen: »Mag also der ausgeleierte Krimi-Detektiv ruhig ›Sam‹ heißen: Armin Mueller-Stahl triumphiert als unrasierter Ersatz-Vater über jede Sam-Marlowe-Schablone.« Weniger gnädig ist der Kritiker Manfred Kreckel in der *Frankfurter Allgemeinen:* »Vergeblich müht sich Birgit Doll um verzweifeltes Entsetzen, vergeblich kaut Armin Mueller-Stahl an einer Zigarettenkippe, vergeblich blickt Hanne Wieder wie die Sphinx in den Spiegel, der allerdings das Rätsel der Handlung ratlos auf den Zuschauer zurückstrahlt.«

Armin Mueller-Stahl hatte sich von dem Film etwas versprochen, musste aber bedauernd feststellen, dass gerade bei dieser Spielart des Spannungsfilms das Timing zu wünschen übrig ließ. »Ich habe mir den Film angesehen. Vor dem Kino stand eine große Menschenschlange, und ich dachte, toll, alle wollen ›Trauma‹ sehen. Als ich dann reinging, stellte ich fest, dass die Leute auf das Arbeitsamt, das sich eine Treppe höher befand, wollten. Schließlich saßen dann nur meine Frau, mein Sohn und ich im Kino.«[4] Nach dem Misserfolg arbeitete die Regisseurin Gabi Kubach nur noch fürs Fernsehen – das aber bis zum Ende ihrer Laufbahn 2009 mit viel Erfolg.

Der verführte Mann
L'Homme blessé | *Kino*

SZENARIUM: *Hervé Guibert*
REGIE: *Patrice Chéreau*
MITWIRKENDE: *Jean-Hugues Anglade, Annick Alane, Lisa Kreuzer*

Auch wenn Armin Mueller-Stahl hier nur eine kleine Rolle spielte, bedeutete dieser französische Film doch wieder einen Schritt aufs internationale Parkett. Immerhin lief er im Wettbewerb von Cannes. In der Bundesrepublik startete der »Der verführte Mann« allerdings erst im Sommer 1985.

In der Geschichte um einen Jugendlichen, der die Sommerferien in Paris verbringt und sich hier seiner Homosexualität bewusst wird, spielt Armin Mueller-Stahl den rauen, eher abweisenden Vater des Jungen, der sich einfügt in das Geflecht vereinsamter Figuren, denen sich die Milieustudie mit ihrer trostlosen Grundstimmung widmet.

Patrice Chéreau, der ein großer Verehrer von Rainer Werner Fassbinders Filmen gewesen war, bewunderte Mueller-Stahl in dessen Filmen und wollte unbedingt mit ihm arbeiten. Aus dem gleichen Grund besetzte Chéreau auch Lisa Kreuzer.

Zwei Profis steigen aus
Un dimanche de flic | Kino

SZENARIUM: *Andrew Coburn*
REGIE: *Michel Vianey*
MITWIRKENDE: *Jean Rochefort, Victor Lanoux, Barbara Sukowa, Gérard Blain*

Zwei Polizisten, die ein großes Heroin-Geschäft für sich entschieden haben, um ein sorgenfreies Leben zu führen, werden von der Rauschgifthändlerorganisation gejagt. Armin Mueller-Stahl spielt einen Mafia-Anwalt, der die beiden verfolgt. Die französisch-deutsche Koproduktion ist kein durchschnittlicher Action-Film, sondern entwickelt unterschiedliche Charaktere. Letztlich wird er zu einer psychologischen Studie über Formen der Einsamkeit.

1984

Nach dem Tod von Juri Andropow wird Konstantin Tschernenko der neue erste Mann der Sowjetunion. – Das französische Kulturzentrum eröffnet in Ostberlin. – Der neu errichtete Friedrichstadtpalast wird mit einer Gala eingeweiht. – Die DDR boykottiert gemeinsam mit zwölf anderen sozialistischen Ländern die Olympischen Sommerspiele in Los Angeles. – 55 DDR-Bürger besetzen die Ständige Vertretung der BRD, um ihre Ausreise durchzusetzen. – Tschernenko übt Druck auf Honecker aus, der seinen Besuch in der BRD absagen muss. – Mit einem festlichen Konzert wird das von Schinkel errichtete Schauspielhaus als Konzerthaus nach Kriegszerstörungen wiedereröffnet.

Freiwild | TV

SZENARIUM: *Heinz-Dieter Ziesing*
REGIE: *Wolfgang Staudte*
MITWIRKENDE: *Hans Peter Hallwachs, Witta Pohl, Tilly Lauenstein, Bruno Hübner, Volker Brandt*

Armin Mueller-Stahl spielt einen Arzt, der ein Serum gegen Leberzirrhose erfunden und es bisher nur an Ratten ausprobiert hat. Sein geschäftstüchtiger Bruder (Hans Peter Hallwachs), ein Apotheker, drängt ihn, das Serum an Menschen auszuprobieren. Bei Wohnungslosen im Berliner Tiergarten findet es Anwendung, wobei es zu Todesfällen kommt. Kommissar Walter (Volker Brandt) übernimmt den Fall.

Nachdem der deutsche Ausnahme-Regisseur Staudte schon mehr als zwei Jahrzehnte zuvor Interesse an Mueller-Stahl gezeigt hatte, kam es bei einem seiner letzten Filme (er erlebte die TV-Premiere nicht mehr) endlich zu einer Zusammenarbeit. Der Schauspieler war stolz darauf, dabei zu sein, als der Altmeister nach seiner Ansicht »noch einmal an seine alte Form anknüpfte«, wobei die im Schneckentempo erzählte Handlung doch recht langatmig wirkte. Immerhin konnte sich Mueller-Stahl bei der Erstausstrahlung der »Tatort«-Folge ins Gedächtnis von 21 Millionen Zuschauern spielen.

Glut | Kino/TV

SZENARIUM: *Thomas Koerfer, Dieter Feldhausen*
REGIE: *Thomas Koerfer*
MITWIRKENDE: *Katharina Thalbach, Matthias Habich, Sigfrit Steiner, Krystyna Janda, Robert Tessen, Thomas Lücking*

Dieser Schweizer Kinofilm war eine Koproduktion mit dem ZDF. Der Regisseur Thomas Koerfer, Sohn einer Schweizer Industriellenfamilie, erzählt eine in der Schweiz gern totgeschwiegene Geschichte über den machtbesessenen eidgenössischen Waffenhändler Korb, der im Krieg skrupellos mit den deutschen Nazis kollaboriert. Die Handlung wird aus Sicht des sensiblen Sohnes erzählt. Mueller-Stahl spielt sowohl den Vater als auch bei der Fortführung der Handlung in der Gegenwart den Sohn, der inzwischen die Waffenfabrik selbst führt und sich charakterlich gewandelt hat. Mehr und mehr resigniert, ist er selbst ein korrupter, profitbedachter Industrieller geworden.

Die Kritik zu diesem Film schwankte zwischen »stilsicher« und »Dorftheater«. In *epd Film* schreibt Franz Rueb: »Der Zuschauer stolpert über die raffiniert gemeinte Doppelbesetzung des Korb von 1943 und des jungen Korb von 1983 durch Armin Mueller-Stahl. Selbst die glanzvolle Besetzung ist in diesem Film fad.«

Neben Sigfrid Steiner, der wenige Jahre zuvor mit Mueller-Stahl in der DDR in »Geschlossene Gesellschaft« gespielt hatte, ist Katharina Thalbach als Ehefrau Claire Korb bemerkenswert. Sie war schon 1960 in »Die letzte Chance« mit Armin Mueller-Stahl in einer Kinderrolle aufgetreten.

Morgengrauen | TV

SZENARIUM: *Karl Heinz Willschrei*
REGIE: *Michael Mackenroth*
MITWIRKENDE: *Claus Theo Gärtner, Günter Strack, Désirée Nosbusch*

Morgengrauen ist eine Episode der ZDF-Serie »Ein Fall für zwei«, die in drei Teilen erzählt wurde. Armin Mueller-Stahl taucht am Ende des zweiten Teils auf und spielt Dr. Winzer, einen zwielichtigen Raketenwissenschaftler, der in dunkle Machenschaften verwickelt ist, die Privatdetektiv Matula (Claus Theo Gärtner) am Ende aufdeckt.

Mueller-Stahl erzählte, dass er in solchen populären Serien in den achtziger Jahren mit Vorliebe mitspielte, weil er wusste, dass sie in der DDR gern gesehen wurden. Er verstand das als Gruß nach Hause.

Rita Ritter | Kino

SZENARIUM: *Herbert Achternbusch*
REGIE: *Herbert Achternbusch*
MITWIRKENDE: *Christiane Cohendy, Annamirl Bierbichler, Eva Mattes, Barbara Valentin*

Der bayerische Autorenfilmer und Querdenker Herbert Achternbusch drehte einen absurden Film über einen erfolglosen Schriftsteller, der sich zur Frau wandelt. Armin Mueller-Stahl tritt nur in einer Szene als zerstreuter Autorenfilmer auf, monologisiert über »normale und stinkspannende Filme« und spricht kluge Sätze wie »Wer gehorchen will, dem kann man alles befehlen.«

Mueller-Stahl schätzte Achternbusch sehr. Aber in seinen kleinen Auftritt mochte er sich nicht hineinreden lassen: »Er wollte mir erklären, wie man Monologe spricht, aber ich habe gesagt: ›Laß mich mal machen.‹ Achternbusch war wie ein Kind, er hat sich so gefreut, aber die Gage für einen Drehtag – ich glaube es waren 1000 Mark – hat er nicht gleich bezahlt. Für mich war diese Arbeit eine Art Solidaritätserklärung.«[4]

Stellen Sie sich vor, man hat Doktor Prestel erschossen | TV

SZENARIUM: *Herbert Reinecker*
REGIE: *Zbynek Brynych*
MITWIRKENDE: *Ursula Lingen, Jutta Kammann, Klaus Herm, Peer Augustinski, Hilde Volk, Horst Tappert, Fritz Wepper*

Dora Kolberg (Ursula Lingen), die Frau eines angesehenen Verlegers (Armin Mueller-Stahl) wird von Oberinspektor Derrick (Horst Tappert) aus dem Schlaf geholt, weil ihr Bekannter Prestel erschossen wurde. Sie bestätigt, dass sie in Begleitung Prestels auf einem Abendempfang war. Er habe sich vor ihrem Haus von ihr verabschiedet, nur wenige Minuten bevor der Mord passierte. Derrick erfährt, dass Prestel der Liebhaber von Frau Kolberg war.

Nach eigenem Bekunden aber weiß der Verleger Kolberg vom Verhältnis seines Anwalts zu seiner Frau – hat die Beziehung sogar toleriert. Kolberg ist als Folge eines Verkehrsunfalls gehbehindert und unfähig, Auto zu fahren. Ein Alibi, das schließlich auch Derrick überzeugt.

Der Regisseur Zbynek Brynych begann seine Laufbahn mit tschechoslowakischen Spielfilmen, für die er in den sechziger Jahren mehrere Festivalpreise gewann. Seit den Siebzigern arbeitete er vorrangig für das bundesdeutsche Fernsehen, wie mit der TV-Serie »Derrick«.

Tausend Augen | Kino/TV

SZENARIUM: *Hans-Christoph Blumenberg*
REGIE: *Hans-Christoph Blumenberg*
MITWIRKENDE: *Barbara Rudnik, Karin Baal, Peter Kraus, Hannelore Hoger, Gudrun Landgrebe*

Im Fernsehen wollte sich Armin Mueller-Stahl nicht verschleißen, ein deutsches Mainstream-Kino gab es nicht, und so kam es, dass er häufig im deutschen Autorenfilm auftrat. Er berichtet: »Mein angestrebtes Ziel war es nie, nur noch Autorenfilme zu machen. Schließlich hatten diese Autorenfilme auch einen unübersehbaren Mangel: Sie waren hin und wieder ziemlich blutleer und kopflastig. Andererseits musste ich aber auch etwas tun. Und beim Fernsehen wollte ich auf keinen Fall unterkriechen. Die mehr intellektuellen Filme waren allemal die bessere Alternative.«[6]

Dieser Autorenfilm stellte nun auch etwas Besonderes dar, denn es war das Debüt des langjährigen Filmkritikers Hans-Christoph Blumenberg, der besonders durch seine Arbeit für *Die Zeit* zu den renommiertesten seines Fachs zählte. Nun wechselte er mit diesem Kinofilm, an dem das ZDF beteiligt war, die Seiten.

Die Handlung: Die Meeresbiologie-Studentin Gabriele (Barbara Rudnik) plant, Deutschland zu verlassen und zu ihrem Freund nach Australien zu ziehen. Um sich diesen Traum zu erfüllen, arbeitet sie unter dem Namen »Chérie« in einer Peepshow und lernt dort viele verschiedene

(Nacht-)Gestalten kennen. Arnold (Armin Mueller-Stahl), der Manager der Show, der gleichzeitig als Video-Pirat einen Neuanfang versuchen will, entwickelt sich zu ihrem Vertrauten, aber mehr von seiner Seite aus als von ihrer. Dass er sie begehrt, ist nicht zu übersehen. Eine besondere Beziehung verbindet sie mit dem Taxifahrer Schirmer (Peter Kraus), dem sich Gabriele als Einzigem anvertraut. Arnold muss schließlich feststellen, dass sein Pokerspiel nicht aufging. Selbstlos verhilft er Chérie im letzten Moment zur Flucht nach Australien.

Die Kritik stellt über das Werk fest, dass es sich um einen normalen, und daher leider missglückten Debütfilm handelt, der an seinen Ambitionen scheitert. Der mit Filmzitaten gespickte Film lässt das Herz von Filmwissenschaftlern höherschlagen, aber das Profil seiner Schauspieler bleibt auf der Strecke. In der *Zeit* heißt es über den Film des bisherigen Kollegen: »Blumenberg, der sich in seinem Schreiben über Filme und Filmer so deutlich offenbaren, ja auch trotzig entblößen wollte und konnte, hat in den ›Tausend Augen‹ seine eigenen nur spalt-, nur andeutungsweise geöffnet. Aus diesem Film läßt sich kaum ahnen, was seine Leser längst wissen: was diesen Autor an Menschen, an Geschichten, am Kino fesselt.«

Kritikerin Inge Rauh urteilt in den *Fürther Nachrichten:* »Armin Mueller-Stahl hat als Arnold nicht so viel Glück: Er stülpt sich eine Silberhaarperücke über und tut so, als wäre er nie Armin Mueller-Stahl gewesen.« Zudem hatte er auf Blumenbergs Wunsch hin seinen Schnauzer, der inzwischen zum Markenzeichen geworden war, abgenommen, was Blumenberg später bedauerte.

Mueller-Stahl hatte dem Regisseur aus guten Gründen vertraut: »Als Filmkritiker habe ich Blumenberg geschätzt. Ich habe sofort begriffen, dass dieser Mann Filme liebt, dass er viel davon versteht. Nach ihm habe ich mich gerichtet, ob ich mir einen Film angesehen habe oder nicht. In der Kunst ist der Bauch wichtiger als der Kopf, bei Blumenberg verhält es sich andersherum. Noch. Aber er ist auf dem Wege ...«[4]

Blumenberg, der als Gag die Regisseure Jean-Marie Straub (als Meeresbiologen) und Wim Wenders (als Videokassettendieb) auftauchen lässt, hat bis 2010 noch einige Spielfilme inszeniert und sehr viele, meist selbst geschriebene Folgen der ARD-Reihe »Tatort« und der ZDF-Serie »SOKO Wismar«.

1985

Nach dem Tod von Konstantin Tschernenko wird Michail Gorbatschow im März neuer erster Mann der Sowjetunion. – Seit Jahresbeginn sind in der BRD private Fernsehanbieter zugelassen. – Die Dresdner Semper-Oper, bei Kriegsende weitgehend zerstört, wird nach der Rekonstruktion mit der Oper »Der Freischütz« festlich wiedereröffnet. – Erich Honecker wird in Rom vom Papst empfangen. – Die DDR räumt Minenfelder entlang der innerdeutschen Grenze.

In diesem Jahr startete die erste Staffel der ZDF-Serie »Die Schwarzwaldklinik«, die sich zu einem Quotenrenner entwickelte. Oft wurde gewitzelt, durch sie seien zwei Schauspieler sehr berühmt geworden: Klausjürgen Wussow, weil der den Dr. Brinkmann spielte, und Mueller-Stahl, weil er ihn nicht spielte. Tatsächlich wäre, wenn er diese Rolle angenommen hätte, die internationale Karriere, die auf ihn zukam, kaum denkbar gewesen.

Armin Mueller-Stahl erzählte es so: »Es kamen vom Fernsehen Angebote, Angebote, Angebote! Das heißt, mir wurde ›Die Schwarzwaldklinik‹ angeboten – also den Dr. Brinkmann zu spielen. Den hätte ich auch übernommen. Rademann *(der Produzent, fbh)* brachte mich zusammen mit dem Autor, und ich strich das Stück zusammen – und der Autor war sogar froh. Der sagte, Mensch mit dir arbeitet es sich ja wie mit dem Petersen.

Als ich merkte, dass ich mich als Dr. Brinkmann auch immer mit rausstreiche, weil das schreckliche Szenen waren, dachte ich bei mir, ich glaube nicht, dass ich das machen werde. Und dann war mein Gedanke: zwölf Folgen. Und in der zwölften Folge werde ich an einen Baum fahren, und dann ist Brinkmann weg. Mehr als zwölf Folgen mache ich nicht. Und das war natürlich nicht in dem Interesse von den Machern. Rademann wollte die Endlosserien machen, die ich nicht wollte, und so trennten wir uns schon im Beginn.«[5]

Der Angriff der Gegenwart auf die übrige Zeit | *Kino*

SZENARIUM: *Alexander Kluge*
REGIE: *Alexander Kluge*
MITWIRKENDE: *Jutta Hoffmann, Hans-Michael Rehberg, Rosel Zech*

In seinem poetischen Filmessay von fünf Episoden, mit dem er erklärtermaßen Abschied vom »klassischen Kino« nehmen wollte, beschäftigt sich Alexander Kluge mit dem Phänomen Zeit und denkt über das Kino in einer sich besonders in technologischer Hinsicht wandelnden Wirklichkeit nach. Die Spielsequenzen sind skizzenhaft angelegt und handeln unter anderem von einer Polin, die sich 1939 einem deutschen Soldaten hingibt, um die Schätze der polnischen Filmgeschichte zu retten, oder von einem Regisseur (Armin Mueller-Stahl), der während der Arbeit an einer Falstaff-Verfilmung erblindet und dennoch nicht aufgeben will, weil sein Kopf noch immer voller Bilder ist. Unbeirrt folgt er seinem inneren Film. Die Episode, in der Mueller-Stahl mitspielt, ist die fünfte, mit der der Film auch endet.

Obwohl Jutta Hoffmann in einer anderen Episode mitwirkte, erinnert der Film doch an den gemeinsamen DEFA-Film »Der Dritte«, in dem Mueller-Stahl bezeichnenderweise ebenfalls einen Blinden spielte, wenn auch in anderer Konstellation.

Kluge wollte gern mit Mueller-Stahl arbeiten, der ohnehin gerade für einen Fernsehfilm in Frankfurt war. Sein Drehbuch war so beschaffen, dass Mueller-Stahl Raum zum Improvisieren bekam.

Beim Deutschen Filmpreis 1986 wurde das Werk als bester Spielfilm ausgezeichnet.

Bittere Ernte | *Kino*

SZENARIUM: *Paul Hengge*
REGIE: *Agnieszka Holland*
MITWIRKENDE: *Elisabeth Trissenaar, Wojciech Pszoniak, Gerd Baltus, Margit Carstensen, Kurt Raab*

Der polnische, in katholischen Zwängen befangene Bauer Leon (Armin Mueller-Stahl) im Oberschlesien des Jahres 1943 ist ein Kriegsgewinnler und versteckt die aus einem Güterzug entkommene Jüdin Rosa (Elisabeth Trissenaar), die während der Flucht ihren Mann und ihren Sohn aus den Augen verloren hat. Ohne lange zu zögern, pflegt der Bauer die völlig verstörte und kranke Frau gesund. Rosa, eine gebildete Jüdin aus gutem Hause, empfindet Zuneigung für ihren einfachen, aber doch liebenswerten Beschützer. Doch sie erkennt in ihm auch den opportunistischen und bauernschlauen Mann, der ihre Lage schließlich brutal ausnutzt.

Die Regisseurin kannte Armin Mueller-Stahl, den sie in »Lola« bewundert hatte, auch aus der Zusammenarbeit an »Eine Liebe in Deutschland«, wofür sie das Szenarium geschrieben hatte, und war sich sicher, dass er die Rolle des Leon spielen konnte: »Er ist sicher einer der besten Schauspieler seiner Generation nicht nur in Deutschland, sondern mindestens in Europa. Seine besten Rollen sind dabei für mich oft die, in denen er sich in seiner eigenen Sprache bewegt. Da ist er noch ein Stück präsenter und vielschichtiger. Denn die Bedeutung der Sprache für das Spiel ist bei ihm besonders ausgeprägt.«[6]

Endlich erkannte auch die amerikanische Presse seine Qualitäten. Die *Washington Post* schreibt: »Mueller-Stahl schreit und sabbert, und doch umgibt ihn eine merkwürdige Zartheit. Seine Augen sind Wunden, und man weiß, dass er nicht nur Profit aus Rosa zieht. Er liebt sie wirklich.«

Der Film, der auf dem Montréal World Film Festival Premiere hatte, bescherte Armin Mueller-Stahl hier die Auszeichnung als bester Schauspieler. Weltweite Aufmerksamkeit errang er, weil dieser Film in seiner Karriere nach »Jakob der Lügner« der zweite war, der eine Oscar-Nominierung erhielt.

Hautnah | TV

SZENARIUM: *Norbert Ehry*
REGIE: *Peter Schulze-Rohr*
MITWIRKENDE: *Brigitte Karner, Michael Degen, Horst Bollmann, Wilfried Baasner, Wolf-Dietrich Berg, Walter Tschernich*

Privatdetektiv Dold (Armin Mueller-Stahl) ist ein Spezialist für elektronische Überwachungen und geht »hautnah« an seine Objekte heran. Wer nichts zu verbergen hat, hat nichts zu befürchten, lautet seine Devise. Erst als ihn ein unbekannter Auftraggeber auf den Boss eines Bordells ansetzt, gerät das pseudomoralische Weltbild des Detektivs ins Wanken, und er verfängt sich im selbst installierten elektronischen Netz.

Der Fernsehkrimi, für den Mueller-Stahl nach »Collin« zum zweiten Mal mit Regisseur Schulze-Rohr zusammenarbeitete, entstand ganz authentisch im Frankfurter Rotlichtmilieu. Er zeigte sehr realistisch die Möglichkeiten elektronischer Überwachung auf dem damals neuesten Stand. 1986 wurde er mit einem Adolf-Grimme-Preis ausgezeichnet. Armin Mueller-Stahl erhielt gemeinsam mit dem Regisseur den Preis der Programmzeitschrift *Gong*, den »Goldenen Gong«.

Die Musik schrieb Günther Fischer, mit dem Mueller-Stahl schon in der DDR zusammengearbeitet hatte. »Mein guter Freund Günther Fischer wird für seine 250 Filmmusiken im Westen schwer einen Preis erhalten, weil er angeblich ein informeller Mitarbeiter der Stasi gewesen sei. Günther hat aber keinem Menschen jemals wehgetan. Er wollte reisen, und wenn er deswegen irgendwo über mich verkündet haben sollte – wie im *Spiegel* stand –, ich sei ein schlechter Schauspieler ... damit kann ich leben. (...) Ich mag Günther, seine positiven Energien.«[1]

Die Mitläufer | *Kino*

SZENARIUM: *Oliver Storz*
REGIE: *Erwin Leiser, Eberhard Itzenplitz*
MITWIRKENDE: *Karin Baal, Horst Bollmann, Peter Aust*

Der ungewöhnliche, in Schwarz-Weiß gedrehte Film verknüpft Dokumentaraufnahmen mit Spielszenen (die 1983 gedreht und von Eberhard Itzenplitz inszeniert wurden) und versucht auf essayartige Weise, dem Alltag der Menschen im Dritten Reich auf die Spur zu kommen. Es geht um den »kleinen Mann«, der manipuliert und zum Mitläufer eines verbrecherischen Systems gemacht wird. Armin Mueller-Stahl spielt hier einen Herrn Kurz.

»Der bemerkenswerte Versuch, sich der Wirklichkeit aufklärerisch zu nähern, überzeugt in der Montage und Kommentierung«, urteilte das »Lexikon des internationalen Films«.

Oberst Redl
Redl ezredes | *Kino*

TEXT: *nach einem Stück von John Osborne*
SZENARIUM: *István Szabó, Péter Dobai*
REGIE: *István Szabó*
MITWIRKENDE: *Klaus Maria Brandauer, Hans Christian Blech, Gudrun Landgrebe, Jan Niklas, András Bálint, László Gálffi*

Nach einer historisch verbürgten Geschichte erzählt der Film vom Aufstieg des Eisenbahnersohns Redl (Klaus Maria Brandauer) zum Chef des Geheimdienstes der k. u. k. Doppelmonarchie. Dabei kommt er dem österreichischen Thronfolger Franz Ferdinand (Armin Mueller-Stahl) nahe. Zunächst sein Vertrauter, wird er ihm bald ungewollt gefährlich. Politische Moral, Karrieresucht, Macht, Identitätsverlust, Untertanengeist, Vertrauen, Verrat und die latente Homosexualität des Helden prägen die Umstände, die 1913 zum Selbstmord des Oberst Redl führten.

In dieser deutsch-ungarisch-österreichischen Produktion zeigt Mueller-Stahl den Thronfolger als Machtmenschen in einer Mischung aus Kühle, Höflichkeit, Verführung und Erbarmungslosigkeit.

Nach »Eine Liebe in Deutschland« war dies ein weiterer Film mit Mueller-Stahl, der eine Oscar-Nominierung erhielt. Dazu kamen zahlreiche weitere internationale Preise, etwa in Cannes und London.

Armin Mueller-Stahl hatte zu dieser Zeit zwei Pässe – auch noch den der DDR mit dem Ausreisevisum. Er erzählte, wie es ihm damit in Ungarn erging: »Als ich dann ›Oberst Redl‹ in Ungarn drehte, legte ich meinen Ostpass hin, denn ich wollte in einem Ostblockland keine eventuellen Schwierigkeiten haben mit der DDR. Da bekam ich natürlich sofort das schlechteste Zimmer mit meinem DDR-Pass. Ich ging zur Rezeption und wollte mich gerade beschweren, da kam ein Bus aus dem Westen an. Die stürzten sich alle auf mich und wollten Autogramme. Da ist der Rezeptionist in Ohnmacht gefallen. Ein Ostler, und die wollen Autogramme von einem Ostler! Was ist nun los?«[5]

Mit Klaus Maria Brandauer in »Oberst Redl«

Vergeßt Mozart | *Kino*

SZENARIUM: *Zdeněk Mahler,*
REGIE: *Miloslav Luther*
MITWIRKENDE: *Katja Flint, Andrej Hryc, Kurt Weinzierl*

Die Grundsituation dieses Films führt in die Zeit unmittelbar nach Mozarts Tod im Jahr 1791, als sich Weggefährten aus dem Leben des verstorbenen Komponisten am Totenbett versammeln, darunter Mozarts Frau Constanze (Catarina Raacke), der Komponist Salieri (Winfried Glatzeder), Mozarts Mäzen Baron Gottfried van Swieten (Wolfgang Preiss) sowie Librettist und Theaterdirektor Schikaneder (Uwe Ochsenknecht). Zugegen ist auch der Chef des kaiserlichen Geheimdienstes, Graf Pergen (Armin Mueller-Stahl), der die Anwesenden in teils dramatischen Verhören zur Klärung der Todesursache befragt. In Rückblenden erscheinen Szenen aus Mozarts letzter Lebenszeit, verbunden mit Spekulationen um seinen Tod bis hin zu Mordverdächtigungen.

Der Debütfilm von Miloslav »Slavo« Luther, dem Bruder des Kameramannes Igor Luther (»Eine Liebe in Deutschland«), entstand, kurz nachdem Miloš Forman in Prag seine Hollywood-Produktion »Amadeus« gedreht hatte. Wie Armin Mueller-Stahl berichtet, konnten viele Kostüme, die für Formans Film angefertigt worden waren, für diese deutsch-tschechoslowakische Koproduktion wiederverwendet werden: »Der tschechische Produzent von ›Vergeßt Mozart‹ war so pfiffig und hat die noch warmen Kostüme von ›Amadeus‹ genommen und diese Geschichte noch einmal erzählt. Ich halte Slavo Luther für einen hochbegabten Regisseur. Dieser Film ist zu Unrecht als drittklassig abgetan worden. Ich habe ihn zufällig im Fernsehen gesehen und fand ihn nicht schlecht.«[4]

Ponkie, die Kritikerin der *Abendzeitung* in München, nannte Mueller-Stahl in seiner Ermittlerrolle amüsiert einen »Rokoko-Derrick«. In Venedig und Chicago lief der Film im Wettbewerbsprogramm, errang einige Aufmerksamkeit, aber keinen Preis.

Nach wie vor fand Armin Mueller-Stahl gelegentlich Zeit, interessante Rollen in ausländischen Filmen zu synchronisieren. So sprach er in Volker Schlöndorffs amerikanischer Arthur-Miller-Verfilmung »Tod eines Handlungsreisenden« (Death of a Salesman, USA 1985) die besonders im Dialog wichtige Rolle des Ben Loman (Louis Zorich), des verstorbenen Bruders der Hauptfigur, der in der Vorstellungswelt seines Neffen Biff mit ihm spricht.

In »Tödliche Umarmung« (Last Embrace, USA 1979), der erst nach sechs Jahren in die BRD-Kinos kam, sprach

Mueller-Stahl für Roy Scheider, der in der Hauptrolle einen Versicherungsagenten und Detektiv spielte, dem nach dem Leben getrachtet wird. Es ist ein an Hitchcocks Stil geschultes Frühwerk von Jonathan Demme, der später mit »Das Schweigen der Lämmer« und »Philadelphia« weltbekannt wurde.

1986

Im April kommt es im sowjetischen Kernkraftwerk Tschernobyl zu einer folgenschweren Katastrophe. – Im Februar führt DDR-Volkskammerpräsident Horst Sindermann politische Gespräche in Bonn. – Helmut Kohl und Erich Honecker treffen sich in Stockholm am Rande der Trauerfeiern für den ermordeten Ministerpräsidenten Olof Palme. – Westdeutsche Greenpeace-Aktivisten demonstrieren vor dem DDR-Umweltschutzministerium gegen Kalisalz-Einleitungen in die Werra und werden nach Westberlin abgeschoben. – Die Musiker von Karat und Pankow gehen auf Tournee durch zahlreiche Städte der BRD.

In wenigen Jahren hatte es Armin Mueller-Stahl zu hohem Ansehen, aber auch zu einem hohen »Marktwert« im bundesdeutschen Film und Fernsehen gebracht. Im Frühjahr dieses Jahres startete die neue Staffel einer Serie, der er sich, wenn auch schweren Herzens, verweigerte. Siegfried Lowitz stieg mit knapp 70 Jahren in der 100. Folge aus der Serie »Der Alte« aus, und als Nachfolger hatte Produzent Helmut Ringelmann an Mueller-Stahl gedacht: »Für ›Der Alte‹ bot er mir die teuerste Gage, die deutschen Schauspielern angeboten wurde. Das fiel mir sogar schwer. Als ich nach Hause fuhr, habe ich gedacht, hm, war das richtig? Aber hätte ich Ja gesagt, würde ich heute noch fragen, ›Frau Müller was haben sie um 6.40 Uhr getan?‹«[5]

In diesem Jahr wirkte er in der alljährlichen Zirkus-Show »Stars in der Manege« mit, die der Bayerische Rundfunk aus dem Zirkus Krone übertrug und die von Rudi Carrell moderiert wurde. Armin Mueller-Stahl trat gemeinsam mit einem italienischen Clown auf und präsentierte einen musikalischen Beitrag.

Er erinnert sich, dass sich Carrell ihm gegenüber recht herablassend verhalten habe, weil er Künstlern aus der DDR gegenüber wohl Vorurteile pflegte.

Für den SFB wirkt Mueller-Stahl gemeinsam mit Udo Samel in dem Hörspiel des Deutsch-Iraners SAID »Ich und der Schah« (Regie Ursula Weck) mit, ein Zweipersonenstück.

Abenteuer in Bangkok | TV

SZENARIUM: *Ulrich del Mestre, Felix Huby, Chris Brohm*
REGIE: *Hagen Mueller-Stahl*
MITWIRKENDE: *Ulrike Blome, Arthur Brauss*

Wie damals im Fernsehen nicht unüblich, ist dies eine Produktion, in der in sechzig Minuten drei Episoden mit einem roten Faden erzählt werden, worin dieselben Darsteller in verschiedene Rollen schlüpfen. Armin Mueller-Stahl tritt als falscher Kommissar, dubioser Trauzeuge und Beamter beim Kartellamt auf. Dabei sprengt er das Klischee, wird zum übermütigen Luftikus und avanciert zum Fremdenführer in Bangkok.

Nach mehr als einem Vierteljahrhundert spielt er hier wieder unter der Regie seines Bruders Hagen.

Auf den Tag genau | TV

SZENARIUM: *Michael Lähn*
REGIE: *Michael Lähn*
MITWIRKENDE: *Günther Maria Halmer, Werner Kreindl, Ivan Desny, Günter Mack*

Der als überdurchschnittlich eingeschätzte Film entstand nach einem Kriminalroman von Stefan Murr, einem Enkel Ludwig Ganghofers. Die Handlung zeigte politische Machenschaften, die Kriminalkommissar Zuessy (Armin Mueller-Stahl) aufklären will, nachdem auf einen prominenten Spitzenpolitiker ein Attentat verübt wurde. Mit seinen gefährlichen Nachforschungen macht er sich selbst zur Zielscheibe.

Gauner im Paradies | TV

SZENARIUM: *Maria Matray*
REGIE: *Thomas Fantl*
MITWIRKENDE: *Jutta Speidel, Walo Lüönd, Bruno Dietrich, Helmut Förnbacher, Ruth-Maria Kubitschek*

In dieser kriminellen Komödie um die legendären »Nummernkonten in der Schweiz« begegnete Armin Mueller-Stahl in einer in der Rolle einer Erpresserin Ruth-Maria Kubitschek wieder, die ein Vierteljahrhundert zuvor mehrfach seine Partnerin an der Volksbühne und zweimal in DFF-Fernsehspielen gewesen war. Nun traf man sich im ZDF wieder.

Der Sender bewirbt den Film folgendermaßen: »Was geschieht, wenn es einem raffinierten Gauner gelingt, die

Inhaber von Nummernkonten zu identifizieren? Wer ist bei dieser nicht völlig aus der Luft gegriffenen Komödie aus der Welt der Reichen der Gewinner? Ist es der biedere Bankbeamte Bächerli (Walo Lüönd) mit den großen Träumen, ist es der sich so schlau dünkende Erpresser Flamm (Armin Mueller-Stahl) mit seiner liebenswerten Gefährtin (Jutta Speidel), sind es sie Großverdiener, die glauben, ihrer Finanzbehörde ein Schnippchen schlagen zu können, oder gar die um ihr Prestige zitternden Bankleute?«

Momo | Kino

TEXT: *nach dem gleichnamigen Kinderbuch von Michael Ende*
SZENARIUM: *Michael Ende, Rosemarie Fendel, Marcello Coscia*
REGIE: *Johannes Schaaf*
MITWIRKENDE: *Radost Bokel, Mario Adorf, Ninetto Davoli, Sylvester Groth*

Die deutsch-italienische Koproduktion wurde in der Filmstadt Cinecittà in Rom realisiert. Das Waisenmädchen Momo (Radost Bokel) hat die Gabe, anderen Menschen zuhören zu können, wodurch sie viele Freunde gewinnt. Doch eines Tages ändern sie sich, weil sie unter den Einfluss der »Grauen Herren« geraten, deren Chef mit dicker Zigarre den Menschen die Zeit wegnehmen will. Ihn, der ein Geheimnis, das auf seiner Seele liegt, zu verbergen sucht, spielt, unheimlich und gefährlich, Armin Mueller-Stahl.

Der Film wurde nach Doris Dörries' »Männer« der am zweitbesten besuchte deutsche Film des Jahres. Mueller-Stahl war auch nicht zu schüchtern, sich dafür gut bezahlen zu lassen. »Natürlich wollte ich mehr Gage haben, als er *(Produzent Horst Wendlandt, fbh)* mir am Ende gab, aber er war großzügig. Und es gab noch einen weiteren Punkt, der wichtig für mich war. Ich sagte ihm: ›Wie ich sehe, spiele ich den Chef der Grauen Herren. Gibt es noch eine größere Rolle außer Momo in dem Film?‹ – Wendlandt: ›Nein.‹ – Ich: ›Dann möchte ich im Abspann an zweiter Stelle genannt werden.‹ – Er: ›Ja, einverstanden.‹

Am Ende stand ich hinter Radost Bokel und Mario Adorf und habe daraus gelernt, dass man noch mehr aufpassen muss.«[8]

1987

US-Präsident Ronald Reagan fordert am Brandenburger Tor, die Mauer einzureißen. – Mit den Begriffen »Glasnost« und »Perestroika« kündigt Michail Gorbatschow weitreichende Reformen in der Sowjetunion an. – Der BRD-Sportflieger Mathias Rust landet Ende Mai mit einer Cessna auf dem Roten Platz in Moskau, ohne dass er von der Luftabwehr bemerkt worden wäre. – Der CDU-Ministerpräsident Schleswig-Holsteins, Uwe Barschel, wird tot in der Badewanne seines Genfer Hotels gefunden. – Der Abwehrchef des DDR-Staatssicherheitsdienstes, Markus Wolf, scheidet auf eigenen Wunsch aus dem Dienst aus. – Die 750-Jahr-Feier Berlins wird in Ost und West begangen. In Ostberlin treten besonders viele Künstler aus Westdeutschland auf. – Erich Honecker wird von Helmut Kohl zum Staatsbesuch in Bonn empfangen.

In der TV-Reihe »Wortwechsel« stellt sich Armin Mueller-Stahl den Fragen des Journalisten Gero von Boehm.

Amerika | TV

SZENARIUM: *Ben Stein, Brandon Stoddard*
REGIE: *Donald Wrye*
MITWIRKENDE: *Kris Kristofferson, Robert Urich, Christine Lahti, Mariel Hemingway, Reiner Schöne*

Auf Vermittlung des einstigen deutschen Emigranten Paul Kohner, der inzwischen einer der größten Hollywood-Agenten geworden war, kam das Engagement in dieser Serie des Senders ABC zustande. Die siebenteilige Serie, in der Armin Mueller-Stahl in sechs Teilen auftritt, bedeutete für ihn das Entrée in den amerikanischen Film. (Übrigens nicht nur für ihn, auch der Ex-DDR-Schauspieler Reiner Schöne begann hier seine bescheidenere Hollywood-Laufbahn.)

In der Ära des republikanischen Präsidenten und ehemaligen Film- und Fernsehschauspielers Ronald Reagan wurden im Zeichen des Kalten Krieges immer wieder Filme produziert, die eine militärische Konfrontation der Sowjetunion mit den USA darstellten, wie »The Day After« oder »Die rote Flut«. In diesem Zusammenhang entstand auch »Amerika«, der eine private Geschichte mit der Vision der von der Sowjetunion besetzten Vereinigten Staaten verbindet. Der Film ist 1997, also in einer nahen Zukunft, angesiedelt. Zu den sowjetischen Besatzern zählt General Petja Samanov, der sich durch verschiedene Umstände dazu gezwungen sieht, das Weiße Haus in die Luft zu sprengen.

Armin Mueller-Stahl erinnert sich: »Es war nicht gerade mein Traum, in der Rolle eines Bösewichts dem amerikanischen Publikum zum ersten Mal zu begegnen. Andererseits: Welche Wahl hatte ein Schauspieler in meinem

Alter und der noch dazu kein Englisch sprach! Als General Samanov war ich der Gegenspieler des abgesetzten amerikanischen Präsidenten, der von Kris Kristofferson gespielt wurde.«[1] Doch Mueller-Stahl sah in der Rolle die Chance, einen Mann mit einem großen inneren Konflikt zu spielen: »Die Figur gefiel mir zunächst nicht. Wenn die Rolle fair ist, übernehme ich sie, wenn sie antirussisch ist, nicht, dachte ich mir. Der letzte Akt gefiel mir dann allerdings ganz besonders. Da nimmt diese Figur geradezu Shakespeare'sche Ausmaße an: Samonov beschließt, die Kongressmitglieder zu vernichten, will diesen Befehl zugleich rückgängig machen und gerät in einen tiefen Konflikt mit dem eigenen Gewissen. Diese innere Krise reizte mich enorm, wie er in einen Nebenraum geht, ein Kinderlied pfeift, zurückkehrt und sich erschießt.«[6]

Als Vorbild für seine Darstellung nahm sich Armin Mueller-Stahl Helmut Schmidt mit seiner typischen Sprechweise und langen Pausen. So hielt er auch eine ausführliche Rede, bei der er innerlich Blut und Wasser schwitzte, aber als er geendet hatte, applaudierten alle Kollegen.

Nicht alle Kollegen applaudierten in der alten Heimat. Die Intention des Stoffes wurde kritisiert. Ihr wurde vorgeworfen, den Kalten Krieg zu verschärfen. Jurek Becker, ein alter Freund von Mueller-Stahl und Autor von »Jakob der Lügner«, distanzierte sich von ihm mit einem offenen Brief, in dem er ihn mit Heinrich George verglich, einem großen Charakterschauspieler der Vergangenheit, der als Kommunist gestartet war, aber nach der Machtübernahme der Nazis in faschistischen Werken wie dem »Durchhaltefilm« von 1944, »Kolberg« von Veit Harlan, eine Hauptrolle gespielt hatte. Armin Mueller-Stahl fand diesen Vergleich sehr unfair, und es herrschte fortan Funkstille zwischen den beiden früheren Freunden.

Franza | TV

SZENARIUM: *Rolf Basedow, Consuelo García*
REGIE: *Xaver Schwarzenberger*
MITWIRKENDE: *Elisabeth Trissenaar, Gabriel Barylli, Sky du Mont*

Diese österreichische Fernsehproduktion war die Verfilmung des unvollendet gebliebenen Romans »Der Fall Franza« von Ingeborg Bachmann. In der Hauptrolle ist erneut Elisabeth Trissenaar die Partnerin von Armin Mueller-Stahl, der ihren Ehemann, einen sadistischen Arzt spielt, der seine Frau in den Wahnsinn treibt. Um sich zu befreien, unternimmt sie mit ihrem Bruder eine Reise nach Ägypten.

Jokehnen oder Wie lange fährt man von Ostpreußen nach Deutschland? | TV

SZENARIUM: *Claus Hubalek*
REGIE: *Michael Lähn*
MITWIRKENDE: *Ursela Monn, Günter Lüdke, Monica Bleibtreu, Dietmar Mues, Ulrike Bliefert*

Am Todestag von Reichspräsident Hindenburg kommt 1934 im ostpreußischen Dorf Jokehnen Hermann Steputat zur Welt, der Sohn eines Schneiders und gleichzeitig Bürgermeisters der Gemeinde (Armin Mueller-Stahl). Aus Sicht des Heranwachsenden (gespielt von mehreren Darstellern, darunter Christian Mueller-Stahl) wird in drei Teilen das Leben der Einwohner des Dorfes erzählt, die unter Nazi-Herrschaft, Krieg und Vertreibung verschiedene Stadien deutscher Geschichte miterleben.

In dem Film, der im Stoff unverkennbar biografische Bezüge zu Mueller-Stahls Jugend aufweist, charakterisierte er den Steputat als borniertes Kleinbürger, der Gewalt nicht scheut und durch Anpassungsbereitschaft, aber auch durch Feigheit die Nazi-Herrschaft begünstigt.

Der Joker | *Kino*

SZENARIUM: *Jonathan Carroll, Mortimer Ellis*
REGIE: *Peter Patzak*
MITWIRKENDE: *Peter Maffay, Tahnee Welch, Elliott Gould, Michael York, Karl Merkatz, Dietmar Mues, Monica Bleibtreu*

Im Mittelpunkt dieses im Hamburger Milieu angesiedelten verwickelten Kriminalfilms stehen Kommissar Bogdan (Peter Maffay) und seine Freundin Daniela (Tahnee Welch), die in dunkle Machenschaften um Auftragsmorde und Schutzgelderpressung verwickelt werden. Armin Mueller-Stahl spielt den Polizeichef Baumgartner, Bogdans Vorgesetzten, der selbst in diesem Sumpf steckt.

Diese deutsche Kinoproduktion schielte deutlich auf den internationalen Markt. Der österreichische Regisseur Peter Patzak, bekannt als Miterfinder der legendären TV-Serie »Kottan ermittelt«, adaptierte eine Geschichte des in Wien lebenden Amerikaners Jonathan Carroll und holte als Partner für den Rock-Musiker Peter Maffay nicht nur Mueller-Stahl, sondern auch Elliott Gould, Michael York und Tahnee Welch, Raquel Welchs Tochter.

Für Armin Mueller-Stahl war Regisseur Patzak fantasievoll und begabt, aber diesen Film empfand er als misslungen: »Das Arbeiten mit Patzak machte mir großen Spaß. Aber er bekennt sich nicht zur Geschichte. Er ist wie ein Maler, der am Ende gern zerstört, was er gemacht hat. Er mißtraut offensichtlich einer zu einfachen Fabel.«[4]

Unser Mann im Dschungel | Kino

SZENARIUM: *Peter Stripp*
REGIE: *Rudolf Steiner, Peter Stripp*
MITWIRKENDE: *Katja Rupé, Siemen Rühaak und ecuadorianische Darsteller*

In dem in Ecuador gedrehten Abenteuerfilm spielt Mueller-Stahl den deutschen Ingenieur Lutz Kehlmann, der in Südamerika für eine deutsche Firma den Bau eines Wasserkraftwerks leiten soll. Er muss einspringen, denn sein Vorgänger war überraschend gestorben. Offenbar werden hier die Interessen indigener Stämme verletzt. Als Kehlmann gemeinsam mit einem ranghohen Militär das Gebiet, das für den Staudamm geopfert werden soll, überfliegt, stürzt ihr Hubschrauber ab, und der Ingenieur wacht verletzt als einziger Überlebender im Dschungel auf.

Der oft in langen, ruhigen Einstellungen erzählte Film wurde kein Publikumserfolg und erschien recht schnell unter dem Titel »Amazonas Mission« auf Video. Das Berliner Stadtmagazin *tip* kann dem Film doch einiges abgewinnen: »Der Film klagt ohne erhobenen Zeigefinger die Machenschaften westlicher Nationen in der Dritten Welt an und lebt vor allem vom nuancierten Spiel Armin Mueller-Stahls, das sogar dramaturgischen Leerlauf überdeckt. Ein Film mit viel Engagement, aber auch einigen Macken.«

Der Hauptdarsteller drehte den Film in der Tat mit viel Engagement: »Peter Stripp ist ein ganz außergewöhnlicher Autor. Für dieses Buch hat er lange recherchiert und sich mit den Mythen des Dschungels auseinandergesetzt. Leider ist der Film seiner Vorlage nicht gerecht geworden. Besonders der Schluß ist inkonsequent. Aber meine Rolle ist eine meiner besten.«[4]

1988

Kohl und Gorbatschow kommen zu keiner Einigung bei der Berlin-Frage. – Die Sowjetunion beginnt mit dem Abzug von Mittelstreckenraketen aus der DDR. – Bundeskanzler Helmut Kohl besucht privat Gotha, Erfurt, Weimar und Dresden. – Im März wird die DDR-Sportlerin Katarina Witt zum vierten Mal Eiskunstlaufweltmeisterin und wechselt ins Profilager. – In der DDR werden im Herbst einige Filme und die Zeitschrift *Sputnik* aus der Sowjetunion verboten. – Erstmals seit 1947 feiert ein Film am selben Tag in Ost- und Westberlin Premiere: Loriots »Ödipussi«.

In der TV-Reihe »Deutsche« stellt sich Armin Mueller-Stahl den Fragen des Journalisten Günter Gaus.

Georges Simenon: Die grünen Fensterläden | *L'heure Simenon – Les volets verts* | *TV*

SZENARIUM: *Milo Dor*
REGIE: *Milan Dor*
MITWIRKENDE: *Leopoldo Trieste, Mario Colli, Jessica Kosmalla, Bert Fortell, Karl Paryla*

Der knapp einstündige Fernsehfilm aus einer österreichisch-französischen Reihe, in der Romane von Georges Simenon adaptiert wurden, erzählt keinen Kriminalfall. Es ist vielmehr die Geschichte vom Sterben eines gefeierten Schauspielers und Paradiesvogels der Gesellschaft (Armin Mueller-Stahl), der nach einer bedenklichen ärztlichen Diagnose an die Côte d'Azur reist, wo ihn sein Schicksal einholt.

Killing Blue | *Kino*

SZENARIUM: *Julia Kent, Paul Nicholas*
REGIE: *Peter Patzak*
MITWIRKENDE: *Morgan Fairchild, Michael York, Frank Stallone, Monica Bleibtreu, Julia Kent, Allegra Curtis*

Der zweite Krimi, den Armin Mueller-Stahl mit Regisseur Peter Patzak sowie Michael York als Partner dreht, wurde von bayerischen Produzenten in Berlin realisiert. Diesmal spielt er die zentrale Rolle.

Die 16-jährige Ballettschülerin Ines wird tot aufgefunden, in ihrem Blut eine Überdosis Heroin. Als Hauptverdächtiger gilt der amerikanische Dealer und Zuhälter

Miskowski (Frank Stallone). Der desillusionierte Berliner Kommissar Glass (Mueller-Stahl) übernimmt zunächst ohne großen Ehrgeiz den Fall. Doch dann stellt sich heraus, dass die Stieftochter (Allegra Curtis) seines alten Freundes Staatsanwalt Carstens (Michael York) in den Fall verwickelt ist. Als sie ermordet wird, setzt Glass alles daran, den Täter zu stellen. Die Edelprostituierte Lisa (Morgan Fairchild) dient ihm als Lockvogel ...« (filmportal.de)

Wieder konnte Armin Mueller-Stahl mit dem Ergebnis der Zusammenarbeit mit Patzak nicht zufrieden sein: »Beim Drehen hatte ich das Gefühl, mit Kommissar Glass eine interessante Figur zu schaffen. Doch ich muss fairerweise sagen, dass es mir nicht gelungen ist, dies auf der Leinwand sichtbar zu machen.«[4]

Diesmal lässt auch die Presse kein gutes Haar an dem Film, wie beispielsweise Kritiker Helmut Schödel in der *Zeit*: »Armin Mueller-Stahl deliriert einen Kommissar im Schimanski-Fieber. Ausgerechnet Herr Stahl, der Schauspiel-Künstler mit dem Angestellten-Charme und 2 cl ›Racke-Rauchzart‹ in der Stimme, taucht mit Patzak unter die Gürtellinie. Ein wirklich mieser Film.«

Allegra Curtis als Monika ist die zweite Tochter von Christine Kaufmann und US-Star Tony Curtis.

Tagebuch für einen Mörder | TV

TEXT: *nach einem Bühnenstück von Francis Durbridge*
SZENARIUM: *Dorothee Dhan*
REGIE: *Franz Josef Gottlieb*
MITWIRKENDE: *Monika Woytowicz, Julia Biedermann, Sigmar Solbach, Christian Wolff, Hans-Georg Panczak, Ludwig Haas, Iris Berben, Hans Clarin, Horst Naumann*

Fernsehadaptionen nach dem britischen Kriminalschriftsteller Francis Durbridge wurden in den sechziger und siebziger Jahren als Mehrteiler in der ARD umgesetzt und waren vielberedete »Straßenfeger«. »Tagebuch für einen Mörder« war die 21. und letzte deutsche Durbridge-Verfilmung. Sie inszenierte der Routinier Franz Josef Gottlieb, der in den sechziger Jahren auch einige Filme der Edgar-Wallace-Reihe verantwortete. Für Armin Mueller-Stahl kam es hier nach Jahren erneut zum Zusammenspiel mit Monika Woytowicz als Ehefrau des Helden, mit der er beispielsweise in »Die Verschworenen« ein Paar dargestellt hatte.

Inhalt: Der britische Autor Max Telligan (Mueller-Stahl) hat einen Band mit Tagebuchaufzeichnungen fertiggestellt. Der amerikanische Produzent Terry Wilde (Horst Naumann) macht ihm ein verlockendes Angebot, aber auch andere Hollywood-Firmen sind an den Filmrechten interessiert. Kurz nach dem Verhandlungsgespräch findet man Wilde, der ein CIA-Agent war, tot am Flughafen. Ein unerbittlicher Kampf nicht nur um das Tagebuch beginnt.

Wilde hatte Telligan unbemerkt einen Mikrofilm zugesteckt, der für diverse Geheimdienste und terroristische Gruppen ebenso interessant ist wie die Aufzeichnungen, doch Telligans Sekretärin (Iris Berben) kann das Manuskript retten. Es geschehen weitere Morde, und nicht einmal Telligan kann die Frage beantworten, welches Geheimnis in diesem Buch steckt.

Während der Dreharbeiten wollte sein Partner Christian Wolff Mueller-Stahls Meinung wissen, ob er die ihm angebotene ZDF-Serienrolle in »Forsthaus Falkenau« annehmen solle. Armin Mueller-Stahl, der TV-Serien gegenüber immer skeptisch war, riet ihm ab. »Zum Glück hat er nicht auf mich gehört«, meint er heute, denn Wolff wurde durch die Rolle, die er von 1989 bis 2006 in 17 Staffeln spielte, ungeheuer populär.

1989

Im Mai machen DDR-Bürgerrechtler Fälschungen bei den Kommunalwahlen öffentlich. – Die Ständige Vertretung der BRD in der DDR muss im August wegen Überfüllung mit ausreisewilligen DDR-Bürgern geschlossen werden. Ähnliches gilt für die BRD-Botschaft in Prag. – Im September und Oktober demonstrieren in Leipzig zehntausende Menschen für Reformen in der DDR. – Erich Honecker wird im Oktober durch Egon Krenz von allen Ämtern abgelöst, der aber im Dezember bereits selbst zurücktreten muss. – Unter dem Druck der Bevölkerung wird die Mauer durch DDR-Behörden am 9. November geöffnet.

In diesem Jahr wurde Armin Mueller-Stahl das Bundesverdienstkreuz Erster Klasse verliehen.

Am Rande der Dreharbeiten zu »Das Spinnennetz« drehte Charlotte Kerr, die Ehefrau von Friedrich Dürrenmatt, die Dokumentation »Bernhard Wicki: Regisseur« in Koproduktion mit dem ZDF. Mueller-Stahl ist einer von mehreren Schauspielern und Mitarbeitern, die Auskunft über die Arbeit mit Wicki geben.

A Hecc | Kino

SZENARIUM: *András Osvát*
REGIE: *Péter Gárdos*
MITWIRKENDE: *Gábor Reviczky, Dezső Garas, Mari Törőcsik*

Über diese ungarische Komödie (die auch unter dem internationalen Titel »Just for Kicks« angegeben wird) des Regisseurs Péter Gárdos, der seine Laufbahn in den siebziger Jahren als Dokumentarfilmer begonnen hatte, ist nicht viel bekannt. Armin Mueller-Stahl spielte den Bruder des Helden (Gábor Reviczky) und wurde von László Sinkó synchronisiert. Mit Dezső Garas, der in »Jakob der Lügner« eine beeindruckende kleine Rolle innehat, und Mari Törősik, die in »Music Box« mitspielt, waren frühere Partner von Mueller-Stahl dabei. Ob der Film außerhalb Ungarns gezeigt wurde, konnte nicht in Erfahrung gebracht werden.

Armin Mueller-Stahl erinnert sich, dass ihm István Szabó empfohlen hatte, bei diesem Film mitzuwirken, obwohl er auch schon weitgehend seinem Gedächtnis entschwunden ist. Er weiß noch, dass er mit dem Schauspieler, der seinen Bruder spielte, ein Lied zu singen hatte, von dem er hoffte, dass es in der Synchronisation besser klang.

Music Box – Die ganze Wahrheit
Music Box | *Kino*

SZENARIUM: *Joe Eszterhas*
REGIE: *Constantin Costa-Gavras*
MITWIRKENDE: *Jessica Lange, Frederic Forrest, Lukas Haas, Mari Törőcsik*

»Music Box« (korrekt übersetzt müsste der Film »Spieldose« heißen) war der erste US-amerikanische Kinofilm (wenn auch zum Teil in Ungarn gedreht) mit Armin Mueller-Stahl und bedeutete den Durchbruch des Schauspielers in Hollywood.

»›Music Box‹ ist ein Film über das Vergebenkönnen. Ich meine, wenn man das nicht kann, dann kann man es eben nicht. Dann muss man ein Leben lang zurückblicken und seinen Groll mit sich austragen«, sagte Mueller-Stahl in einem Interview der *Berliner Zeitung*. Für ihn war es eine sehr schwere Rolle, hatte er doch einen Biedermann und zärtlichen Familienvater zu verkörpern, der als ungarischer Kollaborateur ein Kriegsverbrecher gewesen war.

Er spielt Mike Laszlo, der nach Kriegsende aus Ungarn in die USA emigriert war. Jahrzehnte später soll ihm nun wegen Kriegsverbrechen die Staatsbürgerschaft aberkannt werden. Seine Tochter Ann kämpft vor Gericht darum, dass der Vorgang als eine Verwechslung anerkannt wird, versucht, Zeugen der Lüge zu überführen und muss schließlich einsehen, dass sie ihren Vater nicht wirklich kannte.

Der griechisch-französische Regisseur Costa-Gavras suchte lange nach dem richtigen Hauptdarsteller. Eigentlich wollte er keinesfalls einen Deutschen, weil die Gefahr der Identifizierung zu groß war. Aber nur bei Armin

Mueller-Stahl fand er die Ambivalenz, die die Figur des Laszlo brauchte, die Diskrepanz zwischen dem Verbrecher und dem liebenden Vater.

Doch dem Schauspieler war das zu eindimensional. Er schlug vor, die Schuld des Vaters so lange wie möglich offenzuhalten. Der Zuschauer sollte für sich gefordert sein, die Schuld dieses Mannes zu erkennen. »Das Publikum sollte die Möglichkeit der eigenen Entscheidung haben, es hat so viel an Beweisen im Film zusammentragen können, dass es auch ohne Hilfe des Films zu einem eigenen Urteil kommen wird. Wir hätten Klischees vermieden, zum Beispiel das vom liebenswerten Familienvater und mordenden Nazi, ein Klischee, ein weiteres wäre die gute amerikanische Tochter, die sich vom Vater trennt, ihn anzeigt, sich seelisch reinigt und im Film edel endet.«[9]

Auch wenn sich Costa-Gavras für einen anderen Schluss entschied, ist die Intention im Spiel von der Kritik bemerkt worden. »Was in diesem Film triumphiert, sind die Schauspieler. Als Laszlo hat Armin Mueller-Stahl (...) einen unvergesslichen, ganz nach innen gerichteten Blick. Sein Laszlo spricht mit einem Grabesflüstern, das eine austrocknende Seele in seinem Innern ahnen lässt, und extremer Zurückhaltung, die zu einem pflichtbewussten immigrierten Stahlarbeiter gehören könnte, aber auch zu einem verschlagenen Mann, der sein aufbrausendes Wesen geschickt hinter dieser Maske versteckt. Es ist Teil des Films und Mueller-Stahls, den Zuschauer immer zwischen diesen beiden Möglichkeiten schwanken zu lassen«, schrieb Michael Wilmington in der *Los Angeles Times*.

Der Film gewann den Goldenen Bären der Berliner Filmfestspiele 1990, fand aber in den deutschen Kinos weit weniger Zuschauer als in den USA.

Mit Lukas Haas und Jessica Lange in »Music Box«

Schweinegeld | *Kino*

SZENARIUM: *Norbert Kückelmann, Michael Juncker, Dagmar Kekulé*
REGIE: *Norbert Kückelmann*
MITWIRKENDE: *Claudia Messner, Rolf Zacher, Günter Grawert, Rose Renée Roth*

Der Edelpenner Maxwell (Armin Mueller-Stahl), der erfolglose Filmproduzent Harry (Rolf Zacher) und die arbeitslose Schauspielerin Wally (Claudia Messner) sind alles andere als vom Glück geküsst. Das ändert sich jedoch, als die drei einem Konzern in die Quere kommen, der mit Hilfe bestochener Politiker ein illegales Waffengeschäft einzufädeln versucht.

Um an die schwarze Spendenkasse des Konzerns zu kommen, gründen sie den Spendenverein »Die kleine Glücksidee« und erleichtern die Bewohnerinnen eines noblen Altenheims um ihr Erspartes. Nun wollen sie dem Großkonzern, der Geldwäsche betreibt, um es in illegale Waffengeschäfte zu stecken, mit tollkühnen Aktionen zu Leibe rücken. Der Gegner scheint zwar übermächtig, doch dank des aufrechten Steuerfahnders Liebkind (Stefan Suske) wahren die kleinen gegenüber den großen Ganoven ihre Chance.

Wahrscheinlich hat Armin Mueller-Stahl die Möglichkeit gereizt, mal einen Clochard zu spielen. Mit diesem Film, einem der schwächsten in seiner Laufbahn, war aber niemand zufrieden. Der in Köln erscheinende *Filmdienst* schreibt: »Eine weitgehend unverbindliche Posse und Langeweile – mehr bietet der Film dem Zuschauer nicht. (...) Ärgerlich, dass ein Regisseur, der sich eines brisanten Stoffs der bundesdeutschen Wirklichkeit (...) annimmt, nur einen mit vielen Mätzchen überfrachteten, belanglosen Film inszeniert.«

Norbert Kückelmann, der fünf Jahre zuvor den vielbeachteten Politthriller »Morgen in Alabama« inszeniert hatte, arbeitete nach wie vor als Rechtsanwalt. Mueller-Stahl äußerte sich zur Arbeit mit Kückelmann trocken: »Ich glaube nicht, dass man heute Regie führen kann, wenn man auch noch einen anderen Beruf ausübt.«[4]

Das Spinnennetz | Kino

TEXT: *nach dem gleichnamigen Fortsetzungsroman von Joseph Roth*
SZENARIUM: *Wolfgang Kirchner*
REGIE: *Bernhard Wicki*
MITWIRKENDE: *Ulrich Mühe, Andrea Jonasson, Corinna Kirchhoff, Elisabeth Endriss, Klaus Maria Brandauer, Agnes Fink, Hark Bohm*

Der Schweizer Bernhard Wicki schildert in diesem über dreistündigen Werk nach einem Roman des österreichischen Schriftstellers Joseph Roth die politische Entwicklung in Deutschland von der Novemberrevolution 1918 bis zum Hitlerputsch in München 1923. Im Mittelpunkt steht der junge Leutnant Lohse (Ulrich Mühe), der nach dem Krieg seine Militärlaufbahn aufgeben muss und schließlich in Berlin Jura studiert. Das Studiengeld verdient er als Hauslehrer bei einem jüdischen Bankier (Rolf Henniger), in dessen Haus er den völkisch gesinnten Baron von Rastchuk (Armin Mueller-Stahl) kennenlernt, der Chef einer rechtsextremen Geheimorganisation ist, die jede sozialistische oder kommunistische Bewegung mit illegalen Mitteln bekämpft. Mit dieser Bekanntschaft nimmt Lohse skrupellos seinen Weg in die reaktionärsten Kreise und wird schließlich auch Mitglied der NSDAP.

Die Spielweise Mueller-Stahls in diesem Film beschreibt seine Biografin Gabriele Michel so: »Ein kurzer Befehl, eine voller Verachtung präsentierte Rüge, wieder einmal spuckt Mueller-Stahl seine Sätze aus, und der Blick, mit dem er seinen Protegé Lohse mustert, ist eiskalt. (...) Mueller-Stahl hat den Mut zu solch unterkühlten, auf unauffällige Weise grausamen Typen. Je unaufdringlicher, je subtiler er sie in ihrer ganzen gefährlichen Unscheinbarkeit zeigt, desto durchschaubarer macht er sie.«

Der Film lief im Wettbewerb von Cannes und gewann zahlreiche deutsche Filmpreise.

Auch Armin Mueller-Stahl zeigt sich zufrieden: »›Das Spinnennetz‹ ist ein ausgezeichnet gemachter Film. Wicki ist zwar ein Stinkstiefel, aber damit kann man leben. Ich halte ihn für einen großen europäischen Filmemacher.«[4]

Der Produzent Jürgen Haase drehte am Rande der Produktion unter dem Titel »Schauplatz ›Spinnennetz‹« für das ZDF ein »Making of«, das im September 1989 gesendet wurde und in dem Mueller-Stahl mitwirkt.

1990

Deutschland wird Fußballweltmeister. – Mit den ersten freien Wahlen in der DDR, bei denen am 18. März das konservative Lager eine Mehrheit erringt, wird die Phase der Vereinigung beider deutscher Staaten eingeleitet, die am 3. Oktober vollzogen wird. – Bundesinnenminister Wolfgang Schäuble wird kurz darauf bei einem Attentat schwer verletzt und ist seither auf einen Rollstuhl angewiesen.

Avalon | *Kino*

SZENARIUM: *Barry Levinson*
REGIE: *Barry Levinson*
MITWIRKENDE: *Leo Fuchs, Eve Gordon, Lou Jacobi, Elizabeth Perkins, Joan Plowright, Kevin Pollak, Aidan Quinn, Elijah Wood*

Für den renommierten Hollywood-Regisseur Barry Levinson (Oscar in der Kategorie Bester Film für »Rain Man«) war dies ein sehr persönliches Werk, denn er erzählte die Familiengeschichte seines Großvaters mütterlicherseits. Der russisch-jüdische Immigrant Sam Krichinsky (Armin Mueller-Stahl) kommt am 4. Juli 1914, dem Nationalfeiertag, nach Philadelphia. Menschen singen und tanzen, und es gibt ein Feuerwerk. Sam fühlt sich in der Neuen Welt willkommen und zieht mit seiner Familie nach Baltimore in ein Viertel, das sie liebevoll »Avalon« nennen, eine Anspielung auf den mystischen Ort der Seligkeit aus der Artussage. Dort bringt er es gemeinsam mit seinen Brüdern zu einigem Wohlstand. Die Familie wohnt zusammen, viele Feste werden gefeiert.

Doch bereits seine Söhne Izzy (Kevin Polak) und Jules (Aidan Quinn) entfernen sich innerlich und räumlich vom Familienclan, ändern ihre Namen. Die Modernität ändert das Zusammenleben der Familien, und Sam fällt es zunehmend schwerer, das moderne Leben zu verstehen. Der Enkel Michael (Elijah Wood) ist der einzige, der noch auf die alten Geschichten seines Großvaters hört.

Armin Mueller-Stahl fühlte sich bei diesem Stoff an seine eigene Familiengeschichte erinnert, denn sein Großvater war Baltendeutscher und 1914 von Russland nach Deutschland als Fremder gekommen, der sich anzupassen suchte, ohne auf Traditionen zu verzichten. Daher wollte Mueller-Stahl die Rolle unbedingt spielen, und es reizte ihn auch, als Deutscher einen guten Juden zu verkörpern.

Levinson zog ihn in Erwägung, aber es gab auch prominente Konkurrenz. Sowohl Marcello Mastroianni als auch Dustin Hoffmann waren in der engeren Wahl. »Aber Barry wollte keinen Dustin-Hoffman-Film machen, keinen Star-Film, sondern die Geschichte einer Familie erzählen.«[9]

Dass sich Levinson für ihn entschied, machte Armin Mueller-Stahl stolz, aber auch beklommen: »Alle sprechen miteinander jiddisch, sie singen die richtige Melodie, sie haben den richtigen Rhythmus; wann immer sie den Mund öffnen, kommt amerikanisches Jiddisch heraus – und da sitze ich nun mit meinem deutschen Englisch, und mir fällt ein Stein auf die Seele, wie soll ich da mithalten, wie ist das zu schaffen, der Chef dieser Sippschaft zu werden ...?«[9]

Bei den Kollegen hatte er zu kämpfen, sich durchzusetzen, aber nach einer Woche hatte er es geschafft. Levinson ließ ihn sich freispielen, ließ ihn Melancholie, Verschmitztheit, Einsamkeit, Stolz und Zärtlichkeit spielen. Auch und gerade auf seine Leistung ist es zurückzuführen, dass der Film für einen Oscar nominiert wurde.

Bis heute streichelt »Avalon« die amerikanische Seele, wenn er alljährlich zum amerikanischen Erntedankfest gezeigt wird. Dass er in Deutschland nicht den gleichen Nimbus gewann, liegt vielleicht an der Synchronisation. Mueller-Stahl gelang es nicht, den jiddischen Akzent, den er im Englischen sehr glaubwürdig erarbeitet hatte, auch aufs Deutsche zu übertragen. Doch da Zuschauer heute immer öfter Filme in Originalsprache sehen wollen, wäre es einen Versuch wert, »Avalon« auf diese Weise noch eine zweite Chance zu geben.

Als Sam Krichinsky in »Avalon«

Der 1990 uraufgeführte Film wurde 1989 gedreht, und dabei hatte Armin Mueller-Stahl ein Erlebnis, das für ihn wie für alle Deutschen eine unermessliche Bedeutung hatte. Er schildert es der *Berliner Zeitung* so:

»Am Abend des 9. November war ich in Baltimore und drehte ›Avalon‹ mit dem Regisseur Barry Levinson. Ich kam nach Hause und schaltete den Fernseher an. Da sah ich den US-Journalisten Peter Jennings vor der Mauer in Berlin. Vor der Mauer, hinter und auf der Mauer Freudentänze, Umarmungen, Freudentränen. Ich habe das später in meinem Tagebuch ›Drehtage‹ so aufgeschrieben: ›Ich träume, liege auf dem Bett und halte für einen Traum, was Wirklichkeit ist. Und das wird so bleiben. Denn da ich schlafen will, geschieht etwas Unerwartetes, ich schlafe. Und träume. In meinem Traum wird die Mauer abgerissen, aber noch im Traum realisiere ich, dass dies leider nur ein Traum ist. Schade.‹

Am nächsten Morgen las ich es in der Zeitung. Das war ein sehr emotionaler Moment. Ich konnte nur leider nicht nach Berlin reisen, ich musste ja den Film zu Ende drehen.«

Monolog für einen Taxifahrer | TV

SZENARIUM: *Günter Kunert*
REGIE: *Günter Stahnke*
MITWIRKENDE: *Fred Düren, Gina Presgott*

Dieser intensive, wenn auch nur 37 Minuten lange Film wurde 1962 gedreht und fiel einem Verbot anheim, so dass er erst nach Ablösung der SED-Regierung im Frühjahr 1990 gesendet wurde. Regisseur Stahnke und Autor Kunert hatten schon kurz zuvor die stilistisch anspruchsvolle Fernsehoper »Fetzers Flucht« inszeniert. Wie es hieß, nahm die damalige »First Lady« Lotte Ulbricht Anstoß an dem sowohl optisch wie musikalisch ungewöhnlichen Film, machte »höheren Orts« darauf aufmerksam, so dass der »formalistische« Film nicht mehr wiederholt werden durfte. Stahnke und Kunert standen bereits im Fokus der Kulturpolitiker, folglich wurde ihre zweite Gemeinschaftsarbeit nicht mehr abgenommen.

Die Handlung des Films beginnt damit, dass ein Taxifahrer (Fred Düren) ein Mädchen, das kurz vor der Entbindung steht, ins Krankenhaus fährt. Er macht sich auf den Weg, um den Vater des Kindes aufzuspüren und ihn mit seiner Verantwortung zu konfrontieren. Unterwegs macht er die Bekanntschaft einer Reihe von Menschen.

Eine Besonderheit des Films ist, dass der Taxifahrer innere Monologe führte, die von Armin Mueller-Stahl gesprochen werden, ein künstlerisches Mittel, das ebenso Anstoß erregte, wie die Kamera (Werner Bergmann) und die Musik (Karl-Ernst Sasse).

Der für den 23. Dezember 1962 angesetzte Film wurde ohne Entschuldigung aus dem Programm genommen, stattdessen trug der Schauspieler Ernst Kahler jahreszeitliche Gedichte vor.

Vorsorglich wurden im Januar andere Gegenwartsstoffe gestoppt, und eine ausführliche Begründung für die Ablehnung der beiden Stahnke/Kunert-Filme brachte das *Neue Deutschland* im März 1963. Die Zeitung zitierte das für Kultur zuständige Mitglied des Politbüros der SED, Kurt Hager, aus einer als Warnung gemeinten ausführlichen Rede auf einer Beratung mit Politikern sowie Künstlern und Schriftstellern:

»Eine der wichtigsten Aufgaben unserer Literatur und Kunst besteht darin, den von echter Lebensfreude erfüllten Optimismus unserer sozialistischen Weltanschauung zu vermitteln. Unter diesem Gesichtspunkt nehmen wir Stellung zu der Fernsehoper ›Fetzers Flucht‹ und dem Fernsehfilm ›Monolog für einen Taxifahrer‹. Der Text beider Werke stammt von Günter Kunert, aber man muss bei ihrer Beurteilung auch die Rolle des Regisseurs und des Komponisten mit berücksichtigen. Beide Filme sind durchdrungen von einem tiefen, unserer sozialistischen Weltanschauung fremden Skeptizismus gegenüber dem Menschen und seiner Fähigkeit, die Welt und dabei sich selbst zu verändern.

Im ›Monolog für einen Taxifahrer‹ hilft ein Taxifahrer einem Mädchen, das kurz vor der Entbindung steht. Er bringt es ins Krankenhaus, nimmt aber keine Bezahlung dafür und versucht den ganzen Tag, den Vater des Kindes zu erreichen. Dabei stößt er dauernd auf Hindernisse. Obwohl das Stück in der DDR spielt, ist der Mensch auf sich gestellt. Er erscheint außerhalb und ohne die Gesellschaft als ›Mensch an sich‹. Die Beziehungen zwischen dem Taxifahrer und seiner Frau, die Beziehungen zu seinen Kollegen, die Beziehungen der in der Handlung auftretenden Personen sind durchweg verzerrt gestaltet.

Besonders in diesem Fernsehfilm zeigen sich eindeutig Tendenzen, die den Wert des Menschen und seine Würde in Frage stellen. Der Taxifahrer, der hier als der einfache Mensch aufzufassen ist, hat ständig pessimistische und nihilistische Gedanken, die weder durch die Handlung noch durch Gedanken anderer Menschen aufgehoben und widerlegt werden. Als der Taxifahrer Streit mit einem Fahrgast bekommt, der ihn melden will, denkt der Taxifahrer: ›Melde. Mensch, immer melde. Ein Volk von verhinderten und nicht verhinderten Polizisten, das sind wir und sind wir schon immer gewesen. Heil uns‹. An einer anderen Stelle denkt der Taxifahrer: ›Was machst du hier, Taxifahrer, Normalverbraucher, Durchschnittsmensch, Durchschnittsniete, Durchschnittsversager? Warum kriechst du nicht unter deinen Weihnachtsbaum, an den warmen Ofen, ins tröstende Bett? Warum kümmerst du dich um die, die sich um dich nicht kümmern?‹ Die Diskreditierung und Verfälschung unserer Gesellschaft wird dadurch verstärkt, dass, wie bereits gesagt, der Taxifahrer – ›der Held‹ – bei seinem Versuch, einem anderen Menschen zu helfen, immer auf Unverständnis, Widerstand und Feindschaft stößt. (...) Unter dem Vorwand, menschliche Probleme aus unserem Alltag aufzugreifen, wird besonders im ›Monolog für einen Taxifahrer‹ der sozialistischen Gemeinschaft der Kult des Einzelgängertums, wird dem optimistischen Lebensgefühl des sozialistischen Menschen die existentialistische Philosophie der Hoffnungslosigkeit entgegengestellt. Wort, Musik und Bild wirken zusammen, um dem Zuhörer eine harte, lieblose, düstere, im Schatten der Atombombe stehende Welt optisch und akustisch einzuhämmern, in der die Menschen, jeder Individualität beraubt, wie Figuren aus einem Panoptikum agieren.«

In den zitierten Passagen aus den inneren Monologen meint man, die Stimme von Mueller-Stahl zu hören. Als der Film schließlich 1990 öffentlich gezeigt wird, arbeitete er schon in den USA.

1991

Vom nunmehr gesamtdeutschen Parlament wird Helmut Kohl als Bundeskanzler wiedergewählt. – Die militärischen Strukturen des Warschauer Pakts werden aufgelöst. – Der Bundestag beschließt seinen Umzug von Bonn nach Berlin. – Im zerfallenden Jugoslawien brechen Kriege aus. – Mitgliedsstaaten der Sowjetunion rufen die Unabhängigkeit aus und treten einer eher losen Gemeinschaft unabhängiger Staaten (GUS) bei, die die bisherige Sowjetunion ersetzt.

Erstmals nach dem Mauerfall steht Armin Mueller-Stahl wieder dem DFF Rede und Antwort. Die Journalistin Angela Beinemann gestaltet mit ihm das TV-Porträt »Vom ›Verordneten Sonntag‹ zum amerikanischen Traum«. Zum ersten Mal ist Mueller-Stahl im März bei »Wetten, dass ...?« eingeladen. In dieser Folge aus Duisburg mit Thomas Gottschalk als Gastgeber sind auch Peter Ustinov und Harald Juhnke dabei. Im November ist Armin Mueller-Stahl in der »NDR Talk Show« zu Gast, in der auch Mario Adorf mitwirkte.

Bronsteins Kinder | *Kino*

SZENARIUM: *Jurek Becker*
REGIE: *Jerzy Kawalerowicz*
MITWIRKENDE: *Matthias Paul, Angela Winkler, Rolf Hoppe, Karin Eickelbaum, Buddy Elias, Peter Matić, Alexander May*

Der erfolgreiche polnische Regisseur Jerzy Kawalerowicz (»Pharao«) setzte einen Roman von Jurek Becker um, der eine spannende Geschichte um Schuld und Rache geschrieben hatte, 1973, als die Gesellschaft noch mit ihren Wurzeln in der Nazi-Zeit steckte.

In der Vater-Sohn-Geschichte muss der erwachsene Sohn entdecken, dass sein jüdischer Vater, der frühere KZ-Häftling Arno Bronstein, und dessen Freunde, auch sie ehemalige Insassen, ihren damaligen Lageraufseher (Rolf Hoppe) gefangen genommen haben und ihn nun im Keller von Bronsteins Wochenendhaus zu Tode quälen wollen. Der Sohn (Matthias Paul) missbilligt das Verhalten des Vaters (Mueller-Stahl), doch der zeigt sich nicht einsichtig. Als der Vater den Herztod stirbt, macht sich der Sohn schwere Vorwürfe.

Der schwierige Film hatte nur eine kurze Laufzeit, vom Verleih mit bloß zwei Kopien eingesetzt. Das »Lexikon des internationalen Films« vermerkt: »Allzu betulich inszenierte Parabel von Schuld, Sühne und Vergebung, in die sich auch noch Generationskonflikte mischen. Dadurch verschenkt der Film viel von einer möglichen aufrüttelnden Wirkung und fesselt nur streckenweise durch das gute Schauspieler-Ensemble.«

Der Film entwickelte keine große Bildwirkung, erschien eher wie ein Fernsehspiel mit vielen Dialogen.

Die *taz* spricht von einer »bebilderten Publikumsdiskussion«.

Wie erwähnt war die Arbeit dadurch belastet, dass die Freundschaft von Autor Jurek Becker und Armin Mueller-Stahl durch einen Brief voller heftiger Kritik an der Mitwirkung des Freundes in der amerikanischen TV-Serie »Amerika« zerbrochen war.

Mueller-Stahl kommentierte die Situation so: »Es war ein, wie ich fand, sehr unfairer Brief, ein sehr gemeiner Brief. Und ich habe trotzdem ›Bronsteins Kinder‹ angenommen, was ein großer Fehler war. Denn ich wusste, es ist ein schwieriges Buch. Habe es trotzdem angenommen, und Jurek wollte dann auch Kontakt mit mir aufnehmen. Aber ich dachte, dieser Streit, von ihm vom Zaun gebrochen, braucht Zeit. Und ich gebe den Zeitpunkt an, an dem wir uns versöhnen. Ich wollte es zu meinem 70. Geburtstag machen. Aber er kam zum Drehort von ›Bronsteins Kinder‹, guckte mich an und wollte ins Gespräch kommen. Ich sagte: ›Jurek, ich bin hier mit deinem Stoff beschäftigt, ich habe noch keinen Bock, mit dir zu reden‹. Da ging er weg, stand da, und dann tat er mir beinahe leid. Ich dachte, ich könnte mich ja versöhnen, wenn ich meinen Geburtstag habe. Aber er kam – nur ohne ihn. Er starb 1997 in der Zeit, in der ich in Amerika war.«[5]

Der Gorilla und der Berliner Kongress
Le Gorille se mange froid | TV

TEXT: *nach Motiven von Dominique Ponchardier*
REGIE: *Josef Rusnak*
MITWIRKENDE: *Karim Allaoui, François Périer, Herb Andress, Edith Teichmann, Ralf Wolter*

Die 13-teilige französische Serie entstand 1989/90 unter Mitarbeit des Senders Sat.1. Die Folge mit Armin Mueller-Stahl erlebte 1991 ihre Erstsendung. Er spielt darin einen Wissenschaftler, der auf einem Kongress in Westberlin seine Erfindung auf dem Gebiet der Massenvernichtungswaffen vorstellen will. Als er entführt wird, beauftragt der französische Geheimdienst seinen besten Mann Géo Paquet (Karim Allaoui), genannt der »Gorilla«, den Professor wiederzufinden.

Die erste Verfilmung eines »Gorilla«-Romans von Dominique Ponchardier entstand schon Ende der fünfziger Jahre mit Lino Ventura in der Titelrolle.

Kafka | *Kino*

SZENARIUM: *Lem Dobbs*
REGIE: *Steven Soderbergh*
MITWIRKENDE: *Jeremy Irons, Theresa Russell, Alec Guinness, Joel Grey, Jeroen Krabbé*

In seinem zweiten Film, den er in Schwarz-Weiß drehte, verknüpfte Steven Soderbergh Stationen aus Franz Kafkas Biografie mit Motiven aus dessen beiden Romanen »Der Prozess« und »Das Schloss«. Kafka (Jeremy Irons) ist Angestellter einer Versicherungsgesellschaft und verbringt seine freie Zeit damit, sich dämonische Geschichten auszudenken. Als plötzlich ein Freund ermordet wird, begibt er sich auf die Suche nach dem Mörder. Inspektor Grubach (Armin Mueller-Stahl) befragt Kafka auf lauernde Weise. Bei seinen Nachforschungen stößt Kafka auf weitere ungeklärte Todesfälle und gerät an eine politische Widerstandsgruppe, zu der auch der Freund gehörte.

Mueller-Stahl schätzt das Werk Kafkas, seit er zu Beginn der fünziger Jahre Horst Caspar, der ihm eine Art Vorbild war, als Joseph K. in »Das Schloss« im Berliner Schlossparktheater gesehen hatte. Zugleich begeisterten ihn einige Kollegen, mit denen er in diesem Film auftritt, wenn er auch eine eher kleine, aber markante Rolle spielt.

Vor allem war er stolz, mit dem großen Sir Alec Guinness im selben Film zu sein: »Als es darum ging, das Plakat zu Kafka zu entwerfen, rief mich der Produzent Mark Johnson an und fragte mich, ob ich damit einverstanden wäre, wenn man Alec Guinness vor mir auflisten würde. Darauf erwiderte ich, dass es mir überhaupt eine große Ehre wäre, neben dieser Legende aufgeführt zu werden.«[4]

Auf kleineren Festivals gewann der Film einen Kritikerpreis und einen anderen für die beste Kamera, den Walt Lloyd für die am deutschen Stummfilm orientierte Bildgestaltung durchaus verdient hatte. Mueller-Stahl fand viel Kritikerlob, wie etwa in der *Frankfurter Allgemeinen:* »Armin Mueller-Stahl, schniefend und die Zigarette allzeit griffbereit, verkörpert einen Ermittlungsbeamten, dessen Aufgabe eher darin besteht, die Wahrheit zu verschleiern. Wie er seine lakonischen Fragen aushustet, bis aus einzelnen Worten nur noch stimmhaftes Atmen geworden ist, wie er unter der Hutkrempe auf Antworten lauert und die Mundwinkel zucken läßt, wenn diese Antworten die Direktion des Schlosses befriedigen, das ist eine wunderbare Miniatur der Darstellungsmagie.«

Night on Earth | *Kino*

SZENARIUM: *Jim Jarmusch*
REGIE: *Jim Jarmusch*
MITWIRKENDE: *Giancarlo Esposito, Rosie Perez, Richard Boes*

Als Armin Mueller-Stahl die Anfrage erhielt, in Jim Jarmuschs nächstem Film einen Taxifahrer zu spielen, war er zurückhaltend. Doch der Regisseur ließ nicht locker.

Beim nächsten Anruf beschied er Jarmusch: »Das Drehbuch überzeugt mich nicht.« Jarmusch lachte laut auf und erklärte, das Buch sei bloß für den Produzenten oder die Gremien. Die Geschichten würden sich mit den Schauspielern entwickeln und verwandeln.

Unter dieser Prämisse sagte Mueller-Stahl zu, sah er doch die Möglichkeit, seine Rolle nach Belieben umzuschreiben. Aus seiner Figur, einem Dresdner Verleger, machte er einen gescheiterten Clown, der aus Dresden nach Big Apple gekommen war und sich hier als Taxifahrer durchschlug, obwohl er mit dem Wagen eigentlich nicht zurechtkam.

Mit seinem Partner Jojo (Giancarlo Esposito) bringt er es zu geradezu absurden Szenen. Mit der Lebensfreude, die sie vermitteln, wurde diese, die zweite Episode von fünfen des Taxifahrerfilms, zu der komischsten, menschenfreundlichsten und auch zu der, die nicht nur bei der Kritik, sondern auch bei den Zuschauern den nachhaltigsten Eindruck hinterließ. Noch Jahre später wurde Armin Mueller-Stahl aufgrund dieses Films in vielen Ländern der Welt wiedererkannt.

Die Konzeption des Films zielte von vornherein auf Internationalität: In fünf Metropolen treffen in einer Nacht von der Abenddämmerung bis zum Morgengrauen bei

Mit Giancarlo Esposito in »Night on Earth«

längeren Taxifahrten sehr unterschiedliche Menschen aufeinander. Eine Fahrerin chauffiert eine Besetzungsagentin für Schauspieler durch L. A.; der deutsche Taxifahrer Helmut Grokenberger (der Name ist eine Hommage an Jarmuschs ersten Produzenten) kennt sich in New York weder mit dem Fahrzeug noch mit der Stadt aus; ein Schwarzer befördert eine Blinde in Paris, in Rom stirbt ein Fahrgast während der Fahrt, und in Helsinki muss ein Taxifahrer Alkoholopfer nach Hause bringen.

Die einzelnen Episoden wurden in der jeweiligen Sprache gedreht und mit Untertiteln versehen, um die spezifischen Stimmungen zu transportieren.

1992

Die Südafrikaner stimmen für Abschaffung der Apartheid. – Vier Tage lang verhindert die Polizei in Rostock-Lichtenhagen nicht, dass Rechtsradikale unter dem Applaus der Anwohner gegen Flüchtlinge randalieren. – Im Juni werden die beiden Berliner Telefonnetze nach rund 40 Jahren wieder zusammengeschaltet.

In diesem Jahr war Wolfgang Lippert Gastgeber bei »Wetten, dass ...?« und begrüßte in Basel unter anderem Hannelore Kohl, Lothar Matthäus und Armin Mueller-Stahl.

Im Glanz der Sonne
The Power of One | Kino

TEXT: *nach dem gleichnamigen Roman von Bryce Courtenay*
SZENARIUM: *Robert Mark Kamen*
REGIE: *John G. Avildsen*
MITWIRKENDE: *Stephen Dorff, John Gielgud, Morgan Freeman, Daniel Craig*

Diese amerikanische Produktion mit französischen und australischen Partnern erzählt eine Geschichte aus dem Südafrika der 1930er Jahre.

Im Mittelpunkt steht der heranwachsende P. K., der als britisches Waisenkind ein Außenseiter unter den Afrikanern ist. Der Sträfling und Ex-Boxer Geel Piet (Morgan Freeman) entdeckt das außerordentliche Boxtalent von P. K. und hilft ihm in ein selbstbewusstes Leben, das diesen (als 18-Jähriger von Stephen Dorff gespielt) an die

Seite afrikanischer Freunde führt, die gegen die Rassentrennung kämpfen.

Armin Mueller-Stahl spielt im ersten Teil des Films Doc, einen großväterlichen, aus Deutschland stammenden Freund des Jungen, einen Pianisten und Kakteenzüchter. Er vermittelt P. K. die Gesetze der Humanität und Natur und ersetzt ihm zuweilen Vater und Mutter in einem.

Mueller-Stahl mochte seine Rolle als einer, der weitergibt, was er vom Leben begriffen hat. Der Film, der Apartheid anprangert, wurde kein Erfolg. Rückblickend wäre es jedoch falsch, ihn zu übersehen. Das »Lexikon des internationalen Films« urteilte treffend: »Ein politisch angelegter Boxer-Film, der trotz gewalttätiger Momente für die Überwindung der Gewalt eintritt und vor allem durch seine konsequent entwickelte Aussage überzeugt.«

Loin de Berlin | Kino

SZENARIUM: *Keith McNally*
BUCH UND REGIE: *Keith McNally*
MITWIRKENDE: *Werner Stocker, Tatjana Blacher, Hans-Martin Stier*

Der 1951 in London geborene Keith McNally war seit Ende der sechziger Jahre Schauspieler, siedelte aber 1975 in die USA über, um als Szenarist und Regisseur zu arbeiten. Sein Debütfilm als Regisseur lief 1990 auf dem Sundance Festival. Dieser, sein zweiter Spielfilm über einen Generationskonflikt zwischen Vater und Sohn (Armin Mueller-Stahl und Werner Stocker) wurde zu Teilen in Berlin gedreht, blieb aber unbekannt, und McNally setzte seine Regielaufbahn nicht fort.

Armin Mueller-Stahl erinnert sich, dass Steven Soderbergh dem Regisseur bei der Endmontage beratend zur Seite stand.

Utz | *Kino / TV*

TEXT: *nach einem Roman von Bruce Chatwin*
SZENARIUM: *Hugh Whitemore*
REGIE: *George Sluizer*
MITWIRKENDE: *Brenda Fricker, Peter Riegert, Paul Scofield*

Der britische Film mit Armin Mueller-Stahl in der Titelrolle entstand 1991 unter Beteiligung des NDR und einer italienischen Firma. Er startete im Januar 1993 in deutschen Kinos, nachdem er schon ein Jahr zuvor bei der Berlinale im Wettbewerb gelaufen war. Die in Rückblenden erzählte Geschichte berichtet von Baron Kaspar Joachim von Utz, der im sozialistischen Prag seinen Lebensinhalt im Sammeln von Meißner Porzellanfiguren

Mit dem Produzenten von »Utz«, John Goldschmidt

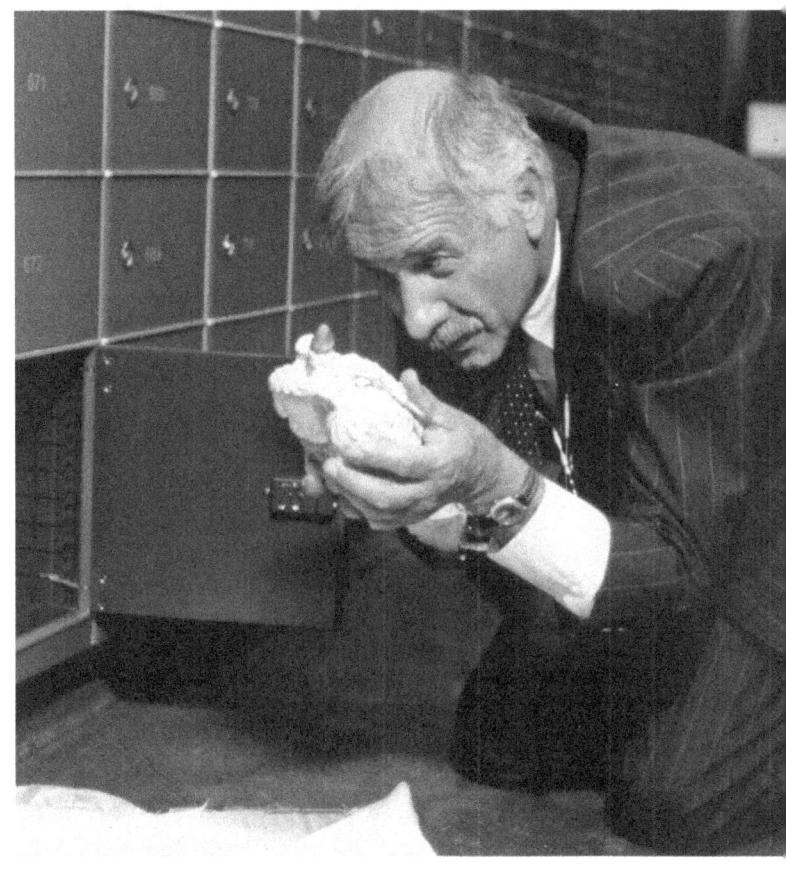

Als Baron Kaspar Joachim von Utz

findet. Ein New Yorker Galeriebesitzer (Peter Riegert) versucht nach Utz' Tod, den Geheimnissen des manischen Sammlers auf die Spur zu kommen, und findet in Prager Bordellen die Antwort.

»Eine in kunstvoller Rückblenden-Technik verfasste Studie über die Stellung von Kunst und Sammlern innerhalb einer von Ideologie und Diktatur beherrschten Zeit sowie über die persönlichkeitsgefährdenden Auswirkungen von Individualismus in exzentrisch ausgelebter

Form«, schreibt das »Lexikon des internationalen Films« über »Utz«.

Armin Mueller-Stahls Sohn Christian spielte gewissermaßen die Titelrolle, stellte er doch in Rückblenden den 18-jährigen Utz dar. Vater Armin wurde für seine Rolle bei der Berlinale 1992 mit einem Silbernen Bären ausgezeichnet und gewann im Jahr darauf auch eine Goldene Kamera.

1993

In der Nacht zum 1. Juli werden die neuen gesamtdeutschen Postleitzahlen eingeführt. – Unmittelbar nach der Aufhebung des Haftbefehls gegen ihn reist Erich Honecker ins chilenische Exil, wo er im folgenden Jahr stirbt. – Lothar Bisky übernimmt von Gregor Gysi, der die SED-Nachfolgepartei PDS seit Ende 1989 geleitet hatte, den Vorsitz.

Die jetzt steile internationale Karriere des ehemaligen DDR-Stars Armin Mueller-Stahl bot viele Ansätze für eingehende Fernsehgespräche. In diesem Jahr stand er in den TV-Reihen »Europäische Profile« (Regie Christoph Felder) und »Ich stelle mich« (Gastgeber Claus Hinrich Casdorff) im Mittelpunkt von Gesprächssendungen im deutschen Fernsehen. Im Oktober wurde im deutschen Fernsehen ein »Making of« zum Spielfilm »Das Geisterhaus« unter dem Titel »Besser als mein Haus je war« (Regie Gundula Leni Ohngemach) gesendet, in dem Mueller-Stahl mitwirkte. Von der Berliner Boulevardzeitung B. Z. erhielt er den »Berliner Bären«, den Kulturpreis des Blattes.

Das Geisterhaus
The House of the Spirits | Kino

SZENARIUM: *Bille August*
REGIE: *Bille August*
MITWIRKENDE: *Meryl Streep, Jeremy Irons, Vanessa Redgrave, Jan Niklas, Joost Siedhoff, Teri Polo*

Die portugiesisch-deutsch-dänische Koproduktion von Produzent Bernd Eichinger entstand nach einem Bestseller von Isabel Allende und erzählt über drei Generationen hinweg die episch angelegte Geschichte vom Schicksal der chilenischen Familie Trueba. Der Film schlägt einen Bogen von den 1920er Jahren, als Esteban Trueba (Jeremy Irons) vom einfachen Arbeiter zum mächtigen Großgrundbesitzer aufsteigt, bis in die Siebziger, die Zeit nach dem brutalen Putsch gegen die Unidad Popular Savador Allendes.

Esteban wandelt sich immer stärker zu einem unbarmherzigen Patriarchen, der sowohl seine Schwester Ferula (Glenn Close), als auch seine mit hellseherischen Fähigkeiten begabte Frau Clara (Meryl Streep) mit eiserner Härte tyrannisiert. Als seine Tochter Blanca (Winona Ryder) sich in den rebellischen Landarbeiter Pedro (Antonio Banderas) verliebt, schreckt Esteban, der mittlerweile zum Senator aufgestiegen ist, nicht einmal davor zurück, sein eigenes Kind ans Messer zu liefern.

Armin Mueller-Stahl spielte in einer kleineren Rolle Severo, den Vater der von Meryl Streep gespielten weiblichen Hautfigur. Ab und an war er auch für kleinere Rollen zu gewinnen, wenn ihm die Regisseure gestatteten, eigene Ideen einzubringen.

Wie in fast allen in fremden Sprachen gedrehten Filmen synchronisierte sich Mueller-Stahl für die deutsche

Fassung selbst, war aber verärgert, dass er für die englischsprachige Fassung die Stimme von einem anderen Schauspieler geliehen bekam.

Der Kinoerzähler | *Kino/TV*

TEXT: *nach einem Roman von Gert Hofmann*
SZENARIUM: *Bernhard Sinkel*
REGIE: *Bernhard Sinkel*
MITWIRKENDE: *Martin Benrath, Udo Samel, Tina Engel, Eva Mattes, Otto Sander, Harry Baer, Gojko Mitić, Franziska Troegner, Arno Wyzniewski, Katharina Tanner*

Der Film erzählt vor historischem Hintergrund eine Geschichte von der Liebe zum Kino, die wahr gewesen sein könnte. Armin Mueller-Stahl in der Titelrolle spielt einen Filmenthusiasten zur Stummfilmzeit, einen Erklärer, den der damalige Film brauchte, einen, der auch zur Geige greift und die stummen Szenen gefühlvoll untermalt. Als Ende der zwanziger Jahre der Tonfilm aufkommt, Stummfilme immer seltener den Weg auf die Leinwand finden, empfindet der Kinoerzähler, dass er nicht mehr gebraucht wird. Gleichzeitig werden die Nazis laut. Werden sie das Alte bewahren? Kann man auf sie bauen?

Regisseur Bernhard Sinkel gelang (mit ZDF-Beteiligung) eine liebevolle Hommage an das Kino, voller Witz, aber auch voller politischer Klarsicht. Thematisch erinnerte »Der Kinoerzähler«, der nach einem 1990 erschienenen Roman entstand, an den italienisch-französischen Erfolgsfilm von 1988 »Cinema Paradiso« von Giuseppe Tornatore. Er konnte sich durchaus mit dem Vorgänger messen, erhielt aber von der deutschen Kritik überwiegend ablehnende Beurteilungen, der Film sei hausbacken in der Inszenierung und didaktisch in der Aussage.

Er wurde an der Kinokasse ein Misserfolg. Für Mueller-Stahl, der die Produktion mochte, war das ein weiterer Anlass, dem deutschen Film vorerst fernzubleiben. Denn ganz anders war die Reaktion in Amerika. Die *Los Angeles Times* schreibt: »Der große Schauspieler Armin Mueller-Stahl in einer Lebensrolle. Er findet genau die richtige Würde und Tapferkeit, um diesen so theatralischen Mann zu spielen. (...) Eine trügerisch einfache Geschichte mit einer vielschichtigen Struktur, erfüllt mit einem Widerhall, der lang haftet und oft frösteln macht.«

1994

Nelson Mandela wird der erste schwarze Präsident Südafrikas. – In Deutschland werden Bundesbahn und Reichsbahn zur Bahn AG vereinigt und privatisiert. – Zwanzig Wahlen in nur einem Jahr stellen hohe Anforderungen an den demokratischen Elan der Bundesbürger. – Zum ersten Mal seit Ende des Zweiten Weltkriegs sind deutsche Soldaten außerhalb des Bündnisgebiets der NATO im Kriegseinsatz. Sie werden nach Bosnien entsandt.

The Last Good Time | Kino

SZENARIUM: *Richard Bausch, John J. McLaughlin*
REGIE: *Bob Balaban*
MITWIRKENDE: *Olivia d'Abo, Lionel Stander*

Sehr, sehr schade, dass dieser Film mit Armin Mueller-Stahl in der Hauptrolle nicht den Weg nach Deutschland fand! Er gab mit der Rolle des zurückgezogen in Brooklyn lebenden über Siebzigjährigen John Koppel, der noch einmal eine zärtliche Verbindung zu einer jungen Frau knüpfen kann, eine seiner schönsten Rollen der neunziger Jahre, in der er als früherer Musiker auch Geige spielte.

Fasziniert war Mueller-Stahl vom Zusammenspiel mit Lionel Stander, der wegen seiner linken Weltanschauung vom berüchtigten Komitee für unamerikanische Aktivitäten in den gesamten fünfziger Jahren einem Berufsverbot unterlegen war. Erst in den Sechzigern konnte er im europäischen Film durch bekannte Produktionen wie Roman Polańskis »Wenn Katelbach kommt ...« und Sergio Leones »Spiel mir das Lied vom Tod« wieder in seinem Beruf Fuß fassen, ehe er in den Siebzigern von Martin Scorsese nach Hollywood zurückgeholt wurde und später in der TV-Serie »Hart aber herzlich« neue Popularität gewann.

In seinem letzten Film trat er neben Armin Mueller-Stahl auf, der über dessen Rolle schreibt: »Der Alte liegt zwar wie tot im Bett, aber er wartet nicht auf den Tod, er liegt da und wartet, dass er unterhalten wird. Und wird über Liebe gesprochen, dann ist er quicklebendig, dann funkeln seine Augen, dann sprüht sein Geist. (...) Lionel Stander, dieser große Schauspieler, machte mir vor, wie man gar nichts macht. Seine tiefe Stimme dröhnte, und die Sätze kamen so direkt, so schmucklos und ohne Pathos, so selbstverständlich und ohne Pausen, dass ich Angst bekam, mit ihm zu spielen. Wer wird da noch auf mich gucken? Mir blieb vor Angst der Text weg, obwohl ich keine Schwierigkeiten mit ihm hatte, Lionel dagegen hatte sie, aber das machte nichts, auch ohne Text war er nicht zu schlagen.«[7]

Die amerikanische Presse lobte Mueller-Stahl in den höchsten Tönen. *Variety* nannte ihn »einen der wenigen Schauspieler, die nicht nur durch gelungene Dialoge, sondern durch die hautnahe Verkörperung innerer Prozesse Aufmerksamkeit wecken«. Und in *Entertainment Today* gesteht der Kritiker: »Armin Mueller-Stahl ist einer der Schauspieler mit so viel Klasse und Stil, dass ich ihm auch gern zusähe, wie er an der Bushaltestelle wartet. Glücklicherweise hat er in Bo Balabans ›The Last Good Time‹ aber viel mehr zu tun.«

Der Film gewann einen Hauptpreis beim Festival von Avignon und den Publikumspreis beim internationalen New Yorker Hampton Film Festival.

Taxandria | *Kino*

SZENARIUM: *Raoul Servais, Frank Daniel, Alain Robbe-Grillet*
REGIE: *Raoul Servais*
MITWIRKENDE: *Elliot Spiers, Julien Schoenaerts, Katja Studt, Richard Kattan*

Im Mittelpunkt dieses modernen, esoterisch angehauchten Märchens stehen Jan und Aimé (Richard Kattan, Elliot Spiers), zwei heranwachsende Knaben, denen zwei gegensätzliche ältere Herren beigestellt sind: der gütige

Leuchtturmwärter Karol und der böse Polizeichef des Traumlands Taxandria, Virgilius. Beide werden von Armin Mueller-Stahl verkörpert, für den die Vereinigung unterschiedlicher Menschenbilder eine reizvolle Aufgabe war.

»Taxandria« war der erste Langfilm des belgischen Regisseurs, Malers und Animationszeichners Raoul Servais, in dem er reale Schauspieler in eine imaginäre Kulisse aus Computer und stilisierter Architektur setzte. Fast traumwandlerisch bewegen sich die Akteure in dreidimensionalen Gemälden des belgischen Comic-Künstlers François Schuiten, die an Magritte oder Dalí erinnern.

Schon 1989 entstanden die Hauptaufnahmen mit den Schauspielern in Budapest. Doch es wurde vier Jahre lang experimentiert, um die digitale Bildbearbeitung mit den realen Aufnahmen optimal zu verknüpfen. Das machte »Taxandria« zu einem der technisch aufwendigsten und teuersten Filme, die bis dahin je in Europa produziert wurden. Darum waren auch Produktionspartner aus sieben Ländern, darunter Deutschland und die USA an dem Werk beteiligt, das 1994 uraufgeführt und 1998 auf Arte ausgestrahlt wurde, ehe es 2000 in Deutschland auf Video erschien.

Mueller-Stahl, der wie so oft bedauern musste, dass Schauspieler auf das Endergebnis keinen Einfluss haben, war letztlich nicht glücklich, wusste er doch, welch interessante Szenen gedreht worden waren: »Viele wunderbare Filmsequenzen hat nie jemand gesehen, weil sie nicht verwertet wurden. Als bei den Abschlussarbeiten der Film regelrecht mit Musik zugeschüttet wurde, gab es schon keinen Regisseur mehr. Die erste Vorführung war ein Trauerspiel. Ich habe mich davongeschlichen und wollte mit dem Film nichts mehr zu tun haben.«[6]

Gewidmet wurde der Film Elliot Spiers. Der Darsteller des Aimé starb nur zwanzigjährig an einer heimtückischen Krankheit und erlebte die Premiere nicht mehr.

1995

Der Kühlschrank-Hersteller Foron schließt sein Werk in Scharfenstein, da die Produktion nach Polen verlagert wird. – Während seines 176-tägigen Aufenthalts in der russischen Raumkapsel Mir verlässt der Deutsche Thomas Reiter die Station zweimal. – In der legendären Filmfabrik Wolfen (früher Agfa) wird die Produktion von Filmmaterial eingestellt und das Personal von 750 auf 90 reduziert. – Der israelische Ministerpräsident Jitzchak Rabin wird auf einer Großkundgebung in Tel Aviv erschossen.

Red Hot | *Kino*

SZENARIUM: *Paul Haggis, Michael Maurer*
REGIE: *Paul Haggis*
MITWIRKENDE: *Balthazar Getty, Carla Gugino, Jan Niklas, Donald Sutherland*

Im Mittelpunkt dieser 1992 in Kanada entstandenen Produktion, die in Deutschland 1995 auf Video veröffentlicht wurde, steht der arme Musikstudent Alexi (Balthazar Getty), der 1957 in der lettischen Hauptstadt Riga studiert. Sein Onkel Dimitri (Armin Mueller-Stahl), der ins Ausland reisen darf, schenkt ihm ein paar in der Sowjetunion verpönte Rock'n'Roll-Platten. Als er eine der Platten auf der Straße verliert, findet sie ein Agent des KGB, der ihn und seine Freundin Valentina (Carla Gugino) in Schwierigkeiten bringt. Auch Onkel Dimitri kommt nicht ungeschoren davon und wird inhaftiert. Nach vielen Verwicklungen gelingt es Alexi und Valentina schließlich, nach Oslo zu entkommen.

Das »Lexikon des Internationalen Films« urteilt, der Film sei »unterhaltsam in den musikalischen Akzenten, oberflächlich in der Schilderung der gesellschaftlichen Verhältnisse«.

»Red Hot« war das Kinodebüt von Paul Haggis, der im Laufe seiner Karriere viele Preise, darunter zwei Oscars, gewinnen sollte. Die Hauptrolle spielte Balthazar Getty, der Sohn der deutschen Fotografin Gisela Getty, der als Schauspieler und Musiker arbeitet.

Rotwang muss weg! | *Kino*

SZENARIUM: *Hans-Christoph Blumenberg*
REGIE: *Hans-Christoph Blumenberg*
MITWIRKENDE: *Sybil Norvak, Udo Kier*

In der parodistischen, schwarzen Komödie des Ex-Filmkritikers Blumenberg, in dessen Debütfilm »Tausend Augen« Armin Mueller-Stahl zehn Jahre zuvor eine Hauptrolle übernommen hatte, spielt er quasi die Titelrolle, wenn er auch nicht zu sehen ist. Der Wirtschaftsmagnat und Treuhand-Chef Rotwang (eine Anspielung auf den Erfinder Rotwang aus Fritz Langs »Metropolis«) wird ermordet, und nur seine Stimme ist zu hören.

T. Rex
Theodore Rex | Video

SZENARIUM: *Jonathan Betuel*
REGIE: *Jonathan Betuel*
MITWIRKENDE: *Whoopi Goldberg, Juliet Landau, Richard Roundtree, Bud Cort*

In einer fernen Zukunft leben Menschen und antropomorphe Dinosaurier in friedlicher Koexistenz. Einer Polizistin (Whoopi Goldberg) wird ein intelligenter, aber verfressener Dinosaurier als Partner zugeteilt, mit dessen Hilfe sie einem Wissenschaftler auf die Spur kommt, der die Menschheit mit der Entwicklung einer neuen Eiszeit ausrotten will.

Der Film war ein Desaster. Obwohl für die Kinoauswertung gedreht, wurde er nur auf Video gestartet – der teuerste Film in diesen Jahren, der nicht ins Kino kam.

Whoopi Goldberg erhielt 1996 eine Nominierung für die Goldene Himbeere als schlechteste Schauspielerin des Jahres. Noch 20 Jahre später sagte sie in einem Interview: »Fragen Sie mich nicht, warum ich diesen Film gedreht habe. Eigentlich wollte ich es gar nicht!« Auf dem gleichen Standpunkt stand Mueller-Stahl, der noch dazu erleben musste, dass er als Elizar Kane beim Video-Start in Deutschland vom Kollegen Eberhard Prüter synchronisiert wurde.

1996

Bill Clinton, seit Anfang 1993 im Amt, wird für eine weitere Wahlperiode als Präsident der USA gewählt. – Der Brandanschlag auf ein Lübecker Asylbewerberheim erschüttert die Republik. – Die Deutsche Telekom vollzieht den größten Börsengang der europäischen Wirtschaftsgeschichte.

In diesem Jahr erschien ein anderthalbstündiges Porträt mit dem Titel »Armin Mueller-Stahl – jetzt ist Sonntag angesagt«, das die Schauspielerin Vera Tschechowa in ihrer zweiten Karriere als Regisseurin auf anregende Weise gestaltete. Auch in der Dokumentation zum 50. Gründungstag der DEFA »Es werden ein paar Filme bleiben« (Regie Ullrich Kasten) stand er als Interviewpartner zur Verfügung.

Im Schauspielhaus Berlin zeichnete der Sender Sat.1 eine große Show unter dem Titel »Ein Abend mit Peter Ustinov« auf, bei dem Armin Mueller-Stahl einer von zahlreichen Mitwirkenden war.

Von der Zeitschrift *cinema* wurde er mit dem Preis Jupiter für den Film »Shine« ausgezeichnet.

Gespräch mit dem Biest
Conversation with the Beast | Kino

SZENARIUM: *Armin Mueller-Stahl, Tom Abrams*
REGIE: *Armin Mueller-Stahl*
MITWIRKENDE: *Bob Balaban, Katharina Böhm, Dieter Laser, Harald Juhnke, Otto Sander, Dietmar Mues*

Dieser Film nimmt im Schaffen von Armin Mueller-Stahl eine Sonderstellung ein, ist es doch der einzige, in dem er nach eigener Idee und Buchvorlage selbst Regie führte. Das Unheil des Nazi-Regimes hatte ihn schon immer beschäftigt, und in vielen Filmen hatte er dieses Thema in unterschiedlichen Konstellationen durchgespielt.

Nun wollte er einen doppelbödigen Stoff über Hitler erarbeiten: »Ursprünglich wollte ich gar kein Drehbuch schreiben, sondern ein Buch darüber veröffentlichen. Als ich mit einem Produzenten über mein Vorhaben sprach, zeigte dieser unerwartet Interesse. Gut, dachte ich, dann erfülle ich mir eben mit diesem Stoff den Wunsch, endlich selbst auch mal Regie zu führen. Was in diesem Fall sehr schwierig ist, denn es ging darum, wenige Menschen in einem Raum in Szene zu setzen.«[6]

Als Hauptdarsteller hatte Mueller-Stahl an Martin Benrath, seinen Partner aus »Der Kinoerzähler« gedacht. Doch nachdem Benrath das Drehbuch gelesen hatte, sagte er ab. »Also spielte ich selbst und wollte mit der Regie einfach eine Fingerübung machen. Mir war dabei im Grunde genommen schon von vornherein klar, dass die Leute den Film nicht mögen würden.«[6]

Produzent Rudolf Steiner, Armin Mueller-Stahls Regisseur aus »Unser Mann im Dschungel«, hatte es schwer, das Geld zusammenzubekommen. Die deutschen Filmförderanstalten sperrten sich gegen den ungewöhnlichen Stoff. Arte und ORB sprangen ein.

Die Handlung: Hitler, mittlerweile 103 Jahre alt, versteckt sich 1992 mit seiner alterslosen Gefährtin Hortense (Katharina Böhm) in einem Keller in der Berliner Kantstraße. Der amerikanische Historiker Webster (Bob Balaban) will seinem Geheimnis auf die Spur kommen und führt mit ihm, dem »Biest«, mehrere Tage lang Gespräche. Der vermeintliche Hitler wiederum führt ihn an der Nase herum.

»Die Dreharbeiten waren ungeheuer produktiv und zugleich sehr entspannt«, erzählte der Darsteller und Armins Freund Dietmar Mues. »Jeden Morgen trafen sich die Schauspieler mit Armin zum Gespräch. Und oft ging dies Sprechen unbemerkt ins Drehen über, ganz leicht, und gerade darum kam oft aus jedem das Eigenste heraus.« Diese Arbeitsweise war möglich, weil Armin Mueller-Stahl Mitarbeiter hatte, denen er vertrauen konnte, solche, mit denen er schon bei der DEFA gearbeitet hatte, wie den Szenenbildner Heinz Röske (»Tödlicher Irrtum«) oder Kameramann Gérard Vandenberg, mit dem er in Filmen von Wolfgang Staudte (»Freiwild«) und Bernhard Wicki (»Das Spinnennetz«) zusammengearbeitet hatte. Auch dass Bob Balaban, der seine Laufbahn mit großen Filmerfolgen der siebziger Jahre wie »Blutige Erdbeeren« und »Unheimliche Begegnung der Dritten Art« begonnen hatte, die andere Hauptrolle spielte und sein Regisseur in »The Last Good Time« gewesen war, stellte für Mueller-Stahl eine große Erleichterung dar.

Als Schauspieler zeigte Armin Mueller-Stahl den falschen (oder echten?) Hitler als gebrochene Figur, jämmerlich, lächerlich, dabei auch in Gefahr, Mitleid zu erwecken.

Bei der Premiere des Films auf dem Festival von Toronto erhielt der Film viel Anerkennung, bei der Berlinale 1997 löste er jedoch Kontroversen aus. War es richtig, so unkonventionell mit deutscher Geschichte umzugehen? Der *Filmdienst* erkennt immerhin eine Farce mit tragikomischen Elementen, die aber aufgrund hölzerner Dialoge nur eine partiell interessante Charakterstudie sei. Online-Kritiker Dirk Jasper lobte allerdings: »Mit 66 Jahren gibt Armin Mueller-Stahl sein sensationelles Debüt als Autor und Regisseur. Er spielt den Mann, der ihn sein

Leben lang verfolgt hat. Er spielt Hitler, um ihn auf seine ganz persönliche Art zu entmystifizieren und zu demontieren.«

In den USA lief der Film auf zahlreichen Festivals, und *Boxoffice* lobt Mueller-Stahls Leistung: »Der Drehbuchautor überlastet nichts mit großen Statements, und der Regisseur liefert einen eigenwilligen Kommentar zu einem der meist analysierten Übeltäter der Geschichte, indem er ihn ins Lächerliche verkehrt.«

Holy Days – Ich heirate eine Nervensäge | *Holy Matrimony* | Video

SZENARIUM: *David Weisberg, Douglas S. Cook*
REGIE: *Leonard Nimoy*
MITWIRKENDE: *Patricia Arquette, Joseph Gordon-Levitt, Tate Donovan*

Der Film entstand 1994 und war die letzte Regiearbeit des als Mr. Spock bekannten Schauspielers Leonard Nimoy aus der TV-Serie »Raumschiff Enterprise«. Es handelt sich um eine Komödie, die sich um die religiöse Gemeinschaft der Hutterer rankt, die zu Beginn des 16. Jahrhunderts aus dem Tiroler Täufertum des Jakob Hutter hervorging und sich in einigen Regionen der Welt verteilte (heute nur noch in den USA und Kanada zu finden). Deren für den modernen Menschen seltsame, urtümlich anmutende Lebensweise gibt den Hintergrund für diese Geschichte, die das Wesen der Hutterer-Gemeinschaft nur verzerrt wiedergibt.

Die junge Witwe eines Ganoven muss dessen minderjährigen Bruder heiraten, um in der Hutterer-Sekte bleiben zu können, da sie von der Polizei gesucht wird. Die

Action-Komödie um ein kämpferisches Ehepaar weist Parallelen zu Shakespeares »Die Zähmung der Widerspenstigen« auf. Armin Mueller-Stahl spielt einen Patriarchen mit Namen Wilhelm.

In dem Film, der in Deutschland nur auf Video herauskam, behaupten sich gute Hauptdarsteller nur mühsam gegen Ideenarmut und Einfallslosigkeit des Buchs.

Shine – Der Weg ins Licht
Shine | Kino

SZENARIUM: *Scott Hicks, Jan Sardi*
REGIE: *Scott Hicks*
MITWIRKENDE: *Geoffrey Rush, Sir John Gielgud, Lynn Redgrave, Noah Taylor*

Der australische Film erzählt die wahre Geschichte des hochtalentierten Pianisten David Helfgott (Geoffrey Rush, Noah Taylor, Alex Rafalowicz), der heute in New South Wales lebt. Er stammt aus einem polnisch-jüdischen Elternhaus und galt schon als Heranwachsender als »Wunderkind«.

Gegen den Willen seines Vaters Peter Helfgott (Armin Mueller-Stahl) geht er mit einem Stipendium nach London, wo sein Leben allmählich aus dem Takt gerät. Aufgrund einer schizoaffektiven Störung muss er viele Jahre in einer Nervenheilanstalt verbringen. Nach seiner Entlassung erlebt er ein zweites Leben als gefeierter Pianist. Das schwierige Verhältnis zu seinem tyrannischen Vater, der in Europa dem Holocaust entkommen war, ist ein zentrales Thema des Films. Dieser lebt seine traumatischen Kindheitserfahrungen als Terror an seinen Kindern und speziell am hochbegabten Sohn David aus.

Eine der eindringlichsten Szenen ist die, in der David dem Vater erklärt, dass er auch ohne seine Zustimmung nach London gehen wird. Peter schlägt den Sohn, umarmt ihn und droht ihm lebenslange Verbannung an.

Mueller-Stahl erinnert sich: »Eine schwierige Szene. Hier musste in ganz gedrängter Form deutlich werden, wie sich dieser Vater hilflos an seine Mythen klammert und doch begreift, dass er seinen Sohn verloren hat. Dass er nicht nur ein Opfer der Nazis, sondern auch ein Opfer seiner unmenschlichen Liebe geworden ist. Wir haben die Szene ohne jede Probe sofort gedreht. Intensität kann man nicht üben, Intensität kann man nur durch absolute Präsenz erreichen. Gott sei Dank ist die Szene auf Anhieb gelungen.«[6]

Gegen Ende des Films besucht der Vater David in seiner Behausung und sieht, dass er keine Macht mehr über ihn hat. Armin Mueller-Stahl: »Peter ist nicht mehr stark, und am Schluss geht er mit ganz kleinen Schritten.«

Der Film erhielt sieben Oscar-Nominierungen. Als bester Schauspieler in einer Nebenrolle wurde Mueller-Stahl mehrfach für seinen Peter Helfgott nominiert, die wichtigste Nominierung war natürlich für den Oscar. Erhalten hat er den Preis unter anderem vom Australian Film Institute.

Der Unhold | *The Ogre* | *Kino*

TEXT: *nach einem Roman von Michel Tournier*
SZENARIUM: *Jean-Claude Carrière*
REGIE: *Volker Schlöndorff*
MITWIRKENDE: *John Malkovich, Gottfried John, Marianne Sägebrecht, Volker Spengler*

Der als unverfilmbar geltende Roman »Der Erlkönig« von Michel Tournier über Mitläufertum und Widerstand im Dritten Reich wurde von dem preisgekrönten DEFA-Regisseur Rainer Simon mutig vorbereitet, bis ihm Volker Schlöndorff als Chef des Studios Babelsberg das Projekt aus der Hand nahm, um es selbst zu realisieren.

Die Hauptfigur ist der auf dem geistigen Stand eines Zwölfjährigen stehengebliebene Waisenjunge Abel, der als junger Mann in Paris beschuldigt wird, ein Mädchen sexuell missbraucht zu haben. Durch den Ausbruch des Zweiten Weltkriegs wird er vor dem Gefängnis gerettet. Als Soldat der französischen Armee gerät er in deutsche Kriegsgefangenschaft. Durch eine Verkettung wundersamer Zufälle macht er die Bekanntschaft des preußischen Ministerpräsidenten Göring. Ihm wird die Aufgabe übertragen, auf einem alten Schloss Hunderte von Jungen in einer Art Pfadfinderlager auf den Kriegsdienst vorzubereiten. Abel ahnt nicht, dass seine Jungen als Kanonenfutter gedacht sind.

Armin Mueller-Stahl spielt die kleine Rolle des Grafen Kaltenborn, der sein Schloss für eine Napola, eine nationalpolitische Erziehungsanstalt, hergeben musste, und sich in der Folge dem Widerstand angeschlossen hat. Nach kleineren Szenen hat er gegen Ende des Films einen großen Auftritt, wenn die Verschwörung aufgedeckt und Kaltenborn von den Nazis abgeholt wird.

Der Film, der auf dem Filmfestival von Toronto Premiere hatte, wurde kein Publikumserfolg, fand aber die Anerkennung des sonst so kritischen Autors Michel Tournier.

1997

Die britische Kolonialherrschaft über Hongkong endet zur Jahresmitte. Die britische Krone übergibt das Territorium an die Volksrepublik China. – In Großbritannien wird der erste Band der »Harry Potter«-Reihe von Joanne K. Rowling veröffentlicht. – Jede fünfte Kinokarte in Deutschland wird in diesem Jahr für einen Film »made in Germany« gekauft.

Bei den Berliner Filmfestspielen wird Armin Mueller-Stahl mit der Berlinale-Kamera für sein Lebenswerk ausgezeichnet.

Die 12 Geschworenen
12 Angry Men | TV

SZENARIUM: *Reginald Rose*
REGIE: *William Friedkin*
MITWIRKENDE: *George C. Scott, Tony Danza, Jack Lemmon, Hume Cronyn*

Schon einmal, 1954, hatte Reginald Rose dieses Fernsehspiel geschrieben, das dann 1957 von Sidney Lumet als sein Debütfilm auf die Leinwand kam und zahlreiche Preise gewann. Diesmal war William »Billy« Friedkin der Regisseur. Er war in den siebziger Jahren mit Filmen wie »Brennpunkt Brooklyn« und »Der Exorzist« bekannt geworden. Für das Remake hatte er den Anspruch »die zwölf besten Charakterdarsteller zu versammeln«, die er in Amerika finden konnte.«

Die Story: Nach dem Mordprozess gegen einen 18-Jährigen, der seinen Vater erstochen haben soll, ziehen sich die zwölf Geschworenen zur Beratung zurück. Der Beratungsraum ist der einzige Schauplatz dieses Kammerspiels. Die Indizienlage scheint klar, die entscheidende Frage ist, ob der Beschuldigte zum Tode verurteilt wird.

Aber nur elf von ihnen plädieren auf »schuldig«. Dem Geschworenen Nr. 8 (Jack Lemmon), dem Verweigerer, gelingt es in langen, hitzigen Diskussionen, in denen herkunfts- und charakterbedingte Vorurteile aufeinanderprallen, die Männer nachdenklich zu stimmen, ihre Argumente und Emotionen zu analysieren und sie von einem Freispruch zu überzeugen.

Den Geschworenen Nr. 4 spielt Mueller-Stahl sehr nüchtern und sachlich, fast zurückgezogen, wenn er auf einem rationalen Umgang mit dem Fall besteht.

Armin Mueller-Stahl empfand es als Ehre, dass Billy Friedkin ihn als Geschworenen Nr. 4 in dieses Ensemble hervorragender Schauspieler einreihte: »Dass er mich mit meinem Akzent dafür ausgewählt hat, habe ich als besondere Würdigung empfunden. Zusammen mit George C. Scott, der Nummer drei, dem eigentlichen Gegenspieler. Seine Rolle hätte ich auch gern gespielt, aber ich verstehe sehr wohl, dass sie ein Amerikaner bekommen hat. (...) Während der Dreharbeiten war George C. Scott ein schwieriger Kandidat. Er spielte unentwegt Schach, kam dann zum Drehen und war schwer zugänglich. Aber im Laufe der Zeit habe ich auch zu ihm eine gute Beziehung bekommen.«[6]

Doyen des Ensembles war der 86-jährige Hume Cronyn, der seine erste Hauptrolle 1942/43 als Paul Roeder in der Anna-Seghers-Verfilmung »Das siebte Kreuz« hatte. Armin Mueller-Stahl erzählt über ihn: »Ein besonderes Verhältnis hatte ich zu Hume Cronyn, der den alten Mann gespielt hat. Er ist ein wunderbarer Mensch, und er war der Einzige, der den vollständigen Text im

Kopf hatte. Wir anderen konnten gerade mal unsere Rolle.«[6]

Mueller-Stahl fand für seine Arbeit in diesem Film Anerkennung nicht nur bei der Kritik, sondern, was ihm fast noch wichtiger war, bei seinen Kollegen. George C. Scott sagte ihm: »Es ist eine Freude, mit dir zu arbeiten!«, und Jack Lemmon meinte sinngemäß: »Seitdem ich mit dir gearbeitet habe, ist es für mich wieder eine Ehre, in diesem Beruf tätig zu sein!«

The Assistant | Kino

SZENARIUM: *Daniel Petrie*
REGIE: *Daniel Petrie*
MITWIRKENDE: *Joan Plowright, Gil Bellows, Kate Greenhouse, Frank R. Moore*

Der Film entstand nach einem seinerzeit mit dem Pulitzer-Preis ausgezeichneten Roman von Bernard Malamud und sollte schon in den sechziger Jahren mit Dustin Hoffman als Frank verfilmt werden.

Der Held ist ein junger Mann (Gil Bellows), der in einer lieblosen Pflegefamilie aufwuchs und sich in der Depressionszeit der dreißiger Jahre ohne Arbeit und Obdach durchs Leben schlägt. Er lässt sich zu einem Überfall auf einen Laden überreden, bei dem sein Komplize den jüdischen Besitzer (Armin Mueller-Stahl) niederschlägt. Von Gewissensbissen getrieben, kehrt er an den Ort des Verbrechens zurück und beginnt, dort als Aushilfe zu arbeiten.

Wieder spielt Joan Plowright (seit 2004 Dame Joan Plowright) auf berührende Weise die Frau an Mueller-Stahls Seite. Die Witwe von Sir Laurence Olivier ist Trägerin vieler Auszeichnungen, darunter des Golden Globe und des Emmy.

»Ich habe die Rolle gern gespielt, und es soll auch ein schöner Film sein«, sagte Armin Mueller-Stahl. »Er ist beim Filmfestival in Toronto gelaufen, hatte aber dann – wohl aus wirtschaftlichen Gründen – doch nicht so recht Erfolg.«[6]

The Game – Das Geschenk seines Lebens | *Kino*

SZENARIUM: *John Brancato, Michael Ferris*
REGIE: *David Fincher*
MITWIRKENDE: *Michael Douglas, Sean Penn*

Regisseur David Fincher versuchte hier mit mäßigem Erfolg, an seinen Erfolgsfilm »Sieben« anzuknüpfen.

Anfangs ist Nicholas van Orton (Michael Douglas) ein erfolgreicher Millionär – bis ihm sein Bruder Conrad (Sean Penn) zum Geburtstag einen Gutschein für ein Spiel schenkt. Van Orton zögert zunächst, doch er wäre in seinem Leben nicht so weit gekommen, wenn er sich von Risiken hätte abschrecken lassen. Als das Spiel beginnt, häufen sich die merkwürdigen Vorfälle rund um den Millionär. Es dauert nicht lange, da muss er um sein Leben fürchten ...

Armin Mueller-Stahl spielt die kleine Rolle des Anson Baer, eines alten Geschäftsfreunds von Nicholas, der ihm die Freuden des Müßiggangs und des luxuriösen Lebens vor Augen hält – leider in der deutschen Fassung nicht mit seiner eigenen Stimme, sondern mit der des Kollegen Gerhard Paul.

Für das »Lexikon des Internationalen Films« hatte der Film fragwürdige Momente, nämlich »dort, wo er distanzlos die Manipulation und Fremdbestimmung eines Menschen legitimiert und dies abschließend sogar als drastische Möglichkeit einer therapeutischen ›Heilung‹ ausgibt«.

Im Angesicht meiner Feinde
In the Presence of Mine Enemies | TV

SZENARIUM: *Rod Serling*
REGIE: *Joan Micklin Silver*
MITWIRKENDE: *Charles Dance, Elina Löwensohn, Chad Lowe*

Der Rabbiner Heller (Armin Mueller-Stahl) lebt 1943 mit seiner Tochter Rachel (Elina Löwensohn) im Warschauer Ghetto in einem fast zerstörten Haus. Eines Tages kehrt sein verschollener Sohn Paul (Don McKellar) zurück, der sich den Partisanen angeschlossen hat. Als ein deutscher Offizier Rachel vergewaltigt, will Paul sie rächen.

Dieses bittere Holocaust-Drama, das fürs Fernsehen entstand, war das Remake eines Fernsehfilms von 1960, in dem Charles Laughton den Rabbiner Heller gespielt und Robert Redford als Leutnant mitgewirkt hatte. Auf den Spuren des großen Laughton konnte sich Armin Mueller-Stahl als Oberhaupt der polnischen Familie durchaus bewähren. Von der Kritik wurde seine Leistung als »exzellent« bewertet. Erst zehn Jahre später kam das Drama durch den Sender Premiere zum deutschsprachigen Publikum.

Projekt: Peacemaker
The Peacemaker | Kino

SZENARIUM: *Michael Schiffer*
REGIE: *Mimi Leder*
MITWIRKENDE: *George Clooney, Nicole Kidman, Alexander Balujew*

Dieser Film war die erste Produktion der von Steven Spielberg und anderen gegründeten Firma Dreamworks. Als russischer Oberst Dmitri Vertikoff unterstützt Armin Mueller-Stahl in Wien den Auftrag eines US-Regierungsprojekts, Sprengköpfe von russischen Atomraketen ausfindig zu machen, die Terroristen aus einem Atomtransport entwendet haben, vorgeblich, um sie im Irak einzusetzen.

Die *New York Times* schreibt: »Mit von der Partie in ›The Peacemaker‹ ist Armin Mueller-Stahl als freundlicher alter Kamerad des liederlichen Offiziers Clooney. Dieser distinguierte Schauspieler ist eine wohltuende Erscheinung, solange seine Rolle dauert, aber leider bekommt keine Nebenfigur viel Raum in diesem rastlosen Film.«

In »Projekt: Peacemaker« synchronisierte sich Mueller-Stahl nicht selbst. Stattdessen gibt ihm der Schauspieler Gerhard Paul seine Stimme, der unter anderem auch in »Tödlicher Irrtum« für Gojko Mitić gesprochen hatte.

1998

Der Film »Titanic« sprengt alle Rekorde an den Kassen und bei der Oscar-Verleihung. – Beim schwersten Eisenbahnunfall der deutschen Geschichte verunglückt ein ICE bei Eschede und reißt über 100 Menschen in den Tod. – Im Herbst gewinnt die SPD die Bundestagswahl, und Gerhard Schröder folgt Helmut Kohl als Bundeskanzler.

Das Spertus Intitute of Jewish Studies in Chicago zeichnet Armin Mueller-Stahl mit der Ehrendoktorwürde aus.

Akte X – Der Film | TV

SZENARIUM: *Chris Carter, Frank Spotnitz*
REGIE: *Rob S. Bowman*
MITWIRKENDE: *David Duchovny, Gillian Anderson, Martin Landau*

Der Film entstand nach der erfolgreichen TV-Serie, die auch im deutschen Fernsehen hohe Quoten erzielte. In der Spielfilmversion ist Armin Mueller-Stahl als Strughold der Chef einer Verschwörerbande, deren Mitglieder zumeist deutsch klingende Namen tragen. Die Investigatoren Mulder und Scully (David Duchovny, Gillian Anderson) lösen den Fall erst nach haarsträubenden Ermittlungen.

»Der Sohn von Dietmar Mues hat regelrecht gebettelt. Das sei seine Lieblingsserie, und es wäre doch toll, wenn ich darin auftrete. Ja, ein gutes Stück habe ich mich des Jungen wegen dann doch dafür entschieden.«[6] Aber auch Mueller-Stahls eigener Sohn Christian, der damals in den

USA Regie studierte, bevor er Arzt wurde, war damals ein Fan der Serie und stolz, seinen Vater hier zu erleben.

Erst vor kurzem wurde Armin Mueller-Stahl angeboten, in einer Fortsetzung der Serie mitzuspielen. Er schwankte, hielt es aber dann doch für besser, sich auf seine Arbeit als Maler zu konzentrieren.

Brennende Liebe
A Pyromaniac's Love Story | Kino

SZENARIUM: *Morgan Ward*
REGIE: *Joshua Brand*
MITWIRKENDE: *Joan Plowright, William Baldwin, Sadie Frost*

Der 1995 in Toronto gedrehte Film brachte es in Deutschland nur auf den Bildschirm. Es ist eine hübsche Komödie um Liebesverwicklungen im Umfeld einer Konditorei. Der Besitzer und seine Frau, Mr. und Mrs. Linzer (schon dem Namen nach Tortenliebhaber, gespielt von Armin Mueller-Stahl und Joan Plowright), lieben sich auch nach langer Ehe noch, sind aber vor Eifersucht nicht gefeit. Der Gehilfe (John Leguizamo) träumt von einer schönen, aber anspruchsvollen jungen Frau. Ein weiterer Mann mit pyromanischen Anwandlungen (William Baldwin) verliebt sich in eine Frau, die außer ihm noch andere Freunde hat. Der Gehilfe wird als Konkurrent verdächtigt, und daher zündet der Pyromane die Konditorei an. Am Ende gibt es eine Vielzahl von Geständnissen und Zweifel am Wahrheitsgehalt.

Mueller-Stahl, der hier wie schon in »Avalon« mit Joan Plowright ein Ehepaar spielt, versucht sich mit feinem Humor im Versicherungsbetrug und darf einen mitreißenden, skurrilen Freudentanz aufführen.

Der Commissioner – Im Zentrum der Macht | *The Commissioner* | TV

SZENARIUM: *George Sluizer, Christina Kallas*
REGIE: *George Sluizer*
MITWIRKENDE: *John Hurt, Rosana Pastor, Johan Leysen, David Morrissey*

Der unbequeme britische Minister James Morton (John Hurt) wird auf Grund politischer Intrigen gezwungen, von seinem Kabinettsposten zurückzutreten. Kurzfristig erhält er eine Beförderung nach Brüssel und wird als kommissarischer Leiter des Industrieressorts berufen. Für seine angeschlagene Ehe bedeutet dies eine Zerreißprobe. Seine Frau Isabelle (Alice Krige) bleibt in London zurück. In Brüssel angelangt, wird ihm von dem Wissenschaftler Hans König (Armin Mueller-Stahl) brisantes Material über die Herstellung von Chemiewaffen zugespielt. Morton beginnt, gemeinsam mit König zu ermitteln, doch der wird wegen Industriespionage verhaftet.

Der niederländische Regisseur dieser internationalen Koproduktion, an der unter anderem Deutschland und die USA beteiligt waren, George Sluizer, hatte Mueller-Stahl bereits in seinem preisgekrönten Film »Utz« besetzt und sowohl zu einem Silbernen Bären als auch zum Deutschen Filmpreis verholfen. Mit diesem Politkrimi nach einem Roman von Stanley Johnson hatte Sluizer weniger Glück. Der Film, der bei der Berlinale 1998 vorgestellt wurde, erhielt abschätzige Kritiken.

1999

Das Amtsenthebungsverfahren gegen den amerikanischen Präsidenten Bill Clinton wegen »unangemessener« Kontakte mit der Praktikantin Monica Lewinski wird erfolgreich niedergeschlagen. – Oskar Lafontaine tritt als SPD-Vorsitzender und Bundesfinanzminister zurück. – In Stockholm nimmt Günter Grass den Nobelpreis für Literatur aus den Händen von König Carl XVI. Gustaf entgegen.

The 13th Floor – Bist du was du denkst? | *The Thirteenth Floor* | Kino

SZENARIUM: *Josef Rusnak, Ravel Centeno-Rodriguez*
REGIE: *Josef Rusnak*
MITWIRKENDE: *Craig Bierko, Gretchen Mol, Vincent D'Onofrio*

Nach Rainer Werner Fassbinders »Welt am Draht« (1973) ist dies die zweite Filmadaption des Romans »Simulacron-3« des 1976 verstorbenen Science-Fiction-Autors Daniel F. Galouye. Die Story führt aus der Gegenwart des Jahres 1997 60 Jahre zurück. Armin Mueller-Stahl spielt Hannon Fuller, den Leiter eines Hightech-Konzerns, der virtuell in das Jahr 1937 versetzt wird. Dort begegnet Fuller seinem Alter Ego, einem gewissen Grierson, der in dunklen Kaschemmen jungen Frauen nachstellt. Fuller wird ermordet, und es ist nicht klar, ob der Täter eine reale oder eine virtuelle Person gewesen ist. Am Ende erweist sich, dass alle im Film auftretenden Charaktere Spielfiguren ineinander verschachtelter virtueller Welten sind und niemand eine reale Person darstellt.

Die nötigen Server für diese Zeitreise stehen im 13. Stockwerk einer Computerfirma. Dabei ist der Stock im Kontext des Films so etwas wie ein Nicht-Ort. Aufgrund der abergläubischen Angst vor der Zahl 13 folgt bei der Geschosszählung vieler amerikanischer Hochhäuser auf die 12 die 14, so dass der 13. Stock einen Ort bezeichnet, welcher überhaupt nicht oder nur im Bewusstsein der Spieler existiert. Der Deutsche Josef Rusnak war Regisseur dieser von Roland und Ute Emmerich produzierten amerikanisch-deutschen Koproduktion über die Brüchigkeit des Identitätsbegriffs.

Die Bibel – Jesus | *Jesus* | TV

SZENARIUM: *Suzette Couture*
REGIE: *Roger Young*
MITWIRKENDE: *Jeremy Sisto, Jacqueline Bisset*

Der aufwendige zweiteilige Fernsehfilm war eine vorrangig italienisch-deutsche Produktion, an der aber auch Produzenten aus sechs weiteren Ländern, darunter den USA, beteiligt waren. Armin Mueller-Stahl spielt im ersten Teil den Zimmermann Josef, bei dessen Tod Jesus (Jeremy Sisto) bittere Tränen um seinen Ziehvater vergießt.

Der Jesus-Film fügte sich ein in eine Reihe von Bibel-Verfilmungen der neunziger Jahre. Regisseur Roger Young drehte zwischen 1995 und 2000 auch die Bibel-Teile Josef, Moses, Salomon und Paulus.

Die deutsche Kritik urteilte, dass der Jesus-Film in diesem Zusammenhang durch eine Fülle interessanter Ansätze (beispielsweise durch Hinweise auf das Elend in der »Dritten Welt« der Gegenwart) über das Mittelmaß der Bibel-Verfilmungen hinausgehe.

Das dritte Wunder
The Third Miracle | Kino

TEXT: *nach dem Roman »The Third Miracle« von Richard Vetere*
SZENARIUM: *John Romano*
REGIE: *Agnieszka Holland*
MITWIRKENDE: *Ed Harris, Anne Heche, Barbara Sukowa, Jean-Louis Roux*

Im Mittelpunkt des Films steht der US-Priester Frank Shore (Ed Harris). Er kommt im Auftrag der Kurie nach Chicago, weil die dortige Bevölkerung die Heiligsprechung einer kurz zuvor verstorbenen Nonne verlangt. Er soll die Wunder, die sie angeblich bewirkt hat, überprüfen. Als er ihre Familie kennenlernt, lässt er sich überzeugen. Ihm gegenüber steht jedoch der Erzbischof Werner (Armin Mueller-Stahl), der die Rechtmäßigkeit des Anliegens und die bezeugten Wunder in Frage stellt. Doch der »Advokat des Teufels« muss sich belehren lassen.

Nach dem deutschen Film »Bittere Ernte« war dies der zweite, diesmal ein amerikanischer Film, in dem Mueller-Stahl unter der Regie von Agnieszka Holland spielte. Er äußert sich dazu folgendermaßen: »Das ist vielleicht kein großer Film, aber es ist sicher meine beste Rolle im letzten Jahr.[6]

Jakob der Lügner | *Jakob the Liar* | *Kino*

SZENARIUM: *Peter Kassovitz, Didier Decoin*
REGIE: *Peter Kassovitz*
MITWIRKENDE: *Robin Williams, Bob Balaban, Hannah Taylor-Gordon, Justus von Dohnányi*

Der aus Ungarn stammende französische Regisseur Peter Kassovitz machte aus dem Roman von Jurek Becker ein neues Drehbuch und schuf ein Remake des tragikomischen Holocaust-Dramas. Erzählt wird von dem Juden Jakob Heym in einem polnischen Ghetto im Jahre 1944. Er behauptet, verbotenerweise ein Radio zu besitzen und macht den Menschen im Ghetto Mut, weil sie auf die baldige Befreiung hoffen.

In der ersten Verfilmung hatte Friedrich Richter, der seine ersten Filmauftritte in den vierziger Jahren in Großbritannien absolviert hatte, Professor Kirschbaum gespielt. Jetzt übernahm Armin Mueller-Stahl die gegenüber der ersten Adaption erweiterte Rolle. Distinguiert auftretend mit Hut und Nickelbrille war er unter den Ghetto-Bewohnern eine zentrale Figur und Kopf einer Gruppe von Verschwörern.

Seinerzeit hatten Reimar Johannes Baur und Mueller-Stahl das Brüderpaar Herschel übernommen, das jetzt von Mathieu Kassovitz, dem Sohn des Regisseurs und Péter Rudolf gespielt wurde, der bereits in »Oberst Redl« mitgewirkt hatte. Bob Balaban, Armin Mueller-Stahls Partner in »Gespräch mit dem Biest«, spielt den Friseur Kowalski, die Rolle, die Erwin Geschonneck im ersten Film zu einem Ereignis gemacht hatte.

Der Film fand ein geteiltes Echo. Das deutsche Publikum war von vornherein der Meinung, dass das Remake das Original von Frank Beyer nicht erreichen könne, und das amerikanische Publikum verglich ihn mit Benignis »Das Leben ist schön«. Das fiel zuungunsten von »Jakob der Lügner« aus, denn Kassovitz hatte viele Szenen allzu pathetisch inszeniert. Mueller-Stahl erinnert sich, dass der Film in Südafrika, wo er sich für Dreharbeiten aufhielt, dem unvoreingenommenen Publikum sehr gefiel. Das »Lexikon des Internationalen Films« notiert: »Anders als Frank Beyer in seiner Erstverfilmung inszeniert Peter Kassovitz den tragikomischen Stoff konkreter, aber auch veräußerlichter, schneller und lauter. Während der Film dadurch verflacht, gelingen Robin Williams und vor allem Armin Mueller-Stahl überzeugende darstellerische Leistungen.«

Robin Williams erhielt eine Nominierung für die Goldene Himbeere als schlechtester Schauspieler des Jahres, verlor aber gegen Adam Sandler, der offenbar in »Big Daddy« schlechter war.

Der Film entstand zum großen Teil in Ungarn, wo Mueller-Stahl von seiner früheren Popularität eingeholt wurde. So erzählt er von einer Begegnung mehr als 20 Jahre nach seinem Abschied von der Reihe »Das unsichtbare Visier«: »Als ich mit Robin Williams in Budapest ›Jakob der Lügner‹, die amerikanische Neuverfilmung drehte, sind wir beide mit seinem Flugzeug geflogen – die Amerikaner haben ja alle Privatflugzeuge. Wir landeten in Budapest, und die Zollkontrolle stand da. Nicht, dass der Robin untersucht wurde, aber ich dachte, nun werden sich alle auf den amerikanischen Star stürzen – er war ja ungeheuer beliebt. Nein, die sind zu mir gekommen! Und einer sagte zu mir am Zoll: ›Achim Detjen‹ und ›Bredebusch‹ – meine Namen damals. Der Film ist in Ungarn auch mit großem Erfolg gelaufen, und die jungen Leute sind mit der Serie dort groß geworden. Na, ich habe wirklich gestaunt und der Robin auch! Es gibt sogar mindestens einen Fanclub irgendwo.«[5]

2000

Die Präsidentschaftswahlen in den USA ergeben ein knappes Ergebnis, so dass erst nach fünf Wochen per Gerichtsbescheid George W. Bush zum Sieger erklärt werden kann. – Wladimir Putin wird im ersten Wahlgang zum russischen Präsidenten gewählt. – Die Staatsanwaltschaft Bonn ermittelt gegen Helmut Kohl wegen Untreue. Die CDU fordert ihn auf, den Ehrenvorsitz abzugeben. Anschließend muss auch der CDU-Vorsitzende Wolfgang Schäuble sein Amt aufgeben. Nachfolgerin wird Angela Merkel. – In Hannover findet die Weltausstellung EXPO 2000 statt.

In diesem Jahr stellt sich Armin Mueller-Stahl den Reporterfragen in der TV-Dokumentation »Leben als Abenteuer: Armin Mueller-Stahl« (Regie Kathrin Pitterling).

Jagd auf einen Namenlosen
Pilgrim | Kino

SZENARIUM: *Harley Cokeliss, Peter Milligan*
REGIE: *Harley Cokeliss*
MITWIRKENDE: *Ray Liotta, Gloria Reuben, Daniel Kash*

Dieser kanadisch-britisch-mexikanische Actionthriller wurde von Harley Cokeliss geschrieben, produziert und inszeniert. Bei der Mehrfachauswertung wechselte er mehrmals den Titel, etwa zu »Inferno« und »Nowhere Man«.

Ray Liotta als Jack steht im Mittelpunkt der Handlung. Er wird in der Wüste aufgefunden und hat sein Gedächtnis verloren. Die Malerin Vicky (Gloria Reuben) hilft ihm, und bald stellt er fest, dass er von der Mafia verfolgt wird. Armin Mueller-Stahl spielt einen geheimnisvollen Mann namens Mac.

Der lange Weg zum Sieg
The Long Run | Kino

SZENARIUM: *Johann Potgieter*
REGIE: *Jean Stewart*
MITWIRKENDE: *Nthati Moshesh, Seputla Sebogodi, Paterson Joseph, Desmond Dube*

In diesem südafrikanischen Film steht Armin Mueller-Stahl als Laufsportler im Mittelpunkt des Geschehens. Der gealterte deutschstämmige Trainer Barry (Armin Mueller-Stahl), der in Südafrika vier Männer auf den legendären 56-Meilen-Marathon vorbereitet, wird wegen seines Alters entlassen. Er entdeckt die junge talentierte Läuferin Christine (Nthati Moshesh) aus Namibia, die sich illegal im Land aufhält, und übernimmt ihr Training. Unter vielen Schwierigkeiten raufen sie sich zusammen.

Der *Filmdienst* nennt den Film ein »sensibles Drama, das den Sport zum Anlass nimmt, um von der schwierigen Annäherung zweier unterschiedlicher Charaktere zu erzählen, die Alters-, Kultur- und Geschlechtsunterschiede überwinden.«

Mission to Mars | *Kino*

SZENARIUM: *Jim Thomas, John Thomas, Graham Yost*
REGIE: *Brian De Palma*
MITWIRKENDE: *Gary Sinise, Tim Robbins, Connie Nielsen, Don Cheadle*

»Die Astronauten der Mars-One-Mission können im Jahr 2020 endlich den roten Planeten betreten. Als eine Unregelmäßigkeit auftritt, werden die Astronauten bei der Erkundung von einem seltsamen Wirbelsturm angegriffen. Im letzten Moment gelingt es dem Kommandanten, eine Meldung an die Erde zu schicken. Dort wird auf die Schnelle eine Rettungsmission zusammengestellt ...« (prisma.de)

Wieder übernahm Armin Mueller-Stahl eine Rolle in einer Disney-Produktion der Touchstone Pictures. In diesem Science-Fiction-Film des Kultregisseurs Brian De Palma (»Mission: Impossible«) über einen Flug zum Mars spielt er Ramier Beck, den würdigen Chef der Bodenstation, der Glückwünsche und Katastrophenmeldungen gleichermaßen gefasst entgegennimmt.

Der Film wurde nur ein magerer Kassenerfolg, und Regisseur De Palma, der einsprang, als ein anderer Regisseur aufgab, wurde 2001 gar für eine Goldene Himbeere in der Kategorie »Schlechteste Regie« nominiert, aber der Kelch ging an ihm vorbei ...

Tanger – Legende einer Stadt | *Kino*

SZENARIUM: *Alfred Hackensberger, Roberto de Hollanda, Yves Pasquier*
REGIE: *Peter Goedel*
MITWIRKENDE: *Lisa Martino, Martin Kluge, Mohammed Mrabet*

Die schon 1997/98 gedrehte deutsch-französische Koproduktion startete in diesem Jahr und konnte vermutlich aufgrund ihrer Mischform als Dokumentardrama mit Spielhandlung und Interviews kein großes Publikum gewinnen.

Tanger, Afrikas Tor zu Europa, war in den vierziger und fünfziger Jahren Inbegriff für ein auch sexuell freies Leben und internationaler Tummelplatz für verrückte Millionäre, berühmte Künstler, Ganoven und Geheimagenten. Armin Mueller-Stahl spielt einen ehemaligen Geheimdiplomaten, der nach über 40 Jahren die Stadt wieder aufsucht, weil ihn die Vergangenheit und der Verlust seiner damaligen Geliebten nicht mehr loslassen.

2001

Die USA werden am 11. September von Terroranschlägen in New York auf das World Trade Center und das Pentagon in Washington erschüttert. – Der Bundestag stimmt Ende des Jahres mehrheitlich einem Kampfeinsatz der Bundeswehr in Afghanistan zu. – Erstmals beginnen Frauen in der Bundeswehr eine Offizierslaufbahn.

Anlässlich seines 70. Geburtstages lässt sich Armin Mueller-Stahl überreden, von Januar an im Filmmuseum Potsdam erstmals eine Auswahl seiner Bilder öffentlich zu zeigen und feiert mit der Ausstellung »Armin Mueller-Stahl: Skizzen, Portraits, Begegnungen« einen überwältigenden Erfolg. »Malerei, das ist mehr als ein Hobby. Wenn ich alles zusammennehmen würde, was ich im Laufe meines Lebens gemalt und gezeichnet habe, dann käme ein richtiges Werk zustande. Für mich gehören Schauspielerei, Malerei, auch die Schreiberei zusammen ...«, sagte er zu diesem Anlass.

Im gleichen Jahr steht Armin Mueller-Stahl im Zentrum der TV-Dokumentation »Das Leben ist kein Film« (Regie Eberhard Görner). Darin bekennt er, dass es eine Periode gegeben habe, in der er zur DDR stand, aber dann kamen auch andere Zeiten. Er zitiert seinen Freund Stefan Heym, der gesagt habe, wenn wir etwas ändern wollen, müssen wir hierbleiben. Mueller-Stahl aber war als Schauspieler in einer anderen Situation als der Schriftsteller. Außerdem drehte Eberhard Görner mit Armin Mueller-Stahl anschließend das filmische Essay »Drehtage«.

Im selben Jahr wirkte er in einer vierteiligen Dokumentation mit: »Unterwegs zur Familie Mann« (Regie Heinrich Breloer, Horst Königstein). Sie wurde begleitend zum

TV-Dreiteiler »Die Manns« ausgestrahlt. Ilona Kalmbach drehte im selben Jahr die TV-Dokumentation »Geiger, Gaukler, Gentleman«, in der auch Manfred Krug mitwirkte. Mueller-Stahl war in der ARD-Reihe »Boulevard Bio« zu Gast. Diese Folge stand unter dem Motto »Was mich geprägt hat«.

Die Kreuzritter – The Crusaders
Crociati | TV

SZENARIUM: *Andrea Porporati*
REGIE: *Dominique Othenin-Girard*
MITWIRKENDE: *Alessandro Gassmann, Johannes Brandrup, Thure Riefenstein, Uwe Ochsenknecht, Thomas Heinze, Franco Nero*

Der als deutsch-italienisch-serbische Koproduktion gedrehte Zweiteiler führt in die Zeit der Kreuzzüge unter Papst Urban II. im 11. Jahrhundert. Im Mittelpunkt stehen die Freunde Martin (Alessandro Gassmann) und Andreas (Thure Riefenstein), die sich entschließen, dem Aufruf des Papstes zu folgen und das Heilige Land zu erobern. Im Laufe ihres Aufenthaltes in Palästina müssen sie erkennen, dass der Krieg sinnlos ist und dass Juden und Moslems das Land ebenso beanspruchen können wie die Christen.

Armin Mueller-Stahl spielt in dem Fernsehfilm den Glockengießer Alessio, den Ziehvater Martins.

Das »Lexikon des Internationalen Films« charakterisierte den Zweiteiler als »aufwändigen, schauprächtig ausgestattete Fernseh-Historien- und Abenteuerfilm, der die Kreuzzüge nicht als eine Glaubensangelegenheit, sondern als machtpolitische Maßnahme darstellt. Dabei fühlt er sich freilich stets sentimentalen Zuschauer-Sehgewohnheiten verpflichtet, was zu Verwässerungen führt.«

Die Manns –
Ein Jahrhundertroman | TV

SZENARIUM: *Heinrich Breloer, Horst Königstein*
REGIE: *Heinrich Breloer*
MITWIRKENDE: *Monica Bleibtreu, Jürgen Hentsch, Sebastian Koch, Sophie Rois, Veronica Ferres, Stefanie Stappenbeck, Philipp Hochmair*

Nach der Mitwirkung an internationalen Koproduktionen mit deutscher Beteiligung und der eigenen Regiearbeit an »Gespräch mit dem Biest«, das in den Babelsberger Studios entstanden war, war dieser Fernseh-Dreiteiler von Arte und ARD, der ein Stück deutscher (und zum kleineren Teil auch amerikanischer) Geschichte erzählte, die erste umfangreiche Arbeit, die Armin Mueller-Stahl in der Heimat anging.

Im Dezember 2000 konnte die Journalistin Anke Westphal für die *Berliner Zeitung* mit ihm sprechen: »Wichtig (...) war es Mueller-Stahl, nach zehn Jahren wieder in Deutschland zu drehen. Das hänge mit seinem Alter zusammen, sagt er – das Gefühl, man müsse zurück zur Muttersprache, zu den Wurzeln. Zurück nach Berlin. Er will aufräumen, auch Dinge, Projekte zu Ende bringen.«

Heinrich Breloer und Horst Königstein erzählten einen wichtigen Teil der Geschichte der Schriftstellerfamilie Mann mit Heinrich und Thomas Mann im Zentrum, wobei Bruder Thomas nicht nur als Nobelpreisträger, sondern auch als Oberhaupt einer großen Familie ein besonderer Platz eingeräumt wurde.

Die Handlung setzt 1923 ein, als Thomas Mann (Armin Mueller-Stahl) bereits 47 Jahre alt ist. Er, konservativ in vielen Ansichten, durchlebt harte Auseinandersetzungen mit seinem Bruder Heinrich (Jürgen Hentsch), der sozialistischen Ideen anhängt. Mit seiner Frau Katia (Monica Bleibtreu) und sechs Kindern lebt er aufgrund internationaler literarischer Erfolge in großbürgerlichem Stil, der durch die Verleihung des Literaturnobelpreises 1929 Bestätigung findet. Seine Kinder, allen voran Erika (Sophie Rois) und Klaus (Sebastian Koch) gehen ihre eigenen künstlerischen Wege. Mit der Machtübernahme der Nazis werden die Manns verfolgt, Heinrich wegen seiner offen bekundeten linken Ansichten, der liberalere Thomas und die Kinder, weil Katia jüdische Wurzeln hat. Die Familie wird in Europa zerstreut, aber allen gelingt es auf teilweise lebensgefährlichen Wegen, in die USA zu fliehen. Dort engagieren sie sich – soweit ihre Stimmen gehört werden – gegen den deutschen Faschismus. Die Familie bleibt aber von Rückschlägen nicht verschont. Zwei Selbstmorde stehen dafür, und ehe Heinrich Mann dem Ruf in die DDR folgen kann, stirbt er in Amerika. Katia und Thomas Mann kehren nach Europa zurück und nehmen den Wohnsitz nun in der Schweiz.

Das Konzept für diesen Dreiteiler war eine ungewöhnliche Mischung aus Spiel- und Dokumentarfilm. Breloer und Königstein arbeiteten mit Dokumentarmaterial, hatten Thomas Manns Tochter Elisabeth Mann Borghese als kundige Zeitzeugin dabei und zeigten Ausschnitte aus Produktionen, in denen sich Breloer seit den siebziger Jahren mit der Geschichte der Manns auseinandergesetzt hatte. Demgegenüber standen die Spielfilmszenen, die von Schauspielern der ersten Reihe getragen wurden.

»Die Manns«: Mit Jürgen Hentsch, Veronica Ferres, Monica Bleibtreu (v. l.)

In der Rolle des Schriftstellers Thomas Mann

Breloer gelang es, diese beiden Ebenen glaubhaft miteinander zu verschmelzen.

Für alle Hauptdarsteller, auch für Mueller-Stahl, war es eine lohnende Herausforderung, die Entwicklung der Charaktere über drei Jahrzehnte zu zeigen. Der Suhler Zeitung *Freies Wort* sagte er: »Wenn ich Thomas Mann so gespielt hätte, wie er tatsächlich aufgetreten ist, hätte ich ihn lächerlich gemacht und mich dazu. Ich habe dann überlegt, wie spielst du diese Figur? Und ich bin draufgekommen: Ich spiele sie gar nicht. Ich leihe mich ihm aus. Ich leihe der Figur Thomas Mann meinen Körper und meine Stimme.«

Die außergewöhnliche Arbeit wurde für Schauspieler wie für Buch und Regie mit zahlreichen Preisen gewürdigt. Armin Mueller-Stahl wurde mit dem Jupiter Award, einem Publikumspreis der Filmzeitschrift *cinema* ausgezeichnet und 2002 gemeinsam mit anderen Kollegen mit dem Adolf-Grimme-Preis.

Interessant ist auch zu sehen, wie Schwierigkeiten vor und beim Drehen von den Gewerken gemeistert wurden. Soviel Wert die Macher des Films auch auf die authentische Gestaltung des Zeitkolorits legten, so sehr war doch vieles mittlerweile verschwunden oder verbaut. Szenenbildner Götz Weidner schlug deshalb den Strand von Ahrenshoop auf dem Darß vor, als er vor der Aufgabe stand, das Bäderleben im Travemünde des 19. Jahrhunderts darzustellen. Dort ließ er beispielsweise Badebuden auf Rädern ins Wasser ziehen, in denen sich früher die feinen Damen umzogen, bevor sie auf der Seeseite, ungesehen von etwaigen Zuschauern, ins Meer stiegen.

2002

Sechs Wochen dauert im Frühjahr der Irakkrieg, bei dem unter Führung der USA der Diktator Saddam Hussein gestürzt wird. Vorwand war, dass im Irak Massenvernichtungswaffen vermutet wurden, was nicht bestätigt werden konnte. – Beim Zusammenstoß eines russischen Passagierflugzeugs und einer deutschen Frachtmaschine über dem Bodensee sterben 71 Menschen. – Nach der Bundestagswahl bleibt die SPD stärkste Kraft und Gerhard Schröder Bundeskanzler.

In der Folge »Wetten, dass ... ?« aus München begrüßt Thomas Gottschalk im März neben Armin Mueller-Stahl auch Stefan Effenberg und Britney Spears. Im gleichen Monat stellt sich der Schauspieler den Fragen von Reinhold Beckmann in dessen Talk-Reihe »Beckmann«.

Bei Hoffmann & Campe erscheint das Buch »Armin Mueller-Stahl – Die Biographie« von Volker Skierka.

2003

US-Präsident George W. Bush verkündet den Beginn des Irak-Krieges. – Für die Republikaner wird der Hollywood-Schauspieler Arnold Schwarzenegger zum Gouverneur von Kalifornien gewählt. – Bundeskanzler Schröder besucht die Volksrepublik China zum fünften Mal.

Armin Mueller-Stahl erhielt im Schauspielhaus am Gendarmenmarkt in Berlin als erster Künstler den Preis »Die Quadriga« in der Kategorie »Charisma des

Weltbürgers«. Zu seiner großen Freude sprach Sir Peter Ustinov, der damals schon im Rollstuhl saß, die Laudatio, und Mueller-Stahl fiel anschließend vor dem Laudator auf die Knie – ein bewegender Auftritt!

2004

Mit nur 15 Stimmen Vorsprung wird Horst Köhler für die CDU zum neuen Bundespräsidenten gewählt und sticht damit die Sozialdemokratin Gesine Schwan aus. – Bei einem verheerenden Feuer wird die historische Herzogin-Anna-Amalia-Bibliothek in Weimar schwer beschädigt.

Für das fünfjährige Jubiläum der Elblandfestspiele in Wittenberge übernahm Armin Mueller-Stahl auf Einladung von Gründungsintendant Heiko Reissig neben dem Schirmherrn Walter Scheel die künstlerische Schirmherrschaft. Aufgrund von Terminschwierigkeiten konnte er die Festspiele allerdings nicht besuchen, und es blieb bei einem Grußwort.

In der Sendereihe »Mein Leben« stand der Schauspieler dem Journalisten Gero von Boehm für ein dreiviertelstündiges Gespräch zur Verfügung.

Im Dezember war Mueller-Stahl bei Johannes B. Kerner zu Gast und kurz darauf bei Hellmuth Karasek im »Weimarer Salon«.

Auf dem internationalen Prager Filmfestival wurde Armin Mueller-Stahl mit dem Kristián der tschechischen Filmkritik für seinen lebenslangen Beitrag zum Weltkino ausgezeichnet.

The Dust Factory – Die Staubfabrik
The Dust Factory | Kino

SZENARIUM: *Eric Small*
REGIE: *Eric Small*
MITWIRKENDE: *Ryan Kelley, Hayden Panettiere, George De La Pena*

Dieser Film, der die Ängste junger Leute vor dem Erwachsenwerden thematisiert, ist zu einem großen Teil in einer Parallelwelt angesiedelt. Held ist der Teenager Ryan (Ryan Kelley), der nach einem Unfall plötzlich in einer Welt lebt, in der er seinen kranken Großvater (Armin Mueller-Stahl) als relativ gesunden Mann wiedertrifft. Der wird ihm jetzt mehr denn je zu einem wertvollen Berater. Ryan lernt hier die etwa gleichaltrige Melanie (Hayden Panettiere) kennen, die ihm erklärt, dass man nach einem Sprung in die alte Welt zurückkehren kann oder aber zu Staub zerfällt. Großvater wagt den Sprung und verschwindet. Nachdem Ryan den Sprung unternommen hat, trifft er nicht nur seine Familie, sondern auch Melanie wieder. Obwohl sie ihn nicht wiedererkennt, bricht die alte Sympathie zwischen beiden wieder auf. Großvater aber bleibt verschwunden.

The Story of an African Farm | *Kino*

SZENARIUM: *Thandi Brewer, Bonnie Rodini*
REGIE: *David Lister*
MITWIRKENDE: *Richard E. Grant, Luke Gallant, Karin van der Laag, Anneke Weidemann*

Die US-amerikanisch-südafrikanische Koproduktion entstand nach einem Bestseller der frühen Frauenrechtlerin Olive Schreiner (1855–1920), den sie zuerst unter dem männlichen Pseudonym Ralph Iron veröffentlicht hatte. Die Handlung führt in die 1870er Jahre, als Südafrikas Oberhaupt noch die britische Queen Victoria war. Eine gottesfürchtige Moral bestimmt hier das Leben zweier junger Mädchen, die auf einem Gut leben. Gutsverwalter Otto (Armin Mueller-Stahl) zeigt sich verständnisvoll, und sein Sohn Waldo (Luke Gallant) ist ein für sie nicht uninteressanter junger Mann, der sich mit Erfindungen beschäftigt. Mit der Ankunft des exzentrischen Bonaparte Blenkins wird die Idylle gestört. Mit ihm kommt die Rolle von Religion und Kirche bei der Unterdrückung der Frauen ins Spiel, ein Thema, das Olive Schreiner, die deutsche Wurzeln hatte, stets wichtig war.

The West Wing – Im Zentrum der Macht | *The West Wing* | TV

SZENARIUM: *Aaron Sorkin u. a.*
REGIE: *Bill D'Elia, Alex Graves, Christopher Misiano*
MITWIRKENDE: *Stockard Channing, Martin Sheen, Richard Schiff, Rob Lowe, Makram Khoury*

Die in den USA und vielen anderen Ländern erfolgreiche amerikanische Serie schildert die Auseinandersetzungen führender Politiker der Demokraten und Republikaner im Weißen Haus in Washington. In der fünften und sechsten Staffel der von 1999 bis 2006 laufenden Serie tritt Armin Mueller-Stahl als israelischer Premierminister Eli Zahavi auf, der sich nach Anschlägen im Gaza-Streifen mit dem Führer der Palästinenser verständigen muss. In einer weiteren Folge spielt er einen Rechtsanwalt.

Armin Mueller-Stahl synchronisierte seine vier Folgen für den deutschen Markt selbst, wo die Serie allerdings nur von 2008 bis 2011 auf dem Bezahlsender FOX Channel ausgestrahlt und später auf DVD veröffentlicht wurde.

2005

Der schon länger von Krankheit gezeichnete Papst Johannes Paul II. stirbt nach einem Pontifikat von 27 Jahren. Nachfolger wird der Deutsche Joseph Ratzinger als Benedikt XVI. – Der frühere SPD-Vorsitzende Oskar Lafontaine tritt aus der Partei aus und setzt sich für ein Bündnis von WASG und PDS bei der Bundestagswahl ein. – Die von Schröder initiierten vorgezogenen Bundestagswahlen bringen ihm eine Niederlage. Erste Bundeskanzlerin wird die CDU-Vorsitzende Angela Merkel.

Im Jahr seines 75. Geburtstages hagelt es für Armin Mueller-Stahl Preise. Er erhält unter anderem den Preis der DEFA-Stiftung und den Bremer Hansepreis fürs Lebenswerk. Im Aufbau-Verlag erscheint sein Buch »Venice – Ein amerikanisches Tagebuch«.

2006

Der kälteste Tag des Winters bringt im Januar bei Tiefstwerten bis unter minus 34 Grad Celsius vier Todesopfer in Deutschland. – Matthias Platzeck tritt aus gesundheitlichen Gründen als SPD-Vorsitzender zurück. Ihm folgt Kurt Beck. – Der kubanische Präsident Fidel Castro gibt aufgrund von gesundheitlichen Problemen seine Amtspflichten an seinen Bruder Raúl ab.

Armin Mueller-Stahl wird mit dem Schleswig-Holstein-Filmpreis und der Carl-Zuckmayer-Medaille ausgezeichnet. Von ihm erscheinen in diesem Jahr zwei Bücher im Aufbau-Verlag: »Kettenkarussell« mit kafkaesken Erzählungen und der Bildband »Porträts. Malerei und Zeichnung«.

Die Farben des Herbstes
Local Color | Kino

SZENARIUM: *George Gallo*
REGIE: *George Gallo*
MITWIRKENDE: *Trevor Morgan, Samantha Mathis, Ray Liotta, Ron Perlman*

Um seine Kunst zu vervollkommnen, sucht der junge, talentierte Maler John Talia (Trevor Morgan) Mitte der siebziger Jahre die Nähe des arrivierten russischen Kollegen Nicolai Seroff (Armin Mueller-Stahl), von dem er ein Bild gesehen hat, dessen Schöpfer er nun unbedingt kennenlernen will. Er trifft auf einen müden, desillusionierten, alkoholkranken alten Mann. Allmählich bauen die beiden ein Vertrauensverhältnis auf, und der Meister nimmt John als Schüler an.

Der Film wurde bei New Orleans, in Covington und Baton Rouge in Louisiana gedreht. Die Dreharbeiten endeten wenige Tage, bevor der verheerende Hurricane Katrina die Region verwüstete.

Auf dem New Yorker Tribeca Film Festival feierte der Film 2006 Premiere, gewann im selben Jahr Preise auf dem internationalen St. Lauderdale Festival, wurde aber kein Publikumserfolg. In Deutschland sendete ihn die ARD erstmals 2016. Bei www.fernsehserien.de heißt es: »Der für Actionfilme bekannte Regisseur George Gallo verblüfft diesmal mit einer ganz und gar nicht dick aufgetragenen Beobachtung einer Männerfreundschaft. [...] Als Glücksgriff erwies sich die Besetzung: Wenn Armin Mueller-Stahl als streitsüchtiger Maler gegen die Beliebigkeit der abstrakten Kunst polemisiert, dann beginnen seine Worte von innen her zu leuchten.«

Ich bin die Andere | *Kino*

SZENARIUM: *Peter Märthesheimer, Pea Fröhlich*
REGIE: *Margarethe von Trotta*
MITWIRKENDE: *Katja Riemann, August Diehl, Barbara Auer, Karin Dor, Dieter Laser*

Der Redakteur und Produzent Peter Märthesheimer hatte zu Beginn der achtziger Jahre unter anderem die Drehbücher zu den Fassbinder-Filmen »Lola« und »Die Sehnsucht der Veronika Voss« geschrieben, in denen Armin Mueller-Stahl mitwirkte. Im Jahr 2000 veröffentlichte er seinen einzigen Roman »Ich bin die Andere« zum Thema der multiplen Persönlichkeit. Er verstarb

2004 und konnte die filmische Umsetzung nicht mehr erleben.

Der junge, erfolgreiche Ingenieur Robert Fabry (August Diehl) lernt zufällig die verführerische Carlotta (Katja Riemann) kennen, und es kommt zwischen beiden zu einem One-Night-Stand. Als er ihr am folgenden Tag wiederbegegnet, stellt sich heraus, dass Carlotta eine abgebrühte Rechtsanwältin ist und eigentlich Carolin Winter heißt. Robert verfällt der ebenso schönen wie geheimnisvollen Frau und trennt sich sogar von seiner Lebensgefährtin, um sie zu heiraten. Er ahnt nicht, dass sie eine Frau mit vielen Gesichtern ist, die unter dem Einfluss ihres herrischen Vaters (Armin Mueller-Stahl) und in psychischer Abhängigkeit von ihrer alkoholkranken Mutter (Karin Dor) steht. Robert erkennt nach und nach die Abgründe einer gebrochenen Familie. Im Anschluss an eine erneute Begegnung mit ihr als Carlotta verfolgt er sie bis nach Casablanca, wo er ihr Geheimnis zu entdecken glaubt und sich in Lebensgefahr bringt.

Die Romanadaption wurde von Rezensenten mit Pro und Kontra beurteilt. Die Rede ist davon, der Film sei »stilbewusst mit Mut zur Überzeichnung« und habe »visuell betörende Einstellungen«. Andererseits hätte er sich nicht vom »schwerfälligen Duktus der Vorlage« gelöst und grenze »zum Teil an unfreiwillige Komik«. Der im Sommer 2005 gedrehte Streifen hatte im Jahr darauf bei den internationalen Filmfestspielen in Toronto Premiere.

2007

Die Frauennationalmannschaft verteidigt ihren Titel bei der Fußball-WM. – In Berlin wird durch Zusammenschluss von WASG und PDS die Partei Die Linke gebildet. Gleichberechtigte Vorsitzende werden Lothar Bisky und Oskar Lafontaine.

Bei der Bambi-Verleihung konnte Armin Mueller-Stahl Ende November die Auszeichnung als bester deutscher Schauspieler entgegennehmen. In diesem Jahr erhielt er auch den Deutschen Filmpreis für sein Lebenswerk und den »Bild-Osgar« der Leipziger Ausgabe der *Bild-Zeitung*.

Als Zeitzeuge trat Mueller-Stahl 2007 in dem vielbeachteten Dokumentarfilm »Der Rote Elvis« (Regie Leopold Grün) über das Leben des links engagierten amerikanischen Stars Dean Reed auf, der in Italo-Western Erfolg hatte, ehe er durch den Kontakt mit dem Weltfriedensrat 1972 in die DDR kam. Hier heiratete er zweimal. Er trat in vielen Shows auf, in denen er für den Internationalismus im Sinne der unterdrückten Völker in Südamerika und Palästina warb und drehte bei der DEFA Filme als Schauspieler, Autor und Regisseur.

Armin Mueller-Stahl war sein Partner in »Kit & Co.«, aber auch später hatten sie Kontakt. Mueller-Stahl nahm für ihn Partei, weil er sich über die sozialen Ungerechtigkeiten in seinem Land aufregen konnte und dagegen aktiv wurde.

Als Armin Mueller-Stahl und sein Freund Jurek Becker 1976 Unterschriften sammelten, um gegen die Ausbürgerung des Liedermachers Wolf Biermann zu protestieren, bat Jurek seinen Freund, auch Dean Reed zu fragen. Gemeinsam suchten sie ihn auf, doch er lehnte das Anliegen ab. Im Film erzählt Mueller-Stahl: »Er sah etwas skeptisch auf Jurek, mich hat er sehr freundlich begrüßt, und er war zögerlich und hatte Gegenargumente. Ich dachte mir, es ist nicht gut, weiter in ihn zu dringen, weil er ja nicht a priori bereit war, gleich zu unterzeichnen. Und Jurek versuchte, noch ein bisschen Druck auszuüben, auf eine sehr angenehme Weise, wie ich fand. Aber Dean zögerte, und ich dachte, wir gehen lieber jetzt nach Hause. Wir gingen, und später traf ich ihn dann mal wieder.« Da offenbarte Dean Reed den Grund für sein Zögern: »›Wenn du allein gekommen wärst, hätte ich unterschrieben, aber Jurek war zu fordernd. Da habe ich nicht unterschrieben.‹ So kam das, und Jurek hätte diesen Renommier-Amerikaner, den sich die DDR ja nun leistete, als Gegenstimme gern dabei gehabt.«[5]

Leningrad – Die Blockade | TV / Kino

SZENARIUM: *Alexander Burawski, Chris Solimine*
REGIE: *Alexander Burawski*
MITWIRKENDE: *Gabriel Byrne, Mira Sorvino, Alexander Abdulow, Olga Sutulowa, Alexander Beyer, Kirill Lawrow, Christian Berkel, Donatas Banionis*

Die internationale, vorrangig russische Produktion erschien zunächst als vierteiliger Fernsehfilm, bevor das Material 2009 in einer knapp zweistündigen Kinofassung veröffentlicht wurde.

Der Film stellt die Kriegsereignisse in Russland 1941 nach. Die erbitterte Verteidigung Leningrads stoppt den Vormarsch der deutschen Wehrmacht; Hitler (Eckehard Hoffmann) befiehlt die Belagerung der Stadt. Es kommt zu einer für beide Seiten verlustreichen zweieinhalbjährigen

Blockade Leningrads, in der viele Einwohner an Hunger und Krankheiten sterben. Als roter Faden dient die Geschichte einer britischen Journalistin (Mira Sorvino), die sich in der eingeschlossenen Stadt mit einer sowjetischen Parteisoldatin (Olga Sululova) anfreundet.

Armin Mueller-Stahl spielt den Befehlshaber der deutschen Belagerer, Generalfeldmarschall Wilhelm Ritter von Leeb, einen erfahrenen Militär, der damals bereits der zweitälteste Soldat des deutschen Heeres war. Als er für einen Rückzug der deutschen Truppen plädierte, wurde er von Hitler in die Reserve versetzt.

Tödliche Versprechen – Eastern Promises | *Eastern Promises* | Kino

SZENARIUM: *Steven Knight*
REGIE: *David Cronenberg*
MITWIRKENDE: *Viggo Mortensen, Naomi Watts, Vincent Cassel, Sinéad Cusack, Jerzy Skolimowski*

Für die 14-jährige Prostituierte Tatiana (Sarah-Jeanne Labrosse) in London kommt jede Hilfe zu spät, bei der Geburt ihres Kindes stirbt sie trotz aller Bemühungen im Krankenhaus. Die Hebamme Anna Khitrova (Naomi Watts) nimmt das russische Tagebuch der Toten an sich, um dort nach einer Kontaktadresse zu suchen. Sie findet darin die Adresse eines russischen Restaurants. Dessen Besitzer Semjon (Armin Mueller-Stahl) nimmt sich Annas väterlich an, ist jedoch einer der großen Köpfe der Londoner Russenmafia. Für das operative Geschäft ist sein impulsiver Sohn Kirill (Vincent Cassel) zuständig, der von dem unterkühlten Nikolai (Viggo Mortensen), Chauffeur und Problembeseitiger der Familie,

Mit Naomi Watts in »Tödliche Versprechen«

unterstützt wird. Anna ahnt nicht, dass sie sich in Lebensgefahr befindet.

Der Film erhielt zahlreiche Auszeichnungen, die meisten für David Cronenberg und Viggo Mortensen, aber auch Armin Mueller-Stahl wurde in Deutschland für seine Leistung mit einem Bambi ausgezeichnet. In Kanada erhielt er den Genie Award, die damals wichtigste Auszeichnung des Landes auf dem Gebiet des Films.

2008

Die US-Immobilienkrise erreicht globale Ausmaße. – Zwischen Georgien, Russland und den Republiken Südossetien und Abchasien kommt es im Sommer zum Kaukasuskrieg, der im August mit einem Waffenstillstand vorläufig beendet wird.

Wieder stehen mehrere Auszeichnungen an: Armin Mueller-Stahl erhält das Große Bundesverdienstkreuz mit Stern und den Ehrenpreis des internationalen Filmfestivals von Karlovy Vary.

In der Fernsehreihe »Deutschland, deine Künstler« steht Mueller-Stahl im Juli im Mittelpunkt einer Folge (Regie Inga Wolfram), in der auch Freunde und Kollegen wie Iris Berben, Heinrich Breloer, Constantin Costa-Gavras, David Cronenberg, Barbara Sukowa und Robin Williams mitwirken.

Im Oktober erhält er das Große Bundesverdienstkreuz mit Stern aus den Händen von Bundespräsident Horst Köhler. Im November tritt Mueller-Stahl im tschechischen Fernsehen auf und spricht in der Sendereihe »Na plovárně« mit dem Schauspieler und Autor Marek Eben.

Zum dritten Mal ist Armin Mueller-Stahl in einer Sendung des Journalisten Gero von Boehm zu Gast, diesmal auf 3sat in »Gero von Boehm begegnet ...«.

Im spanischen Fernsehen wird der Schauspieler in die Talkshow »Días de Cine« neben Ben Kingsley eingeladen, um über aktuelle Filme zu sprechen.

Zwei Tage vor seinem Geburtstag am 17. Dezember ist Armin Mueller-Stahl erneut bei »Beckmann« zu sehen, diesmal mit Vertretern der Kölner Theater-Dynastie Millowitsch.

Im Henschelverlag erscheint der Bildband »Die Buddenbrooks – Übermalungen eines Drehbuchs«.

Buddenbrooks | Kino/TV

SZENARIUM: *Heinrich Breloer, Horst Königstein*
REGIE: *Heinrich Breloer*
MITWIRKENDE: *Iris Berben, Jessica Schwarz, Mark Waschke, Alexander Fehling, Sylvester Groth, André Hennicke*

Nach »Die Manns« gingen Heinrich Breloer und Horst Königstein ein weiteres Projekt um Thomas Mann an. »Buddenbrooks«, der wohl bekannteste Roman Thomas Manns, wurde für das Kino in einer zweieinhalbstündigen Fassung und für die beteiligten TV-Anstalten ARD und Arte in einer dreistündigen Fassung als Zweiteiler produziert.

Die traditionsbewusste Kaufmannsfamilie von Konsul Jean (Armin Mueller-Stahl) und Konsulin Bethsy Buddenbrook (Iris Berben) hat es über Generationen hinweg durch Getreidehandel zu großem Ansehen und Wohlstand gebracht. Mit ihren zwei Söhnen Thomas (Mark Waschke) und Christian (August Diehl) sowie der Tochter Tony (Jessica Schwarz) genießen die Buddenbrooks das Leben in Lübeck. Doch mit dem Tod von Jean nimmt eine neue Ära ihren Anfang. Die Kinder sind nicht bereit, sich um jeden Preis für das familiäre Unternehmen aufzuopfern. Der Gegensatz von Geschäft und persönlichem Glück lässt die Dynastie der Buddenbrooks zerbrechen.

Armin Mueller-Stahl war die Rolle des Familienoberhaupts, des Konsuls Jean Buddenbrook, wichtig genug, eine Rolle in dem amerikanischen Stauffenberg-Drama »Operation Walküre« abzusagen. Der *Berliner Zeitung*

Mit Jessica Schwarz, August Diel, Mark Waschke und Iris Berben in »Die Buddenbrooks«

sagte er: »Erzählt wird der Verfall eines Geschäfts und einer Familie. Alle Figuren in diesem Buch haben ihr Selbstbewusstsein an ihren äußeren Erfolg geknüpft. Wenn der Erfolg wegbricht, fällt auch das Ich in den Abgrund. Das ist doch sehr aktuell. Aber Sie müssen nicht denken, dass die Leute bei den koproduzierenden Fernsehsendern nun ganz wild auf ›Die Buddenbrooks‹ waren. Sie waren auch nicht wild auf ›Die Manns‹.«

Der Film erhielt durchwachsene Kritiken, war aber ein Publikumserfolg, der binnen eines halben Jahres 1,2 Millionen Besucher ins Kino zog und auch als Fernsehfilm hervorragende Einschaltquoten erzielte. Für die Ausstattung dieses von der Bavaria produzierten norddeutschen Films erhielten Barbara Baum und Götz Weidner den Bayerischen Filmpreis.

Dmitri Schostakowitsch: Dem kühlen Morgen entgegen | Kino / TV

SZENARIUM: *Oliver Becker, Dietrich Mack*
REGIE: *Oliver Becker, Katharina Bruner*
MITWIRKENDE: *Mstislaw Rostropowitsch, Gennadi Roschdestwenski, Kurt Sanderling*

Das in Zusammenarbeit mit den Sendern 3sat und Arte entstandene Dokumentarfilm-Essay zeigt Armin Mueller-Stahl auf den Spuren des musikalischen Genies.

Dmitri Schostakowitsch, heute als der vielleicht bedeutendste russische Komponist der Sowjetzeit gefeiert, hatte große Schwierigkeiten, die kunstfeindliche Stalin-Zeit wohlbehalten zu überstehen. Die Parteizeitung *Prawda* warf ihm und seiner Musik Volksfeindlichkeit vor. Aufführungen wurden gestoppt, der Komponist unter scharfe Beobachtung gestellt und als Trotzkist verdächtigt.

Mueller-Stahl befragt Verwandte und Kollegen und sichtet Archivmaterial, um dem Komponisten aus Sankt Petersburg näherzukommen: einem Künstler, der seine Kreativität in ständiger Angst nicht voll ausleben konnte. Der Film versucht, sich dem anzunähern, was in Schostakowitschs Inneren vorgegangen sein mag. Er wechselt zwischen drei Arten von Stilen: die heutigen Ereignisse mit Interviews, alte aufgezeichnete Dokumente (hauptsächlich in Schwarz-Weiß) aus der Sowjetepoche und eine dramatisch gestaltete Rekonstruktion von Schostakowitschs Lebensereignissen, die von Marionetten gespielt wird und erstaunlich intensiv geraten ist. »Alles ist schwebend, angespannt, dunkel, wie Schostakowitschs Musik«, heißt es in einer Rezension im Netz.

In dieses Jahr fällt wieder eine Synchronarbeit von Armin Mueller-Stahl. Er gibt Omar Sharif die Stimme, der in dem 10 000 Jahre vor Christus angesiedelten prähistorischen Action-Märchen »10.000 BC« (USA/Südafrika, Regie Roland Emmerich) als Erzähler fungiert.

2009

In den USA wird der Demokrat Barack Obama als erster schwarzer Präsident ins Amt eingeführt. – Kurz vor seiner geplanten Rückkehr auf die Bühne stirbt der »King of Pop«, Michael Jackson, an einer Überdosis Narkosemittel. – Die Bundesregierung versucht, die Folgen der Finanzkrise abzufedern, der Traditionshäuser wie Quelle, Rosenthal oder Schiesser zum Opfer fallen.

Endlich wird auch die Arbeit von Armin Mueller-Stahl als Maler anerkannt. Ihm wird der Internationale Mendelssohn-Preis zu Leipzig in der Kategorie Bildende Kunst verliehen. Außerdem erhält er den Bremer Stadtmusikantenpreis und den Ehrenpreis des Filmfestivals Türkei/Deutschland.

Am Rande der Berlinale wird er mit dem Preis des Progress Filmverleihs ausgezeichnet.

Illuminati | *Angels and Demons* | Kino

SZENARIUM: *Akiva Goldsman, David Koepp*
REGIE: *Ron Howard*
MITWIRKENDE: *Tom Hanks, Thure Lindhardt, Ewan McGregor, Ayelet Zurer, Stellan Skarsgård, Nikolaj Lie Kaas*

Der mysteriöse Geheimbund der Illuminaten wird verdächtigt, die vier wichtigsten Kardinäle und möglichen Kandidaten für das höchste Kirchenamt entführt zu haben, als in Rom eine neue Papstwahl ansteht. Nun wird gedroht, ab 20 Uhr jede Stunde einen der Entführten zu töten und anschließend eine Bombe mit Antimaterie zu zünden. Der Symbologe Robert Langdon (Tom Hanks) wird zu Hilfe gerufen. Ihm steht die Physikerin Vittoria Vetra (Ayelet Zurer) zur Seite, die sich bestens mit Antimaterie auskennt. Doch im Laufe des Abends nimmt nicht nur die Zahl der Opfer zu, die Zeit, eine Katastrophe ungeahnten Ausmaßes zu verhindern, wird immer knapper ...

Armin Mueller-Stahl spielt den päpstlichen Zeremonienmeister Kardinal Strauss. »Im Roman ist das der Kardinal Mortati. Das wurde für mich umgeschrieben. Der Kardinal heißt jetzt Strauss, damit mein Akzent erklärt wird. Ich bin sozusagen der Ratzinger, bevor er Papst wurde, im Absprung, Papst zu werden, aber er will es gar nicht. Er ist genau darunter, der Strippenzieher«, sagte er dem *Tagesspiegel.*

Die Reporterin der *Berliner Zeitung* wollte wissen, ob ihm die Mitwirkung an einem Action-Film gefallen habe. »Natürlich interessieren mich menschliche Konflikte mehr als ein Film, wo es da explodiert, dort knattert und hier ein Hubschrauber runtergeht«, antwortete Mueller-Stahl. »Aber ich muss dann meinen Geschmack

Mit Ewan McGregor in »Illuminati«

weglassen – und ich kann sagen: ›Illuminati‹ ist ein gut gemachter Thriller, spannend – ein Film, der sein Publikum erreichen wird. Ich kann mir denken, dass er auch viele Gegner haben wird. Die deutsche Kritik ist gerne bereit, darauf einzuhämmern, wenn sich etwa der Film vom Buch löst – was nebenbei gesagt sein gutes Recht ist. Der Film muss seine eigene Sprache finden. (...)

Der Regisseur Ron Howard kam immer wieder zu mir und sagte, es sei so ›powerful‹, wenn ich gar nichts mache. Das heißt: Ich spare selbst Blicke. Es gab da einen Kollegen, der spielte mit Händen und Füßen, und ich sagte: ›Wenn du so viel machst, mache ich gar nichts. Du machst alles für mich mit, wunderbar.‹«

Tatsächlich wurde dem Film von Teilen der Kritik vorgeworfen, dass sich die Handlung nicht streng an den Roman von Dan Brown hielt, der allerdings den Film mitproduziert und die Änderungen abgesegnet hatte.

Die Mueller-Stahls sahen den Film gemeinsam, als er seinen deutschen Kinostart hatte: »In Großformat sah ich nun erst recht, wie intelligent der Regisseur Ron Howard den Film umgesetzt hatte, wie konsequent er alles in Sepiafarben hielt, wie sparsam er Musik einsetzte und wie klug die Spannungselemente aufgebaut waren.«[1]

The International | *Kino*

SZENARIUM: *Eric Warren Singer*
REGIE: *Tom Tykwer*
MITWIRKENDE: *Clive Owen, Naomi Watts, Ulrich Thomsen, Axel Milberg, Ben Whishaw*

Nach seinem Überraschungserfolg »Lola rennt« und dem Welterfolg »Das Parfum« hatte der Deutsche Tom Tykwer weithin an Renommee gewonnen. Sein Politthriller »The International« war eine internationale Produktion, an der Deutschland und die USA beteiligt waren.

Der Katalog der Berlinale 2009, wo der Film das Festival eröffnete, gibt die Handlung so wieder: »Im Mittelpunkt von ›The International‹ steht die Entschlossenheit von Interpol-Agent Louis Salinger und der New Yorker Staatsanwältin Eleanor Whitman, eine der mächtigsten Banken der Welt zu Fall zu bringen, die in die Finanzierung globaler terroristischer Anschläge verwickelt zu sein scheint. Nachdem Salinger und Whitman eine Reihe illegaler Aktivitäten aufdecken konnten, folgen die Ermittler der Spur der Geldströme von Berlin nach Mailand, New York und Istanbul. Und schon bald befinden sich beide mitten in einer hochriskanten Hetzjagd rund um den Globus, bei der sie durch ihre kompromisslose

Mit Clive Owen und Tom Tykwer

Hartnäckigkeit auch ihr eigenes Leben aufs Spiel setzen: Denn ihre Zielpersonen machen vor nichts Halt – nicht einmal vor Mord –, um auch weiterhin Terroranschläge und Kriege finanzieren zu können.«

In diesem Film holte Armin Mueller-Stahl die Vergangenheit wieder ein. Sein Oberst Wilhelm Wexler könnte auch der älter gewordene Kundschafter Achim Detjen aus »Das unsichtbare Visier« sein, denn auch Wexler hatte hauptamtlich für den DDR-Staatssicherheitsdienst gearbeitet. Nun ist er der Berater eines Bankvorstandes, von dem man nicht genau weiß, für welche Seite er arbeitet. Er erklärt dem von Clive Owen gespielten Interpol-Agenten, dass große Banken unberührbar seien, da sie gleichermaßen für Drogenkartelle, terroristische Vereinigungen, Regierungen und große Organisationen aller Art arbeiteten.

Eine zentrale, unvergessliche Szene des Films ist eine lange Schießerei mit schweren Schäden in der Rotunde des New Yorker Guggenheim-Museums. Diese Sequenz entstand nicht im Big Apple, wie dem Zuschauer suggeriert wird, sondern in Babelsberg. Die Nachbildung war jedoch so umfangreich, dass sie in den dortigen Studios keinen Platz fand. Dafür wurde extra eine Bauhalle des ehemaligen Potsdamer VEB Lokomotivbau »Karl Marx« genutzt, die den Studios benachbart war. Weitere Szenen spielen im ICC Berlin und in Wolfsburg. Auch in Mailand und Istanbul entstanden Aufnahmen.

Der publikumswirksame Film erhält von der Kritik positive Einschätzungen: »Ein atmosphärisch dichter, die filmischen Erzählmittel meisterlich nutzender Thriller, der sich kritisch mit der globalen Verquickung von Politik und Finanzmarkt auseinandersetzt. Die Inszenierung bleibt selbst in der Gestaltung furioser Actionsequenzen stets realitätsnah und verweist glaubwürdig auf die existenzielle Einsicht, dass keiner ganz ohne Schuld ist«, heißt es im »Lexikon des Internationalen Films«.

In dem Dokumentarfilm (mit einzelnen Spielszenen) »Die Treuhänderin« (Regie Horst Königstein) über die Laufbahn der Treuhandchefin Birgit Breuel, die über die »Abwicklung« der DDR die Oberhand hatte, fungierte Armin Mueller-Stahl als Sprecher. Der Fernsehfilm orientierte sich stilistisch an »Die Manns«, bei dem Königstein als Autor mitgearbeitet hatte.

2010

Die Präsidenten der USA und Russlands, Obama und Medwedew, unterzeichnen den START-Vertrag zur atomaren Abrüstung. – Der polnische Präsident Lech Kaczyński und viele seiner Begleiter sterben bei einem Flugzeugabsturz bei Smolensk. – Nach dem Rücktritt von Horst Köhler wird Christian Wulff zum neuen Bundespräsidenten gewählt.

Bei Universal Music erscheint »es gibt tage ...« als CD und DVD. Darauf singt Armin Mueller-Stahl und wird von Günther Fischer und Tobias Morgenstern begleitet.

In Nordrhein-Westfalen wird Mueller-Stahl mit dem Steiger Award geehrt, in Schleswig-Holstein wird er zum Ehrenbürger ernannt. In Berlin hat er ab sofort einen eigenen Stern auf dem Boulevard der Stars.

Im Berliner Aufbau-Verlag veröffentlicht Mueller-Stahl Lieder und Gedichte unter dem Titel »Die Jahre werden schneller«.

2011

Ein norwegischer Rechtsradikaler begeht im Juli Anschläge auf Regierungsgebäude in Oslo mit acht Toten, und auf Jugendliche auf der Insel Utøya, von denen 69 getötet werden. – Mit dem Tod zweier deutscher Rechtsradikaler und der Festnahme ihrer Mittäterin im November werden die Terrortaten der Gruppe »Nationalsozialistischer Untergrund« (NSU) bekannt.

In diesem Jahr erhält Armin Mueller-Stahl den Goldenen Ehrenbären der Internationalen Filmfestspiele Berlin, die Goldene Kamera für sein Lebenswerk, wobei Iris Berben die Laudatio hält. Auf einem Filmfestival in Königsberg, dem heutigen Kaliningrad, ist er zur Aufführung dreier seiner Filme eingeladen.

Mit seiner Frau reist er nach Memel, die Geburtsstadt seines Vaters, und weiter in seine Geburtsstadt Tilsit – sein erster Besuch dort nach 73 Jahren. Eine gut gemeinte und doch fragwürdige Ehrung ist die Ehrenbürgerschaft der russischen Stadt Sowjetsk, wie seine Geburtsstadt Tilsit heute heißt.

Armin Mueller-Stahl schreibt über den Besuch: »Der trostlose Ort, den die Russen Sowjetsk nennen, ist nicht mehr meine Heimat. Ich erkannte nur weniges wieder. An meinem Elternhaus hatte man zu meinen Ehren eine Tafel angebracht. Aber ich weigerte mich, noch einmal in unsere alte Wohnung zu gehen, denn ich wollte nicht die Bilder zerstören, die ich im Kopf habe.«[1] Er resümiert: »Auf dieser Reise lernte ich, dass meine Heimat die Menschen sind, die mich im Leben begleiten. Dazu zähle ich auch die Freunde und Familienmitglieder, die schon gegangen sind. Heimat ist kein Ort, sondern die Empfindung von Geborgenheit.«[1]

2012

Nach dem Rücktritt von Bundespräsident Christian Wulff aufgrund von öffentlichen Vorwürfen wird im Mai Joachim Gauck, der zuvor noch Wulff unterlegen gewesen war, zum neuen Amtsträger gewählt. Mit ihm übernimmt nach Bundeskanzlerin Angela Merkel der zweite ehemalige DDR-Bürger ein hohes Staatsamt der Bundesrepublik.

In der im Februar des Jahres im RBB erstmals gesendeten Dokumentation »Ost-Legenden: Erwin Geschonneck« (Regie Dagmar Wittmers) erinnert sich Armin Mueller-Stahl an den Schauspieler, mit dem er in den Filmen »Fünf Patronenhülsen«, »Nackt unter Wölfen«, »Ein Lord am Alexanderplatz« und »Jakob der Lügner« (1974) zusammenarbeitete. Er bewunderte ihn, auch weil Geschonneck viel für seine Fitness tat und kilometerweite Stadtmärsche unternahm. Sein Geheimnis sei sein Lächeln gewesen, das man auch in seinen ernsten Rollen immer erahnen konnte. Politisch hatten sie einen Disput, weil der Kommunist Geschonneck (der sich in den achtziger Jahren auf die Seite der Reformer in der Partei geschlagen hatte) damals behauptete, die Partei würde keine Fehler machen, auch als Mueller-Stahl ihm einige aufzählte.

2013

Edward Snowden deckt die Aktivitäten der NSA auf. – Zum ersten Mal seit 1294 tritt mit Benedikt XVI. ein Papst nach eigener Entscheidung vom Amt zurück. Im März wird mit Franziskus erstmals ein Lateinamerikaner in diese Position gewählt.

Armin Mueller-Stahl wird der Ehrenpreis des österreichischen Medienpreises Romy in Wien verliehen.

Auf Einladung von Kristian Järvi hat er sechs Jahrzehnte nach Abschluss seines Musikstudiums sein Debüt als Dirigent. Er wählt den dritten Satz der dritten Sinfonie von Johannes Brahms. Unter den Gästen ist auch Kurt Masur, der sich von der Darbietung begeistert zeigt.

2014

Im Dezember wird in Thüringen mit Bodo Ramelow erstmals ein Politiker der Partei Die Linke zum Ministerpräsidenten gewählt. – Im selben Monat strahlt das ZDF nach 33 Jahren zum letzten Mal die Show »Wetten, dass ...?« aus.

Rückwirkend für das Jahr 2013 erhält Armin Mueller-Stahl in München den Ehrenpreis des bayerischen Ministerpräsidenten beim Bayerischen Filmpreis. Auf dem Filmfestival in Locarno wird er mit dem Preis für das Lebenswerk und am Rande der Berlinale mit dem Askania-Preis für das Lebenswerk ausgezeichnet.

Als Interviewpartner wirkt Mueller-Stahl unter anderem neben Angelica Domröse, Dietlinde Greiff, Wolfgang Kohlhaase, Margarethe von Trotta und Wim Wenders in der französischen Dokumentation »Le Cinéma fait le Mur« (Regie Bernard Louargant) mit.

Zum dritten Mal hat »Beckmann« ihn in seine Sendung eingeladen. Unter dem Motto »Ein Leben auf der Suche nach Heimat« kann er eine Stunde lang aus seinem aufregenden Leben erzählen.

In dem türkisch-deutschen Filmporträt des erfolgreichen Komponisten Zülfü Livaneli: » Zülfü Livaneli – Eine Stimme zwischen Ost und West (Regie Cengiz Kültür, Dirk Meißner, Orhan Çalişir) wirkt Armin Mueller-Stahl neben der griechischen Sängerin Maria Farantouri und der deutschen Politikerin Claudia Roth mit.

2015

Maskierte Täter, die sich zur Terrororganisation Al-Qaida bekennen, überfallen im Januar die Pariser Redaktion der Satirezeitschrift *Charlie Hebdo* und töten zwölf Menschen. – Im März kommen 150 Menschen beim Absturz einer Germanwings-Maschine in den Alpen ums Leben. Ein Kopilot riss bewusst für seinen Suizid die Passagiere und die Crew mit in den Tod.

Dem Leben der 2010 verstorbenen polnisch-amerikanischen Schauspielerin Elżbieta Czyżewska war der Dokumentarfilm »Aktorka« (Regie Kinga Debska, Maria Konwicka, Zuzanna Szamocka) gewidmet, die mit Armin Mueller-Stahl in »Music Box« aufgetreten war. Er und Jessica Lange erinnern sich neben vielen anderen in der Dokumentation an die Zusammenarbeit.

Knight of Cups | *Kino*

SZENARIUM: *Terrence Malick*
REGIE: *Terrence Malick*
MITWIRKENDE: *Christian Bale, Cate Blanchett, Wes Bentley*

Der von Ruhm und Erfolg gelangweilte Hollywood-Drehbuchautor Rick (Christian Bale) empfindet wachsenden Abstand zum Hollywood-Glamour. Er begibt sich in einem schwebend-gleitenden Strom aus Assoziationen, Musik- und Handlungsfragmenten auf die Suche nach Liebe und dem Sinn seines Lebens. Dabei begegnet er alten und neuen Liebschaften, feiert wilde Partys und streift durch öde Wüstenlandschaften oder die Hochhausschluchten von Los Angeles. Er erinnert sich an die schönen Momente seiner gescheiterten Ehe mit Nancy (Cate Blanchett), während er sich in eine unglückliche Affäre mit der dunkelhaarigen Elizabeth (Natalie Portman) begibt. Zudem stellt er sich den längst überfälligen Konflikten mit seinem alternden Vater (Brian Dennehy) und seinem Bruder. Armin Mueller-Stahl spielt den Priester Father Zeitlinger, der dem an seinem Dasein zweifelnden Helden tröstliche Worte spendet, ohne damit dessen Lebenskrise zu berühren.

Der Titel des Films bezieht sich auf das Tarot-Spiel, dessen Karten auch die Kapitel-Einteilung des Films angeben. »Knight of Cups« steht für »Ritter der Kelche«, im übertragenen Sinn einen Traumtänzer, der nach Liebe und Erfolg im Leben sucht.

Obwohl der Autorenfilmer Terrence Malick ein fertiges Skript hatte, erhielten bei den Dreharbeiten im Sommer 2012 die Schauspieler nur die Seiten für den jeweiligen Drehtag ausgehändigt. Christian Bale sagte in einem Interview, ihm sei beim Drehen nicht klar gewesen, worauf der Film letztlich hinausliefe.

Der rein amerikanische Film lief 2015 im Berlinale-Wettbewerb, ohne eine Auszeichnung zu erringen, erhielt aber später Preise bei kleineren Festivals. In einer Berlinale-Rezension äußert sich Patrick Holzapfel auf kinozeit.de: »Man wird wahrscheinlich nicht allen Ansichten des Filmemachers bedingungslos folgen wollen und können und seine esoterisch-christlichen Noten sind nicht gerade zeitgemäß, aber sie sind zum einen reflektiert und ambivalent und zum anderen mit einer derartigen filmischen Hochwertigkeit und Überzeugungskraft vorgetragen, dass man sich einfach verneigen muss.« Der Schweizer Kritiker Michael Sennhauser urteilt im SRF abschätzig: »Wie bei Woody Allen wollten sie offensichtlich alle mitspielen im neuen Opus von Malick. Die Besetzungsliste suggeriert ein Millionenbudget und tönt wie der feuchte Traum eines gierigen Produzenten. Christian Bale, Natalie Portman, Cate Blanchett, Antonio Banderas, Ben Kingsley, Brian Dennehy, Michael Wincott, Ryan O'Neal, Armin Mueller-Stahl: Das sind nur ein paar der bekannteren Namen. Und das gleiche macht Malick mit Los Angeles und Hollywood. Er zeigt, was man kennt. Schicke Wohnungen und Villen, Strände und Strassen, Models beim Fotografen, Swimming Pools mit nackten, halbnackten und angezogenen Frauen drin: Alles im Dienst der Verbreitung der grossen inneren Leere seines Pilgers.« Andere Rezensenten urteilten positiver, hoben die »schwebende Kamera« hervor, den Kontrast zwischen Realität und Schönheit und Sinnlichkeit, in dem der zerrissene Held lebt, und nicht zuletzt den Umgang mit der Musik.

2016

Die Mehrheit der Briten stimmt für den Austritt aus der EU. – Bei der US-Präsidentschaftswahl im November erhält der Republikaner Donald Trump zwar weniger Stimmen als seine demokratische Herausforderin Hillary Clinton, kann aber die meisten Wahlmännerstimmen auf sich vereinen.

Im Berliner Zoo-Palast wird Armin Mueller-Stahl mit dem Ehrenpreis des Deutschen Schauspielerpreises ausgezeichnet.

Das MDR-Fernsehen widmete dem Künstler im November die Sendung »Ein Abend für Armin Mueller-Stahl« (Regie Heike Sittner), bei dem unter anderem Iris Berben und Winfried Glatzeder von der gemeinsamen Arbeit erzählen. Aus dem Gespräch mit Armin Mueller-Stahl darin profitiert dieses Buch mit vielen Aussagen.

2017

Im Januar wird Donald Trump ins Amt des US-Präsidenten eingeführt. – Nach Ende der ersten Amtszeit tritt Bundespräsident Gauck nicht erneut an. An seine Stelle wird mit Frank-Walter Steinmeier ein SPD-Politiker als deutsches Staatsoberhaupt gewählt. – In Hamburg wird der G-20-Gipfel abgehalten, von massiven Protesten begleitet. – Bei der Bundestagswahl wird die CDU erneut stärkste Kraft, aber die Mehrheitsverhältnisse stellen Angela Merkel vor eine schwierige Regierungsbildung.

Als Zeitzeuge gibt Armin Mueller-Stahl in der ZDF-Reihe »History« Auskunft in dem Film »Manfred Krug – Eine deutsch-deutsche Geschichte« (Regie Steffi Schöbel). Er erzählt über seinen alten Freund seit Schauspielschulzeiten: »Er war der lauteste, der frechste, besonders in jungen Jahren, ein echter Rebell! Aber unsere Freundschaft kam zögernd in Gang, denn er sah in mir den Konkurrenten.«

Dem Lebenswerk des damals 98-jährigen polnischstämmigen Berliner Produzenten Artur Brauner (er starb 2019 kurz vor seinem 101. Geburtstag) wurde der Film »Marina, Mabuse und Morituri« mit dem Untertitel »70 Jahre deutscher Nachkriegsfilm im Spiegel der CCC« (Regie Kathrin Anderson, Oliver Schwehm) gewidmet. Brauner hatte als Jude den Holocaust im Untergrund überlebt und sich seit Kriegsende für das Verstehen der geschichtlichen

Vorgänge eingesetzt, wenngleich er auch viele Unterhaltungsfilme in seiner Firma CCC-Film produzierte. Armin Mueller-Stahl trat als Zeitzeuge auf, denn er war in den von Brauner mitproduzierten Filmen »Eine Liebe in Deutschland« und »Bittere Ernte« aufgetreten und kannte Brauner gut. Von dem Material wurde noch eine zweite Fassung erstellt, die 2018 zum 100. Geburtstag von »Atze« Brauner im Fernsehen gesendet wurde.

Die Teilnahme an diesem biografischen Rückblick beschließt bis heute Armin Mueller-Stahls Leben vor der Kamera.

Armin Mueller-Stahl: Selbst mit Schal

Der Gaukler kann fliegen | *Biografisches*
Von F.-B. Habel

Schon als Heranwachsender faszinierte mich Armin Mueller-Stahl. Mit vierzehn Jahren erlebte ich ihn erstmals in der Volksbühne. Arno Wyzniewski spielte Don Karlos, Wolf Kaiser seinen Vater Philipp und Mueller-Stahl brillierte als Marquis Posa. Er schlug mich in seinen Bann, als er die vielzitierte Forderung nach Gedankenfreiheit nicht einfach herausrief, sondern verhalten und dadurch sehr intensiv gestaltete – das habe ich von niemandem wieder so gehört!

Ein paar Mal habe ich ihn auf Bühnen wiedergesehen, zuletzt 2005 mit faszinierenden Liedern bei der Gala zum 60. Jahrestag des Aufbau Verlags, wo einige seiner Bücher erschienen sind. Natürlich hatte ich auch viele seiner Filme gesehen – nur nicht die Reihe »Das unsichtbare Visier« aus den siebziger Jahren, mit der er sich bis in jüngste Zeit via TV und DVD ein begeistertes Publikum eroberte. Ich war damals jugendlich-oppositionell und nicht der Meinung, dass man die Taten der DDR-Staatssicherheit heroisieren sollte. Auch bin ich froh, dass ich Mueller-Stahls erste amerikanische TV-Serie »Amerika« nie gesehen habe. Was ich darüber las, genügt mir vollkommen.

Dass der Schauspieler sich für derartige Rollen nicht zu schade war, rührt aus seiner unbändigen Spiellust. Er wollte sich in diesen Rollen ausprobieren, war, wie er oft bekannte, ein Gaukler (nach dem Lexikon ein Taschenspieler oder auch ein Zauberkünstler) einer, der den anderen etwas vormacht. Die allgemeine Einschätzung, dass Armin Mueller-Stahl das Publikum verzaubert hat, damit es ihm alles glaube, entspricht der Wahrheit. Und bei den meisten Filmen begreife ich mich da durchaus mit ein!

»Wer immer nur funktioniert, entzieht sich dem Abenteuer des Lebens«, hat er gesagt, und das ist ein Satz, den ich auch unterschreiben kann.

Sein 90. Lebensjahr stand unter keinem guten Stern, denn die Covid-Pandemie schränkte viele Aktivitäten ein – zumal Armin Mueller-Stahl eindeutig zur »Risikogruppe« zählt. Noch im Januar 2020 stand er vor seinem Publikum. Er war in Lessings Geburtsstadt Kamenz gereist, um im Malzhaus seine Ausstellung »Vom Flug der Freiheit« zu eröffnen. Längst hat es sich herumgesprochen, dass er ein Künstler auf vielen Gebieten ist, am bekanntesten natürlich wurde er als Schauspieler. »Zeichnen ist für mich wie Schauspielern, und Schauspielern wie Zeichnen«, erklärt er. »Mein Leben lang habe ich Haltungen beobachtet und übertragen. Auf der Bühne, vor der Kamera oder auf dem Papier.«[10]

Wenn die Schauspielerei gewiss seine größte Leidenschaft ist, stellt sich die Frage nach der zweitgrößten. Die Musik oder Malerei und Grafik? Zumindest war die Musik zuerst da – noch vor der Schauspielerei. »Musik, Literatur und Malen sind einige der wichtigsten Dinge in meinem Leben. Zum Malen braucht man eine Leinwand. Als Schriftsteller braucht man zum Schreiben Ideen. Musik aber hat nichts zu tun mit konkreten Dingen. Sie befreit dich. Sie gibt dir mehr Raum als jede andere Kunst. Musik ist zwischen Himmel und Erde.«[10]

Der kleine Armin hatte als drittes von fünf Geschwistern eine behütete Kindheit in seiner Geburtsstadt, dem ostpreußischen Tilsit. Seine Eltern waren musische Menschen. Der Vater Alfred Müller, ein Bankangestellter, war komödiantisch begabt. Er spielte am Tilsiter Theater kleine Parts und trat bei Geburtstagsfeiern mit Sketchen auf. Im *Filmspiegel* erzählte Ottilie Krug, die Frau von Manfred, die

Geschichte der Namensänderung 1973 so: »Seinem heimlichen Drang, sich wenigstens beruflich zu verändern, konnte er mit Rücksicht auf die Sippe nicht nachgeben: Er wollte Schauspieler werden. So veränderte er nur seinen Namen, indem er an das alltägliche Müller ein kräftiges Stahl anhängte: MUELLER-STAHL. Der Name eines verhinderten Künstlers, kein Künstlername.«

Als Armin sechs Jahre alt war, schenkte ihm die Mutter, eine aus Lettland stammende Deutsch-Baltin, eine Geige, und er nahm Unterricht. Der Großvater mütterlicherseits war Pfarrer und brachte »Minchen«, wie er in der Familie und später auch oft von Freunden und Kollegen genannt wurde, das Orgelspiel bei, und Minchen durfte oft die Kirchenglocken läuten. Die Großmutter, die adeliger Abstammung war, hatte ein starkes grafisches Talent. Der Enkel sah ihr zu und guckte sich viel von ihr ab. Schon mit neun porträtierte er sie, und das Bild wurde sogar ähnlich.

Ostpreußen, das Armin in den Kinderjahren geprägt hatte, musste, als er noch keine acht Jahre zählte, aus familiären Gründen kurz vor Ausbruch des Zweiten Weltkriegs gegen die Uckermark eingetauscht werden. Solange die Mutter dort lebte, blieb Prenzlau für Jahrzehnte Armins Zuhause. Die unbeschwertere Zeit erlebte er aber auf dem Gut Groß Pankow bei Pritzwalk, wo er gemeinsam mit seinem Bruder Hagen eine Zeit lang bei Verwandten der Mutter unterkam.

Dem Kriegsgeschehen jedoch entgeht er nicht. Der Vierzehnjährige meldet sich im Frühjahr 1945 in pubertärer Verblendung zum Volkssturm. Doch er hat sich den Magen verdorben und wird nach Hause geschickt. Die meisten seiner Klassenkameraden fallen im Kampf für den »Endsieg«. Als im April 1945 Prenzlau bombardiert wird, trifft es auch Mueller-Stahls Haus. Die Familie muss nach Goorstorf ausweichen.

Dort findet Armin eine Wehrmachtspistole, die er angesichts der unmittelbaren Nähe sowjetischer Truppen vergraben will. Doch mit der Pistole in der Hand wird er entdeckt. »Es war der 1. Mai 1945. Ein sowjetischer Soldat stand vor mir, brüllte mich an und drückte mich mit seinem Gewehr an eine Scheunenwand. Ich verstand ihn nicht und verstand ihn doch, er wollte mich erschießen.« Wie durch ein Wunder erscheint ein polnischer »Fremdarbeiter« und springt ihm zur Hilfe. »Ich sehe den Polen vor mir, wie er dem Soldaten das Gewehr aus der Hand schlägt. Und gleichzeitig sehe ich ihn, wie er vor dem Soldaten kniet und um mein Leben fleht. Welches dieser Bilder stimmt? Ich weiß es nicht. Mir brüllte er nur zu: ›Abhauen! Abhauen!‹ Und ich rannte.« Was Armin und seine Familie erst viel später erfuhren: An genau diesem Tag starb der Vater in einem Lazarett. »Mir kommt der Gedanke, dass er an meiner Stelle gestorben ist«, meint Armin Mueller-Stahl viel später.

Noch einen weiteren Schicksalsschlag musste die Familie bald darauf verkraften. Sein zwei Jahre älterer Bruder Roland, von Armin immer bewundert, erkrankt an einem Gehirntumor. Mit starkem Lebenswillen besteht Roland noch das Abitur, stirbt aber kurz darauf im Alter von 18 Jahren.

Nach dem Krieg, erhielt die Familie, weil sie ausgebomt waren, in Prenzlau eine Zweizimmerwohnung, gerade ausreichend. Doch bald müssen sie Verwandte, die aus Ostpreußen geflohen sind, für einige Zeit bei sich aufnehmen. Großes Gottvertrauen hilft über die schwere Zeit.

Armin war ein fröhlicher Heranwachsender, der bald die ersten Bühnenschritte unternahm. Mit Bruder Hagen spielte er im Schultheater Shakespeares »Sommernachtstraum«, er als Zettel, Hagen als Oberon (eine Rolle, die Armin später an der Volksbühne in Berlin glanzvoll ausfüllen wird).

Die Brüder Mueller-Stahl trafen sich Ende der vierziger Jahre in Berlin wieder. Der vier Jahre ältere Hagen studierte an der Humboldt-Universität in Ostberlin Theaterwissenschaft. Armin war beseelt davon, Musiker zu werden. Er studierte Geige bei Professor Hans Mahlke von der Hochschule für Musik in Westberlin, wo er auch wohnte. Dabei nutzte er alle Möglichkeiten in Ost und West, die besten Künstler zu erleben, ob in Mitte am Deutschen Theater oder in Steglitz im Titania-Palast, wo viele Konzerte auf dem Programm standen. Der einzigartige Horst Caspar als Hamlet im Deutschen Theater wurde für ihn zu einer Offenbarung, Hamlet eine Sehnsuchtsrolle sein ganzes Theaterleben lang! Das Theater übte eine immer stärkere Faszination auf ihn aus. So entschloss er sich zum Studium des Schauspiels. Doch an der Staatlichen Schauspielschule (der Vorläuferin der heutigen Hochschule für Schauspielkunst »Ernst Busch«) nahm man ihn nur für ein Jahr auf. Ihm wurde Talentlosigkeit bescheinigt. Er selbst meint womöglich nicht zu Unrecht, dass sein ausgeprägter Widerspruchsgeist ein ausschlaggebender Grund für den Rausschmiss war.

Hagen Mueller-Stahl, der inzwischen als Dramaturg und Regisseur beim Theater am Schiffbauerdamm für Fritz Wisten arbeitete, war es zu verdanken, dass Armin dort vorsprechen konnte und Wisten es mit ihm versuchte. Seine erste Rolle wird 1952 der Prinz mit Gesang in der Nachmittagsvorstellung von »Aschenbrödel«, fürs Abendpublikum feiert er sein Debüt in Friedrich Wolfs »Der arme Konrad«, wo er seine winzige Rolle dreist ausbaut. Der junge, noch unfertige Schauspieler war verunsichert, aber Wisten arbeitete väterlich mit ihm und nahm ihn auch mit, als das Ensemble nach dem Wiederaufbau 1954 in die Volksbühne wechselte. Er brachte neben der Theaterarbeit sein Musikstudium zu Ende und nahm außerhalb Schauspielunterricht. Dabei hatte er nun selbst auch Schüler, denn er erteilte privaten Geigenunterricht.

Armin Mueller-Stahl spielte sich in die erste Reihe, übernahm zunächst Helden, später gebrochene Charaktere sowohl in Hauptrollen wie auch als weniger zentrale Parts. Nach Fritz Wisten förderten die Intendanten Wolfgang Heinz, Maxim Vallentin und Karl Holán seine schauspielerische Entwicklung, wobei unter Holán schnell der Oberspielleiter Benno Besson die künstlerische Entwicklung des Hauses bestimmte. Mit ihm kam Mueller-Stahl nicht gut aus. Als Holán 1974 abtrat und Besson die Intendanz des Hauses übernahm, demissionierte der Schauspieler, nachdem er mehr als zwei Jahrzehnte dem Ensemble angehört hatte.

Über Mueller-Stahls Rollen bei Theater, Film und Fernsehen berichtet der Hauptteil dieses Buches, so dass hier nicht darauf eingegangen werden muss. Aber wenn er auch – besonders in den jungen Jahren und erneut in der Zeit nach dem Neubeginn in der BRD – oft Rollen annahm, um Geld zu verdienen, so spielte er doch meist mit innerer Anteilnahme, mit dem Ethos, das Publikum über die Vergangenheit aufzuklären. In allen Phasen seiner Laufbahn wirkte er in Geschichten mit, die Faschismus und Krieg geißelten. Was er 2018 über den Dreh von »Nackt unter Wölfen« (1962/63) schreibt, kann für alle seiner Arbeiten über dieses Thema gelten: »In Buchenwald drehten wir direkt auf dem Gelände des ehemaligen Konzentrationslagers, und alle wussten, wie viele Menschen hier gestorben waren und auf welche Weise. In diesem Film mitzuspielen, war mehr als eine Rolle zu verkörpern – es war ein persönliches Anliegen.«

Zu den großen Filmrollen, die der junge Mueller-Stahl gern gespielt hätte und die nicht realisiert wurden, zählt eine, die auf den Abend seiner Filmlaufbahn verweist, als er sich mit den Manns auseinandersetzte. Seit Mitte der fünfziger Jahre erarbeitete Regisseur Kurt Maetzig (mit dem Armin Mueller-Stahl »Preludio 11« und »Januskopf« drehte) an einer Fassung der beiden Henri-Quatre-Romane von Heinrich Mann, die er als Zweiteiler verfilmen wollte. Ihn reizte die Figur des französischen Königs aus dem 16. Jahrhundert, weil der Humanismus, Menschlichkeit und Menschenwürde als Regierungsprinzipien entwickelt hatte. Schon früh hatte Maetzig dabei an Armin Mueller-Stahl zusammen mit einer internationalen Besetzung gedacht, unter anderem Therese Giehse und Claudia Cardinale. Letztlich wurde kein potenter Koproduktionspartner gefunden, und das Projekt starb, weil es zu teuer geworden wäre.

Obwohl sich Mueller-Stahl dafür entschied, ein »Gaukler« auf der Bühne und in der Manege gar ein Clown zu sein, vergaß er seine anderen Talente nie ganz. Gelegentlich gelang es ihm sogar, in einer Rolle als Geiger aufzutreten. In dem frühen Film »Die letzte Chance« spielte er einen Pianisten, wie auch dreißig Jahre später beim amerikanischen Film »Im Glanz der Sonne«. Er komponierte kleine Sujets – hauptsächlich für sich, denn er entwickelte sich zum Liedermacher und trat mit eigenen Texten in Konzerten auf.

Doch seine Verse waren nicht jedermanns sozialistischer Geschmack. Es waren »absurde Texte, in denen ich etwas verstecken konnte, irgendeine Botschaft verstecken, hoffend, dass das Publikum sie zwischen den Zeilen hören konnte. Aber die Leute hörten es nicht, die Funktionäre schon. Die waren auf der Suche nach versteckten Botschaften. Sie haben sich dann meine Texte, die ich vortrug, sehr genau vorgenommen: Das darf nicht, das darf nicht, sagten sie. (...) Ich bin immer irgendwie an die Wand gelaufen.«[10]

Er zeichnete viel, aber nur privat. Oft verschenkte er Porträts an Freunde und Kollegen. Mit seinen Geschwistern, die alle zum Theater gegangen waren, arbeitete er gelegentlich zusammen, spielte unter Hagens Regie später auch wieder im Westen, mit seiner Schwester Dietlind in »Flucht aus der Hölle« und gastierte am Hallenser Theater, wo seine andere Schwester Gisela als Dramaturgin arbeitete.

Politisch blieb Armin Mueller-Stahl ambivalent. Was er im Zusammenhang mit dem faschistischen Krieg erleben musste, hatte ihn gefühlsmäßig zu einem Linken werden lassen. Doch stellte er Ideologien immer in Frage. Bis zum Mauerbau wohnte er in Westberlin – erst in Steglitz, später in Wilmersdorf (und hatte auch ein Zimmer im Prenzlauer Berg, falls es im Theater spät wurde). Er arbeitete in Ostberlin und der DDR, aber sein »Bekenntnis zum Staat« ging nicht so weit, dass er in die Partei eingetreten wäre. Das Gefühl, dass es nach dem Mauerbau in der DDR besser gehe, beflügelte ihn nur für wenige Jahre. Wenn er als Chansonnier ab Mitte der sechziger Jahre ins Ausland reiste, sah er dort, dass speziell die soziale Situation durchaus nicht besser war als zu Hause. »Ich wollte mich nicht wegschleichen aus diesem Land, nicht von meinen Freunden und nicht von meinem Publikum. Es schien mir unpassend, einfach so wegzugehen.«

Die Widersprüche, die sich da in seinem Verhalten auftaten, wurden ihm langsam bewusst: »Meine Aversionen gegen künstlerische und politische Zwänge einerseits und andererseits der Umstand, dass ich die professionelle Anerkennung genoss, Erfolg hatte und Preise vom Staat annahm.«[10] In Unterhaltungssendungen trat er mehrmals als Clown auf und konnte in dieser Travestie unterschwellige Widerhaken zur offiziellen Kultur unterbringen. Er brauchte eine ganze Weile, um den Entschluss zu fassen, das Land, in dem er vom Publikum geliebt wurde, zu verlassen. Gerade in der Kulturpolitik der DDR wurde zu viel Porzellan zerschlagen, als dass man viel Hoffnung behalten konnte.

Sein Privatleben war öffentlich nicht interessant, solange es in der DDR stattfand, die so gut wie keine Boulevardpresse hatte. Später äußerte er sich ab und an, dass er als junger Mann ein paar »wilde Jahre« gehabt habe. Seine stahlblauen Augen kamen ihm zugute, und die Narbe am Kinn, die er sich als Kind bei einem Autounfall mit seinem Großvater zugezogen hatte, konnte das Bild nicht stören. Mädchenherzen flogen ihm zu, noch bevor er richtig bekannt war. Es kam auch vor, dass er mit dem gleichaltrigen Schauspieler Lutz Moik verwechselt wurde, der schon 1950 mit der Hauptrolle in »Das kalte Herz« zum Publikumsliebling geworden war. Das hat er dann nicht immer aufgeklärt und die Bewunderung genossen.

Intensivere Episoden hatte er mit den Schauspielerinnen Christel Bodenstein, Natalja Fatejewa und Monika Gabriel, mit der er nicht allzu lange liiert, aber kurz verheiratet war. Das alles verlor an Bedeutung, als er 1968 in einem Studentenclub die Medizinstudentin und spätere Ärztin Gabi Scholz kennenlernte. Sie wurde die große Liebe seines Lebens. Fünf Jahre lang prüften sie sich, ehe 1973 der Entschluss folgte, sich für ewig zu binden. Sohn Christian krönte die Verbindung im Jahr darauf. Gemeinsam wohnten sie in einem Haus in Berlin-Wendenschloss, das Mueller-Stahl preiswert gekauft hatte.

Die Hoffnungen, die sich 1971 an Erich Honecker knüpften, von dem nicht allgemein bekannt war, dass er als Ulbrichts Arm sowohl 1961 den Mauerbau organisiert als auch 1965 hinter den Verboten in Sachen Kunst und Kultur gesteckt hatte, und der nun scheinheilig beteuerte, in Kunst und Kultur dürfe es keine Tabus geben, zerschlugen sich allerspätestens mit der Ausbürgerung des kritischen Liedermachers Wolf Biermann 1976. Armin Mueller-Stahl gehörte zu denen, die viele Illusionen verloren hatten und gegen die Maßnahmen der Regierung unmissverständlich, aber mit vorsichtigen Worten protestierten. Sein Glaube an den neuen Mann im Politbüro, Werner Lamberz, schwand, und als dieser bei einem Hubschrauberabsturz ums Leben kam, hatte er keine Hoffnung mehr auf Besserung der politischen Lage.

Mueller-Stahls letzter DEFA-Film konnte noch fertiggestellt werden. In »Die Flucht« spielte er einen DDR-Arzt, der sich einer Fluchthilfeorganisation bedient, um in den Westen zu kommen, eine makabre Parallele zu seiner Situation. Als der Film im Herbst 1977 in die DDR-Kinos kam, wurde er mit einem Plakat beworben, das den Arzt von vorn, aber mit dem Hinterkopf auf dem Hals zeigt. Dass man Mueller-Stahl das Gesicht genommen hätte, bemerkten einige Journalisten noch nach Jahrzehnten negativ. Doch sie berücksichtigen womöglich nicht, dass in der DDR eine Poster-Ästhetik herrschte, in der mehr Wert auf die künstlerische Umsetzung statt auf den Star gelegt wurde. Seine Figur war ein Arzt, der sich von der DDR abwandte. So setzte der Grafiker Jo Fritsche die Geschichte um. Wer genau hinsieht, erkennt, dass es nicht Armin Mueller-Stahl ist, dessen abgewendeter Kopf gezeigt wurde. Fritsche fotografierte einen befreundeten Arzt, dem wichtig war, dass man ihn nicht erkennt.

In der Zeit der schauspielerischen Untätigkeit schrieb Mueller-Stahl seinen bislang einzigen Roman. »Verordneter Sonntag«, der 1981 im Westen erschien, erzählt verschlüsselt von seinem Leben in der DDR. Sich selbst teilt er in drei Personen auf. Er ist Rohdorf, Arnheim und Nießwandt. Jede der Personen steht für eine Seite seiner Persönlichkeit.

Sein nächstes Buch »Drehtage« erschien 1991. Darin reflektiert er die für einen »gelernten DDR-Bürger« schier unglaubliche Tatsache, in Hollywood zu arbeiten. Armin Mueller-Stahl schreibt über die Dreharbeiten an »Music Box« und »Avalon« und liefert fein gezeichnete Porträts von Menschen, die ihm hier begegneten.

Weiter gefasst sind seine Erinnerungen, die 1997 unter dem Titel »Unterwegs nach Hause« erschienen. Er hatte inzwischen in der Bundesstelle für die Unterlagen des DDR-Staatssicherheitsdienstes seine Akten einsehen können und analysiert, inwieweit die DDR für ihn Heimat sein konnte. Anfangs glaubte er, die Aktenlektüre könne ihm nichts anhaben: »Ich war so leichtsinnig zu glauben, ich würde nur lachen. Das war eine absolute Unterschätzung dieser perfiden Dummheiten. (...) Am stärksten peinigt die Erfahrung, sich dauernd verraten zu finden – und das Bild, das die Verräter von mir bei der Stasi abgeliefert haben. Man wird so beschrieben, wie man sich nicht gerne hat.«[7]

2008 erschien der Band »Kettenkarussell« mit Erzählungen, in denen er in Traumsequenzen und pointierten Dialogen erneut unter Beweis stellt, welch fantasievoller, poetischer Autor der »Gaukler« ist. Auch als Filmautor hat sich Mueller-Stahl in reifen Jahren versucht. Er schrieb das Szenarium »Hamlet in Amerika« über ein Altersheim für Schauspieler. Für die Tragikomödie erhielt er Zusagen mehrerer berühmter Kollegen, bekam aber nicht genug Geld für die Produktion.

Vieles aus seinen Lebensumständen wird im Hauptteil des vorliegenden Buches erzählt, so auch, wie Armin Mueller-Stahl mit einem DDR-Visum schon 1979 in der Bundesrepublik dreht und die Familie dann gemeinsam 1980 in den Westen zieht. Anfangs versuchte man, in Bayern ein neues Zuhause zu finden, aber bald darauf war es der Norden, der der Landschaft glich, in der Armin aufgewachsen war, und der in der Nähe von Lübeck ein endgültiges deutsches Zuhause bot. Hier richtete sich der Schauspieler ein Atelier ein, in dem er an seinen Bildern arbeitete.

Durch Armin Mueller-Stahls internationale Filme »Bittere Ernte« und »Oberst Redl«, die Oscar-Nominierungen erhielten, wurde der schon legendäre deutsch-amerikanische Agent Paul Kohner auf ihn aufmerksam. Eigentlich war es Gabi Mueller-Stahl, die den Anstoß gab, in die USA zu reisen. Das fraß zwar fast alle Ersparnisse der Familie auf, aber Kohner vermittelte dem schon berühmten Europäer eine Hauptrolle in dem TV-Mehrteiler »Amerika«. Die Serie brachte zwar keinen großen Publikumserfolg, aber Kohner war unermüdlich. Neue Aufträge kamen, und Armin Mueller-Stahl entwickelte sich zu Beginn des neuen Jahrzehnts zu einem begehrten Nebenrollendarsteller des Hollywood-Films. Die Familie nahm ihren zweiten Wohnsitz in Pacific Palisades, einem Stadtteil von Los Angeles, wo einst auch Thomas Mann, Theodor W. Adorno, Arnold Schönberg und Lion Feuchtwanger gelebt hatten.

Mueller-Stahl genoss es, im sechsten Lebensjahrzehnt endlich ein international gefragter Schauspieler zu sein. Er spielte in Blockbustern, aber vor allen Dingen immer wieder in unabhängigen Produktionen wie »Night on Earth«, die ihn zum Publikumsliebling machten. Dass er wegen »Shine« sogar für den Nebenrollen-Oscar nominiert wurde, hätte er sich nie träumen lassen. Dass er die Trophäe dem Schauspieler Cuba Gooding Jr. überlassen musste, kümmert ihn nicht. Er ist sich darüber im Klaren, wie viel Kommerz und schnelllebige Ehre mit einer solchen Verleihung einhergehen.

Auch, wenn er den Oscar nicht gewann, wurde er doch besonders im Alter mit zahlreichen hohen Auszeichnungen bedacht. Sicherlich war es in den neunziger Jahren schon eine Auszeichnung, dass Hannelore Kohl bei ihm (stellvertretend für ihren Mann) vorfühlte, ob er für das Amt des Bundespräsidenten kandidieren würde. Auch mit dem Dirigenten Kurt Masur war ein Künstler im Gespräch. Mueller-Stahl konnte sich – zumal er noch intensiv filmte – nicht vorstellen, ein solch ehrenvolles Amt auszuüben. Bis heute wartet man darauf, dass auch mal ein professioneller Künstler dieses hohe Amt übernimmt.

Als eine der wichtigsten Auszeichnungen betrachtet er die Verleihung der Ehrendoktorwürde des Spertus Institute of Jewish Studies in Chicago im Jahre 1998. In der Laudatio hieß es: »Durch den Ihnen eigenen künstlerischen Stil und Ihr besonderes Feingefühl haben Sie deutlich gemacht, dass Kultur nicht nur ein kostbares Vermächtnis der Vergangenheit ist, sondern auch eine wirksame Kraft sein kann, um die Gegenwart zu veredeln und eine reiche Zukunft zu gestalten.« Und es wurde hinzugefügt, die Ehrung erfolge »mit tiefer Dankbarkeit für Ihren ausdauernden Beitrag zum Leben als Kunst und zur Kunst als Leben und einen enormen Beitrag zu unserem Verständnis der Katastrophe Holocaust«.

Vor etwa fünfzehn Jahren hatte Mueller-Stahl angekündigt, seine Schauspiellaufbahn langsam auspendeln zu lassen. Nach einer rund sechzigjährigen Karriere zeigte er sich weise genug, auch loslassen zu können. »Wenn ich heute in Hollywood eine Fernsehkamera sehe, wechsle ich auf die andere Straßenseite. Ich muss das nicht mehr haben, es ist vorbei. Ich habe Hollywood und die Schauspielerei bis zum Ende ausgekostet. Es gab schöne Momente, die ich nicht missen möchte. Aber das Kapitel ist abgeschlossen.«[1]

Vor langer Zeit hatte seine Tante Mena dem kleinen Minchen die Geschichte von Selma Lagerlöfs Nils Holgersson vorgelesen, der mit den Wildgänsen durch die Lüfte reist. Dieser Traum vom Fliegen wurde damals geboren und beflügelt ihn noch heute. In der Kunst kann Armin Mueller-Stahl alles Schwere hinter sich lassen. Diese Fähigkeit, dem Alltag zu entfliehen, ist dem alten Gaukler bis heute eigen.

Kreativ ist er geblieben – und wie! Armin Mueller-Stahl, der erst mit 70 öffentlich machte, dass er ein Maler und Grafiker ist, steht noch immer täglich im Atelier. Ausstellungen führen ihn in alle Welt. Doch am liebsten arbeitet er – zur Entstehungszeit dieses Buches – an einem Zyklus, bei dem er jüdische Kollegen und Freunde porträtiert, beispielsweise den großen, 1991 verstorbenen Charakterkomiker Curt Bois oder den Autor Georg Stefan Troller, der bereits im 99. Lebensjahr steht. Ihm nachzueifern ist wohl nicht der schlechteste Gedanke!

Quellen

1. Armin Mueller-Stahl, Dreimal Deutschland und zurück, Hamburg 2014
2. Armin Mueller-Stahl, Unterwegs nach Hause, Düsseldorf u. München 1997
3. Fernsehen der DDR – Online-Lexikon
4. Gebhard Hölzl, Thomas Lassonczyk, Armin Mueller-Stahl Seine Filme – Sein Leben, München 1992
5. Armin Mueller-Stahl im Gespräch mit Heike Sittner, 2016
6. Gabriele Michel, Armin Mueller-Stahl. Die Biografie, München 2000
7. Armin Mueller-Stahl, Unterwegs nach Hause, Düsseldorf 1997
8. Dona Kujacinski, Horst Wendlandt – eine Biografie, Schwarzkopf & Schwarzkopf, Berlin 2006
9. Armin Mueller-Stahl, Drehtage, Luchterhand, München 1991
10. Volker Skierka, Armin Mueller-Stahl – Die Biographie, Knesebeck, München 2002

Literatur | *außer den genannten Quellen*

Knut Hickethier, Peter Hoff, Geschichte des deutschen Fernsehens, Verlag J. B. Metzler, Stuttgart u. Weimar 1998

Ursula Karusseit, Wege übers Land und durch die Zeiten, Das Neue Berlin, Berlin 2009

Helmut Morsbach (Hg., ungen.), Filme in der DDR 1945–86, Verlag Kathol. Institut für Medieninformation, Köln 1987

Hans Müncheberg, Blaues Wunder aus Adlershof, Das Neue Berlin, Berlin 2000

Torsten Musial, Nicky Rittmeyer (Hg.), Kurt Maetzig, Reihe Archiv-Blätter 22, Akademie der Künste, Berlin 2011

Günter Reisch, ... will Regisseur werden, Verlag neues leben, Berlin 2015

Ralf Schenk (Hg.), Regie: Frank Beyer, Edition Hentrich, Berlin 1995

Rüdiger Steinmetz/Reinhold Viehoff (Hg.), Deutsches Fernsehen OST, Berlin 2008

Marco Voss (Hg.), Stilles Land und großes Kino, Hinstorff, Rostock 2015

Filmindex

Ins Titelregister wurden alle im Text erwähnten Film-, Fernseh- und Hörfunkproduktionen aufgenommen, einschließlich der Synchronarbeiten, sofern Armin Mueller-Stahl seine Stimme fremden Darstellern gab. Außerdem wurden konkrete Film- und Fernsehprojekte genannt, auch, wenn der Schauspieler an deren Realisierung letztlich nicht beteiligt war.

Die 12 Geschworenen 215 f.
The 13th Floor – Bist du, was du denkst? 244 f.
10.000 BC 251
A Hecc 170
Ein Abend für Armin Mueller-Stahl 263 f.
Abenteuer in Bangkok 156
Ach! Lieber Freund! Diese Szene ist aus! 118
Akte X – Der Film 217 f.
Aktorka 261
Alaskafüchse 52 f., 76
Der Alte 155 f.
Amerika 160 f., 185, 267, 278
An uns glaubt Gott nicht mehr 125 f.
Der andere neben dir 44 ff., 101
Der Angriff der Gegenwart auf die übrige Zeit 147 f.
Anton der Zauberer 111
Arabische Nächte 44
Armin Mueller-Stahl: Ein Leben auf der Suche nach Heimat (Beckmann) 260
Armin Mueller-Stahl – ... jetzt ist Sonntag angesagt 204
Der Arzt wider Willen 77 ff.
The Assistant 212 f.

Attentat 19
Auf den Tag genau 157
Avalon 177–180, 218, 277
Begegnung in Prag 16
Bernhard Wicki: Regisseur 169
Besser als mein Haus je war 194
Beton 20
Die Bibel – Jesus 220
Bittere Ernte 148 f., 221, 265, 278
Blaue Pfeile 20
Brennende Liebe 218
Bronsteins Kinder 184 f.
Buddenbrooks 248 f.
Burgparty 97
Christine 82, 92 f.
Le Cinéma fait le Mur 260
Collin 119 f., 150
Columbus 64 59, 62 ff.
Der Commissioner – Im Zentrum der Macht 219
Die Dame aus Genua 72 f.
Deutsche 165
Deutschland, deine Künstler 247
Dmitri Schostakowitsch – Dem kühlen Morgen entgegen 250 f.

Drehtage 229
Der Dritte 81f., 92, 148
Das dritte Wunder 221
The Dust Factory –
 Die Staubfabrik 237
Die eigene Haut 93
Emilia Galotti 65f.
Es werden ein paar
 Filme bleiben 204
Eugenie Marlitt und die
 Gartenlaube 127
Europäische Profile 194
Der Fall Sylvester
 Matuska 133f.
Die Farben des Herbstes 240f.
Die Flucht 109f., 276
Flucht aus der Hölle 25–28,
 33, 274
Flucht aus Pommern 127f.
Flügel der Nacht 128
Franza 162
Frauen 73f.
Freiwild (Tatort) 140, 206
Ein fremdes Kind 11f.
Fünf Patronenhülsen 28–30,
 57, 99, 259
The Game – Das Geschenk
 seines Lebens 213
Gauner im Paradies 158f.
Geiger, Gaukler,
 Gentleman 230
Das Geisterhaus 194, 195f.
Georges Simenon: Die
 grünen Fensterläden 166
Gero von Boehm
 begegnet ... 247
Geschlossene
 Gesellschaft 112–115, 118,
 141

Gespräch mit dem
 Biest 204–207, 222, 231
Glut 141
Der Gorilla und der
 Berliner Kongress 185f.
Das Haus in den sieben
 Winden 51
Hautnah 150f.
Heimliche Ehen 13f.
Herr Lamberthier 53f.
Holy Days – Ich heirate
 eine Nervensäge 207f.
Die Hosen des Ritters
 von Bredow 85, 96
Husarenballade 51
Ich bin die Andere 241f.
Ich kauf' dir eine Blume 101
Ich selbst und kein
 Engel 21ff.
Ich stelle mich 194
Ich und der Shah 156
Ich werde warten 129
Illuminati 252ff.
Ilse 34
Im Angesicht meiner
 Feinde 211f.
Im Glanz der Sonne 190f.,
 273
Immer nur Liebe 43
The International 254ff.
Ja und Nein 120f.
Jagd auf einen
 Namenlosen 226
Jakob der Lügner (1974) 94f.,
 149, 161, 170, 259
Jakob der Lügner
 (1999) 222ff.
Januskopf 19, 82ff., 273

Jokehnen oder Wie lange fährt man von Ostpreußen nach Deutschland? *162f.*
Der Joker *163f.*
Kafka *186f.*
Kein Mann für Camp Detrick *74*
Killing Blue *166f.*
Der Kinoerzähler *196f.*, *205*
Kit & Co *96f.*, *243*
Knight of Cups *261ff.*
Der König und sein Narr *118*
Königskinder *32*, *36f.*, *99*
Die Kreuzritter – The Crusaders *230f.*
Der lange Weg zum Sieg *226f.*
Die längste Sekunde *116*, *117*
The Last Good Time *198f.*, *206*
Leben als Abenteuer: Armin Mueller-Stahl *225*
Das Leben ist kein Film *229*
Leningrad – Die Blockade *244f.*
Die letzte Chance *38*, *141*, *273*
Der letzte große Sieg der Daker *71*
Eine Liebe in Deutschland *134f.*, *149*, *152*, *154*, *265*
Liebe und Examensnöte *19*
Die Lindstedts *103*
Loin de Berlin *191f.*
Lola *121–124*, *129*, *149*, *241*
Ein Lord am Alexanderplatz *66ff.*, *104*, *259*

Ein Mädchen in der Fußballelf *59*
Das Mädchen mit der Gitarre *19f.*
Das Mädchen ohne Mitgift *38f.*
Mama ist dagegen *34f.*
Manfred Krug – Eine deutsch-deutsche Geschichte (History) *264*
Die Manns – Ein Jahrhundertroman *129*, *230*, *231–234*, *248*, *249*, *256*
Marina, Mabuse und Morituri *264*
Der Marquis von Keith *23*
Mein Leben *236*
Menschen von Budapest *31*
Menschenblut ist kein Wasser *35*
Mission to Mars *227f.*
Die Mitläufer *151*
Momo *157f.*
Monolog für einen Taxifahrer *180–183*
Morgengrauen (Ein Fall für zwei) *142*
Music Box – Die ganze Wahrheit *170*, *171–173*, *261*, *277*
Na plovárně *247*
Nackt unter Wölfen *19*, *46–50*, *259*, *272*
Nelken in Aspik *104ff.*, *117*
Night on Earth *188f.*, *278*
Nördliche Novelle *43*
Normandie – Njemen *35*
Oberst Redl *151ff.*, *222*, *278*
Operation Walküre *249*

Ost-Legenden: Erwin
  Geschonneck 259
Peter Schlemihls wunder-
  same Geschichte 68
Plaisir du théâtre 133
Porträt per Telefon 102
Preludio 11 54–58, 83, 273
Projekt: Peacemaker 214
Der Querkopf 14f.
Die Rache des V-Manns
  (Sonderdezernat K1) 124f.
Der Raub der
  Sabinerinnen 31f., 67
Rauhreif 50f.
Red Hot 201f.
Rita Ritter 142f.
Rose Bernd 17
Der Rote Elvis 243
Rotwang muss weg! 202
Rücksicht auf einen
  Brigadier 71
Rauhe sanft, Bruno 135f.
Schauplatz »Spinnen-
  netz« 176
Die Schwarzwaldklinik 146f.
Schweinegeld 173f.
Die Sehnsucht der
  Veronika Voss 129ff., 241
Shine – Der Weg ins
  Licht 204, 208f., 278
Die sieben Affären der
  Doña Juanita 86
Das Spinnennetz 169, 175f.,
  206
Spur der Steine 61, 94
Stellen Sie sich vor, man
  hat Doktor Prestel
  erschossen (Derrick) 143f.

The Story of an African
  Farm 237f.
Der Streit um den
  Sergeanten Grischa 51
Stülpner-Legende: Der
  Kopfpreis 87
T.Rex 203
Tagebuch für einen
  Mörder 167ff.
Tanger – Legende einer
  Stadt 228
Tausend Augen 144ff.
Taxandria 199ff.
Tod eines Handlungs-
  reisenden 154
Tödliche Umarmung 154f.
Tödliche Versprechen –
  Eastern Promises 245f.
Tödlicher Irrtum 74ff.
Der tolle Tag oder Die
  Hochzeit des Figaro 17f.
Trauma 136f
Träume in der Schublade 19
Die Treuhänderin 256
... und deine Liebe auch 39–42
Der Unhold 209f.
Unser Mann im Dschungel /
  Amazonas Mission 164f.
Das unsichtbare Visier 53,
  87–90, 98ff., 102, 106ff.,
  223, 255, 267
Unterwegs zur Familie
  Mann 229f.
Utz 192ff., 219
Der verführte Mann 138
Vergeßt Mozart 153f.
Die Verschworenen 70, 79f.,
  90, 168

Vom »Verordneten Sonntag« zum amerikanischen Traum 183
Walzerbahn (Polizeiruf 110) 112
Wege übers Land 69*ff.*, 79
Weil es mir Spaß macht 81
Wenn die Nacht kein Ende nimmt 23*f.*, 32
The West Wing – Im Zentrum der Macht 238*f.*
Der Westen leuchtet! 131*f.*
Wie steht's, junger Mann? 58*f.*
Wolf unter Wölfen 60*f.*, 63*f.*
Wortwechsel 159
Zülfü Livaneli: Eine Stimme zwischen Ost und West 260
Zwei Profis steigen aus 139

Danksagung:

Herzlichen Dank für vielfältige Informationen an Evamaria Bath, Jan Eik, Dr. Ralf Forster, Hadmut Fritsche, Heiner Gebauer, Dietlinde Greiff, Dr. Werner Kühn, Monika Lennartz, Martina Liebnitz, Dr. Volker Petzold, Ks. Heiko Reissig, Frank Rinnelt, Monika Schindler, Anke Westphal, Andrea Witte, Dagmar Wittmers und vor allem Armin Mueller-Stahl, den ich konsultieren durfte, wenn mir etwas unklar war.

F.-B. Habel

Bildquellen:

S. 6: ddp images/BREUEL-BILD/V. Gamberg; S. 29, 33, 37, 49, 95: DEFA-Stiftung; S. 72, 89, 107: DRA; S. 130: ddp pictures; S. 132: VISUALFilm; S. 153: ddp images; S. 173: ddp images/©TriStar Pictures; S. 179: ddp images/United Archives; S. 189: ddp images; S. 192: John Goldstein; S. 193: Albert Schwinges; S. 233 oben: ddp images/United Archives; S. 233 unten: Sibylle Anneck; S. 246: ddp images; S. 249: ddp images/Bavaria Film International; S. 253: ddp images/interTOPICS/Capital Pictures; S. 255: ddp images/Steffens; S. 266: »Selbst mit Schal«, Armin Mueller-Stahl/Margret Witzke, Lübeck

In einigen Fällen konnten Bildrechteinhaber nicht ermittelt werden. Berechtigte Honoraransprüche bleiben gewahrt.

Neues Leben –
eine Marke der Eulenspiegel Verlagsgruppe Buchverlage

ISBN 978-3-355-01891-3

1. Auflage 2020
© Eulenspiegel Verlagsgruppe Buchverlage GmbH, Berlin
Alle Rechte der Verbreitung vorbehalten.
Ohne ausdrückliche Genehmigung des Verlages
ist nicht gestattet, dieses Werk oder Teile daraus
auf fotomechanischem Weg zu vervielfältigen
oder in Datenbanken aufzunehmen.

Umschlaggestaltung: Verlag, Karoline Grunske
Coverfoto: (2020) licensed by Bavaria Media GmbH,
www.bavaria-medien.de
Druck und Bindung: GGP Media GmbH, Pößneck

www.eulenspiegel.com